高校教师循证评价与科研评估

GAOXIAO JIAOSHI XUNZHENG PINGJIA YU KEYAN PINGGU

张日颖 著

辽海出版社

图书在版编目（CIP）数据

高校教师循证评价与科研评估 / 张日颖著. -- 沈阳: 辽海出版社, 2018.3

ISBN 978-7-5451-4701-8

Ⅰ. ①高… Ⅱ. ①张… Ⅲ. ①高等学校－科研管理－研究－中国 Ⅳ. ①G644

中国版本图书馆 CIP 数据核字(2018)第 005539 号

责任编辑：丁　凡　高东妮
责任校对：丁　雁

北方联合出版传媒（集团）股份有限公司
辽海出版社出版发行
（辽宁省沈阳市和平区十一纬路 25 号 辽海出版社　　邮政编码：110003）
北京市天河印刷厂印刷　　　　全国新华书店经销
开本：710mm×1000mm　　1/16　　印张：15　　字数：210 千字
2020 年 1 月第 1 版　　2022 年 8 月第 2 次印刷
定价：60.00 元

前　言

在当今世界，高等学校是科学研究最重要的力量，高校科研活动对一国的人才、产业战略以及整个创新体系建设有着十分重要的支撑作用。对于高等学校的R&D活动，科技资源的投入产出效益是衡量其绩效的核心指标。由于诸多因素的影响，我国高校R&D活动存在着比较明显的区域不平衡现象，而从纵向上看，我国高校R&D活动总体绩效在最近十年间体现出不规律的波动性。

循证管理起源于循证医学，是一门新兴交叉学科，它以应用管理实践为基础，管理案例研究和信息学、网络技术为支撑，是指导管理实践人员从事科学研究和实践，解决管理问题的一种新思维和新方法。循证管理产生于国外并得到一定的发展，但在我国的社会科学研究中还是比较少见。不少学者对其还缺乏了解。因此，当务之急就是在社会科学领域中加大对循证管理的介绍、讨论。创新能力的培养是时代赋予高等学校的重大使命，也是确保研究生教育质量的核心任务，关系到我国“人才强国”战略的实施。高校教师是科学研究的生力军，科研潜力无穷，关键是如何科学地培养和挖掘。因此，如何加强高校创新能力的培养将一直是高校科研面临的重要课题。

本书主要对高校教师科研团队和科研活动展开研究，首先，书中主要对高校教师科研团队的特点、能力状况、结构分析展开研究，提出了当前高校科研团队的现状、问题及对策，从科研态度、时间投入和生态环境等方面介绍了当前科研活动的建设状况。其次，书中介绍了高校教师循证管理理论及循证思维，提出了高校教师循证思维培养的建议。最后，对高校教师的科研绩效评估进行了一系列研究，提出了科研绩效评估的一系列问题，并在结尾处分析了绩效评估中问题的原因分析，给出了优化对策。

本专著是2015年北京市社会科学基金项目“基于循证管理理论的北京市属高校教师评价机制研究”15JYC037的研究成果，由北京信息科技大学张日颖所著，在著作过程中，查阅了大量国内外的最新研究成果、文献资料、借鉴了部分专家学者和前辈们的经验及著作，在此特向相关单位和作者表示由衷的感谢！由于时间仓促，加之著者时间有限，书中难免出现不妥、错误及遗漏之处，请谅解，并期待广大读者同行的意见与建议。

目 录

第一章　高效教师科研活动概述

自 1999 年高等学校教学改革以来，随着全社会对高校教学、科研投入的不断加大，我国的高校科研活动取得了长足进步。近年来，我国相继建成了一批高水平的科研平台，形成了一批区域性科研基地，在全国范围内初步建立起全国统筹，各具特色的高等学校科研体系。但是，从整体上看，我国高校科研活动起步较晚，基础相对薄弱，高校科研发展尚处于初级阶段。因此，我国高校科研活动也存在诸多问题，比较明显、有代表性的主要有人力资源素质有待加强、创新成果缺乏、成果转化效率低下、绩效考核制度缺失等等。

第一节　高等学校科研活动的特点

在当今世界，高校科研是全球科研系统的核心组成部分，尤其是在基础研究和前沿科学探索方面，得益于多科型的机构设置和高水平研究聚集的特征，高等学校拥有智力资源丰富、科研条件优越、学术氛围浓厚、信息系统发达等其他科研机构难以企及的科研优势。因此，我们认为高等学校的 R&D 活动除了具有一般科研活动的基本特点外，还具有自身的独特特点。

一、高校科研与人才培养紧密相连

高等学校科研活动最根本、最主要的特点在于它们的科学研究活动是和人才培养活动紧密联系在一起的。高等学校既是高层次人才的培养基地，又是科学技术创新的源头。在知识创新的过程中培育出优秀人才，在人才培养的过程中不断产出更多创新成果。从师资力量角度来看，高等学校教职员工中聚集了大量科学家和工程师，其中相当一部分都是各自领域的权威和专家，这些高级科研人员在工作中身兼教学与科研两方面任务，除了通过直接教学对学生进行培养之外，也将大量学生带入科研平台和项目组，通过间接教学启发了大量潜在的科研人员。从学生成长角度来看，高年级本科生和研究生是高校科学研究的一支重要力量。硕士研究生和博士研究生中不断成长的优秀人才是高校充实科研力量的源泉，高年级本科生也可以在高校科研活动发挥重要辅助作用。在课程学习和参与科研的过程中，年轻的高校生，尤其是研究生常常能提出一些富有启发性的新见解、新问题，促使教师去思考、解答或组织科研力量进行研究，为科学研究提供新的增长点；而处在博士培养阶段的研究生通常已经具备较高的学术素养和较强的科研能力，能够在特定科研活动中发挥比较重要的作用甚至独当一面。

二、多样化学科配置拓展科研领域

科学研究的对象是包括自然界和人类社会在内的整个客观世界，而客观世界是一个相互联系、相互影响的统一整体。受制于社会生产力发展和科学研究水平的客观情况，人们只能从各种个别的和特殊的现象或过程开始，逐渐推广，逐渐深入，分门别类地对客观世界的各个领域进行研究。

对比企业科研平台和民间科研机构而言，高等学校在科技实力方面拥有学科配置齐全、科研条件完备和科研人才广泛等优势，因而更容易开展跨学科研究，尤其适宜进行重大的综合性课题和跨学科研究，是当今世界最具活力的知识生产发源地。尤其是在新兴领域和边缘学科的创建和发展过程中，高等学校往往成为相关科研活动的核心组成部分。尤其是国家级科研平台这一全球最高级别的科研平台和国家级科研项目这一国际主流的重大项目投入方式，几乎完全为高校所垄断。

世界科技、教育发展的历史也表明，高等学校确实是知识创新的主体。全世界四大诺贝尔科学奖获奖科学家中，来自高等学校的获奖者占同期诺贝尔科学奖获奖总人次的 3/4 左右；高等学校作为第一作者来源在 Nature 和 Science 上发表的论文占同期论文总数的 2/3 左右；科学引文索引（SCI）收录论文的情况也如此。这一切都表明，高等学校在全球科技创新体系中充当了核心角色，起到了引领作用。

三、服务经济社会正溢出效应明显

在整个科研系统当中，企业科研平台服务于企业发展的需要，往往存在科研方向单一，研究范围狭窄等缺点，科研成果转化也往往局限于企业内部；而民间科研机构大多受制于科研资源有限、人员素质较差等客观条件，难以产出质量高、影响大的科研成果，对整个社会的科技发展贡献有限。

与前述二者相比，高校科研活动具有从投入到产出整个过程都面向全社会的开放性特点。尤其是在资源投入较高、短期内经济价值有限的基础学科、前沿学科和公益性研究方面，由于企业往往缺乏兴趣，而民间科研机构又不具备相应科研实力，高校科研更是发挥了绝对性的重要作用。

在工具性基础学科、探索性前沿学科和公益性科研项目方面，高等学校人力资源素质高、学科配置门类全的优势得以充分发挥，易于产生高水平的科研成果，而在这些科研成果产生巨大经济社会效益、得到社会广泛承认之后，高校又可以获得更大规模的科研投入。这样的良性循环为科技进步提供了充分保障，产生了巨大的正溢出效应。

第二节　高校教师的科研能力状况

在高校整个科研系统中，教师科研能力知识作为其中的一个要素，是高校科研链上的中间一环，必然会受到前后因素的影响，所以可以从这个科研链上对教师科研能力进行考量。同时，教师科研能力也可以作为一个整体，细化为三个相互作用的生态个体。因此，对高校教师科研能力进行调查和分析时，就必须同时考虑到这两个方面。

一、高校教师科研能力纵向态的问题分析

高校教师科研能力的纵向“态”，即教师过去充分发挥自身条件刻苦钻研和利用外部环境在实践中积累科研教学经验所呈现出来的目前的状态。其

存在的问题主要是从高校教师的科研链上对教师科研能力进行分析，在纵向“态”上高校教师科研能力主要存在以下问题：

（一）高校教师科研生态链脱节

教师科研能力作为科研链上的核心要素，必须以科研生态链的完整性为前提存在和发挥作用。科研链囊括了具备基础科研能力的高校教师，在时间和精力允许的情况下，在可利用资源满足的情况下（资金、设备、支持政策等），潜心从事能力范围内的科研活动，形成科研成果，并进行推广利用的全过程。高校教师科研能力正是在这样的反复实践中不断实现螺旋式的发展。所以，生态链上的每一环节由于缺失相应的条件和能力而不能顺利承接的话，都会直接或间接反应在科研效果上，同时影响高校教师科研能力的增长。根据调查问卷第一维度教师科研基础能力的调查，教师本身所具有的学历、职称都基本具备相应的专业素质。高校教师学历在研究生及以上者所占比例均在 80%以上。

学历在一定程度上是衡量教师科研能力的高低的重要指标。学历越高的人，对自己所研究领域越有信心，有一种“有金刚钻，就要揽瓷器活”的勇气，敢于承担困难任务和能考验自己能力的工作。自 1999 年扩招以来，我省高校教师的学历结构逐步得到改善和提高，教师队伍基本具备从事相关领域专业科研活动的专业知识储备。职称是对教师思想品德、知识水平、专业能力和业绩成果的综合考评，在一定程度上能够反映出教师专业素质的高低。高校高、中、低职称教师人数比例均接近 3∶4∶2（师资结构的最优结构比例），大部分教师都已经从事过科研实践活动，具备一定的科研实践能力。但是在教师科研过程中，由于科研条件的相应滞后和科研管理的不到位，使得科研链呈现出脱节现象。

高校的科研设备较为陈旧十分普遍，在问卷中科研条件维度中，72%的高校教师表示对于学校现所提供的科研设备不满意。为培养具备基本职业技能的毕业生而形成了稳定的教学环境，教学设备的需求并不要求及时更新即可完成教学任务，所以高校教师所能借用到的设备技术更新也是滞后于当前市场上的技术，难已承担其新技术创生的实验条件。这主要是由于高校科研资金不足所造成，高校教师科研资金大部分来源于课题经费，辅之以企业合作支持资金。但是，不管是走科研管理途径申请课题还是与企业合作科研项目，相对于名声在外的本科普通院校，高校都处于劣势，难以争取到经费充足的优质项目，使得高校的科研基础设施如设备仪器、图书资料、实验基地很难达到科研要求，对高校教师科研工作的有效开展产生了一定的消极影响。从学校管理上来看，在教师教学与科研二者关系上，制定的相关管理规定和导向也存在向教学一边倒现象，不断挤压教师科研的发展空间。以最基本的科研时间为例，访谈中 52%教师表示教学压力大是其从事科研“心有余而力不足”的主要原因，对于高职青年教师而言，要疲于应付教学工作的适应和改良；对于有科研实力的老将而言，往往要担任某些行政岗位，承担繁杂的行政政务。有 65%左右的参与科研活动的教师表示常常牺牲睡眠时间进行科研活动，认为科研成果是“用生命抒写”出来的。管理者认为科研活动是教师工作之余从事的兴趣所在，是自身教学的延伸，加上教师职业的时间延续性，使得上下班时间界限不明显，所以不可能专门提供特定时间给予支持，只是教师自己根据工作任务弹性调节。

教师从事科研的时间难以得到保证，更多是占用教师自己的私人时间。由于科研链上个别个体的不具备或是功能不充分发挥，使得生产链上科研成果增值过程不顺畅甚至中断。科研生态链的脱节，最直接的后果就体现在科研成果上。完整有序的生态链上，科研成果必然是科研基础与科研过程相互作用的结果，科研成果的各个方面能呈现出与之对应的科研基础和科研过程的特征。

高校教师参与课题较为被动，更愿意跟着上级部门的指导走，对于需要自己去寻求合作伙伴和资金来源的横向项目，则是缺乏兴趣。这样造成一个结果，就是科研成果不能够很好地切合学院教学实践和当地企业发展实践，存在脱离当地社会实践的现象。从课题的级别来看，主要是以省级的居多，国家级的几乎没有。可见高校教师的科研成果整体水平还处于比较落后的状态，社会各界以及主管部门对其的认可度较低。从课题主管部门来看，省科研厅的课题远远多于科技厅立项数。省科研厅作为高校的直接管理者，从大类来说与高校属于“自家人”，课题的申请和审核相对省科技厅来说比较容易，许多高校教师还认为省科研厅承认的科研成果对以后自己的职业发展更有用，所以，更倾向于申请省科研厅的课题或者项目。

从高校教师的科研基础、科研过程和科研结果的分析来看，高校教师科研生态链脱节明显，究其原因，主要是由于科研政策导向的偏移。高校在科研管理上，大部分是简单照搬本科普通高校的模式，并没有根据高校办学规律形成一套适合自身科研发展的管理制度。在考核教师科研的实践中，一味重视可量化、级别化的科研成果，对待不同专业背景的高校教师不同类型研究所产生的多样化成果进行“一刀切”，完全忽视高校教师的个体差异以及不同学科科研自身规律。所以，高校教师在对待科研上，只注重科研结果数量上的“有”，能够在评职称时有“数量化”的资料做依据即可。这样错误的政策导向就使得高职教师在众多科研活动科研类型中，选择一些容易操作、不需要太多专业技术性的教学科研活动，对于一些“高不可攀”的需要不断试验才能得出结论的耗时研究则直接跳过。为了鼓励本校教师从事科研，高校均有相关政策奖励科研有所成果的教师。这样的付出回报率不如快速晋升职称所得到的长期稳定收入多，所以很多教师将更多的精力放到有稳定、轻松、高回报率的教学工作上，不愿意主动从事具有一定挑战的“高风险、低回报”的科研活动。

（二）高校教师科研生态规律悖行

生态规律是规范生态链上不同生态位的个体能有序组合的重要依据。对于高职教师科研能力来讲，从宏观上要符合高职科研发展的特征和规律；从中观层次上来讲，要符合以科研成果增值为逻辑点的个体结构工作顺序排列；从微观上来讲，就是要遵循高校教师工作的特征和实际。

但是，当前的生态链却严重地违反了科研系统的运行规律，具体说来体现在以下三个方面：

1．与高职科研发展规律的不相符

高校教师科研能力要以高职科研教学为基本出发点，就必须遵循高职科研的基本规律。高职科研作为与经济联系最紧密的科研形式，最突出的表现之一就是高职科研在技术上的革新能更直接地对接上经济产业的更新需求，从而体现其服务社会的功能。可见，它的本质规律在于培养目标的社会性和培养路径的实践性。在这样的平台上来发挥高校教师自身的科研能力，必然要遵循这一科研类型的特征和规律。所以，在科研类型上来讲，应用型研究活动更适合高校教师充分利用其有效资源，其成果也能最大限度地发挥效益。

高校教师更多地喜欢从事教学科研规律总结的文字论述，超过 70%是教研成果与软科学成果，工科与应用型成果如科技创新、实用专利则数量较少，科研成果与高职科研发展规律不相适应。可见，高校的教师并没有很清楚地认识到高校科研的本质特征，没有找准正确的平台来开展自己的科研活动。同时，高校教师发现问题的能力也有待提高，教师并不能从学校和当地经济实际大背景入手，找不到自身科研活动适合的切入点，最终导致科研成果一味地流于形式，缺乏真正的研究价值。从高校教师科研内容来看，科研成果所涉及的内容主要是一些具体的教学方法、管理方法等理论和为人所知的原则，或者是将一些具体的教学方法和教学实例简单罗列。成果要么基本上停留在经验总结的层面，要么是完全脱离实际。

2．与科研生产链的逻辑存在偏差

高校科研生态链的形成是以科研成果价值的增长为中心的，里面的所有元素都是围绕这一中心而找到自己的生态位，有序地在整个生态链上发挥应有的作用。但从目前高校教师所在的科研链来看，却产生了异化现象，科研链的逻辑起点发生了偏转，更多的是在围绕资金的流动来开展科研。高校教师参与科研活动并非出于自己兴趣，将近 42%的高校教师认为从事科研是为了提升职称；21%的教师是为了应付检查，只有 13%的高校教师以专业成长为科研目的，希望通过科研提高教学能力与改善教学质量。调查同时显示，积极参与科研活动的高校教师群体集中在 40 岁以下、讲师及以上职称的青年教师，具有高职称、高学历的教师开展科研工作的仅占24%。青年教师所占比例高的原因主要是迫于职称评定的硬性要求，从而被动参与，其并未将参与科研作为促进教学、发展自身的一项有效途径。在评价某一高校教师科研能力高低时，也更多地倾向于用科研活动完成后所带来的经济效益来衡量，如申请某一课题成功能带来高额的资金支持。这样功利化地开展科研活动，使得高校教师科研链失去了自身的本体价值，在科研活动中盲目地追求经济利益最大化。

3．与高校教师的工作实际脱离

提升高校教师科研能力必须满足当前高校教师的工作实际，做到理论与实践的有机结合。根据调查问卷第二维度科研实践的调查分析，发现高校教师在参与科研活动的过程中，并没有充分利用自己工作中的特色优势。从科研选题来说，有59%的高校教师认为科研选题主要来源是各级的项目指南，只有41%的高校教师认为科研应该从教学和管理工作以及市场技术需求中挖掘问题。教师作为科研队伍一线的人员，如果不能结合自身从实践中发现具有科研价值的问题，那这样的科研是缺乏现实意义的。当然，并不是所有在工作中发现的问题都值得进行科研，这个就需要高校教师自己进行鉴别和挑选了。

从科研类型的选择上来看，58%的高校教师表示理论研究很难开展，更乐意选择应用型科研。但在科研成果中，却发现专业相关的实际运用类结果较少，教育教学类的研究成果较多。高校教师必须清醒认识到自身科研的优势和劣势，结合高职科研特征和规律开展科研，才是顺利开展科研的前提。

从研究方法上来看，在研究活动过程中，对问题的深入了解更多是通过简单的网络搜索，没有参与过科研活动实际调研的教师高达38%。因此，高校教师在参与科研活动中用得最多的是经验总结法，普遍采用经验总结法这样创新成分较低的科研方法，这对促使教师发表论文或是提高其科研能力水平的作用是比较有限的。由于研究方法的欠缺，导致高校教师在立项课题研究中，多数研究成果处于低水平重复建设，存在创新性不足等问题，在科研实践中将科研活动简单化和庸俗化。出现高校科研规律完全悖行的问题，除了学校管理导向偏转的原因外，还有一个非常重要的内因就是高校教师本身缺乏基本的科研知识。大部分高职教师都是普通高校培养出来的，其科研经验建立在学生时代导师指导下的项目资料收集或是论文写作经验，缺乏科研活动过程的全局观，对科研活动的认识也存在偏见。很多高校教师并没有将科研看作是专业教学延伸的价值方向，而是作为完成任务、晋升职称的教学附庸。功利性地看待科研活动最直接的表现就是“以最少的付出得到最快速的回报”，采取简单的“东拼西凑”组合论文，甚至直接花钱请某些机构发表文章。结果发表的文章并非自己真正思考或探索的东西，完全脱离自身实际和高职科研规律。所以，高校教师科研能力的提升，必须让教师对科研活动价值有正确判断，对于基本的科研知识要进行普及，让教师从研究中学会研究。

二、　高校教师科研能力横向势的问题分析

高校教师科研能力作为科研系统的一个重要因素，其自身也具有结构完整性，具体说来，可分为学习能力、科研实践能力和科研创新能力。对此根据调查分析，笔者认为高校教师科研能力横向势存在以下几个问题。

（一）学习能力欠缺，发展后劲不足

高校教师科研能力是学习能力、科研实践能力和科研创新能力的有效结合，三者的最优结构很大程度上决定了高校教师科研能力的高低。其中，学习能力能为高校教师科研能力的提升提供不竭之动力，只有具备学习能力的高校教师，才能不断在专业领域上取得进步。但是，目前高校教师的学习能力却并没有受到重视。

在调查问卷第二维度科研实践的调查中，54%的教师认为自己只需要掌握专业教学内容即可，很少订阅专业期刊，对于专业前沿动态缺乏关注。选择学习更多的情况下是处于“临时抱佛脚”，48%的高校教师表示查阅知网等学术网站是出于教学或者某篇论文需要，临时进行资料搜索，而缺乏自主

的学习计划；还有一部分老师甚至还不会使用和下载学校的电子图书资料。在获取信息途径上，67%的高校教师表示更依赖于电子资料，即学术网站的期刊和论文，较少购买和阅读专著和书籍；32%的高校教师表示自己几乎不怎么去学校的图书馆借阅书刊。可见，目前高校教师信息获取呈现出快捷化和碎片化，缺乏自主系统性学习。同时，大部分教师都不愿意进行合作交流学习。43%的高校教师表示自己很少主动跟教研室的同事探讨学术问题，52%的高校教师不愿意出席学校组织的学术报告，认为职后专业发展更多的是依靠外出培训和自身反思。可见高校教师在自身专业发展学习过程中，主动寻求帮助的意愿不强。

从学习自我评价来看，高校教师更多的是通过学校、系部和教研室组织的教学评价和职称评比来体现的，只有19%的高校教师会自己主动根据自己的学习计划进行阶段性调整和评价。

造成这一问题的主要原因，是高校教师学术自由思想使得大家普遍认为教师科研活动是教师个人的行为选择，其参与是“能者居之”的教师个人选择，此类基本知识应该由教师独立进行学习，并不需要由学校统一组织相关培训。而迫于教学压力，许多高校教师也不愿意参加这些与专业无关的培训，总是处于“要我学”的被动局面。再加上经费的紧张，这类吃力不讨好的事情自然就被束之高阁。

（二）科研实践能力薄弱，缺失科研信心

高校教师科研实践能力主要体现在高校教师从事的科研活动中，具体包括他所选择的科研内容和使用的科研方法两方面。

在科研内容上，大部分高校教师选择的是就地取材，以教学和管理为主要平台的围绕专业与学生开展的研究较多，以技术为纽带同企业开展合作的研究较少。同时，由于大部分高校的教师出身于普通高等院校，接受的是正统的本科科研，学习内容多以学科为单位设置，长期存在片面重视学科知识传授的弊端，对于支撑科研活动开展的科研学和心理学则是少有接触。所以，高校教师在教学与管理类的科研文章经中常就现象谈理论，并不能创造性地根据生活实际中的现象和问题进行理论追根溯源，从而有针对性地提出对策。

从科研方法上来看，大部分高校教师片面地以为参加项目、写论文、收集数据就是搞科研，所以比较认同调查法、文献资料法、实验法、个案研究法等研究方法。其中，实践中使用的最多的是文献资料法和调查法，而对于个案研究法、实验法和数理统计法等其他方法则使用的比较少。相应的论文成果中也是文献综述多、问卷调查多，实证分析少。正是由于缺少对科研方法的了解和训练，使得高校教师在科研活动中的支配能力越来越低，可利用的资源范围不断缩小，对于自身从事科研的能力开始缺乏信心，导致高校教师群体科研动力不足。因为科研实践能力的不足，部分高校教师对教学科研存在思想上的一些误区，认为教师只需注重教学即可，科研研究是科研专家或理论工作者的事情。调查中，有将近25%的教师认为从事科研的必要性不大。当然，还是有很多高职院校教师已经认识到科研活动的重要性，但是在实践活动中，高校教师科研在整个高校科研体系中的地位被边缘化。具体表现为：管理者对师生的科研工作制度规范缺乏力度，良好的科研环境难以形成；大部分教师缺乏科研信心和条件，认为自己承担的教学任务重，缺乏时间和精力，没有能力进行科研创新；科研队伍目前还存在许多不足，“阶梯式”的科研队伍还没有完全形成，没有很好地发挥成员的集体智慧，存在“少数人干活，其他人挂名”的现象，极大地挫伤了教师参与科研的积极性；加上科研经费严重不足，科研设备陈旧，使得本身难度大、周期长、见效慢的科研工作更加备受冷落。

（三）科研创新能力缺失，生态特征同化

高校教师科研活动成果所呈现的“千篇一律”，形成了“天下论文一大抄”的错误导向，发展上又一味模仿普通本科院校科研路径，片面追求科研项目上档次，造成高校教师科研能力与普通高校教师科研能力生态位高度重叠，使高校教师科研能力生态位特征淡化，最终缺失了自身的地位和功能。同时，二者生态位的高度重叠，也意味着二者对于科技资源的争夺将面临更为激烈的竞争。出现这种状况，归根结底在于高校教师科研创新能力的缺失。

多数高校，在教师科研能力培养过程中，缺乏对创新能力的重视。问卷调查中第三维度科研成果的调查中，92%的高校教师认为存在学术抄袭现象，有21%的高校教师认为抄袭现象比较严重。科研创新是科研活动的核心生命力，但是目前却在抄袭成风的影响下变成了“虚无缥缈”的存在。在评价科研上，只注重形式，片面以拥有论文或者课题数目和级别来衡量教师科研能力和创新水平，呈现出高校教师科研创新的“虚伪”；一些屡次获得各类大奖和得到大量资金入注的科研课题，却让行内人士看不到存在任何价值的技术，体现出高校教师科研创新的“无”；一个课题“换汤不换药”，却反复在众多项目中“中标”，表现出极强的流动性，即“缥”；做来做去，老调重弹，不见新意，毫无创新，即“缈”。当核心生命力成了“虚无缥缈”，高校教师的科研能力也就失去了区别于其他教师科研能力的特征。当高校教师科研活动的类型特征逐渐消失时，将要面临来自其他类型教师科研的更多的同台竞争，最终因缺乏自身特色而被彻底淘汰。所以，舍弃自身的生态位特征，盲目将自身的生态位不断泛化，最终就会导致迷失方向、失去自我。

三、高校教师科研能力的优化策略探寻

高校教师的科研能力既因为其内部的结构需要在科研活动中不断完善，同时，作为科研系统中的一个个体，又必须在生态链上不断发展其自身的生态位，所以高校教师科研能力生态位内部结构的完善是在生态位整体发展过程中进行的，高校教师科研能力的提升需要内外因素相互作用共同推动。生态位理论认为，占有生态位的个体可以通过自身生态位的分化、扩充以及与其他物种生态位的协同这三条路径来应对系统中存在的竞争与进化，主要借鉴生态位理论中的发展理论来对高校教师科研能力提升策略进行探寻。

（一）高校教师科研能力的生态位分化策略

生态位是物种生存和发展的基础，占据同一生态位的不同两个物种之间将会存在非常激烈的竞争，最终二者只能存其一。生态位越是接近的两个物种利用资源的范围和种类会越相似，二者在利用资源寻求生存时所遇到的竞

争更为严峻。所以“生态位分离是物体共存的关键，这也是竞争排斥法则的核心和精髓。”占据生态位的个体要根据竞争及时调整，退出潜在的生存和发展区公共部分，避免二者生态位重叠，减少二者的竞争程度，实现共存。高校教师科研能力与其他层次、其他类型科研的教师科研能力存在一些共同点，在科研教学理论和实践上存在重叠的公共区域，同时，高校教师科研能力也有其他层次、类型所不具备的特征。在科研活动中，如果不加以分析和甄别，就难已凸显出自己的特色和存在的价值。本节旨在利用生态位的分化策略实现高校教师对自身科研能力的正确定位和特色立足，避免因生态位高度重叠而在科研领域中失去竞争力。

1. 正确定位，减少和防止科研生态位高度重叠

对于具有独立生态位的高校教师科研能力，其生存和发展都是围绕生态位进行的，所以在进行自身发展和建设时，首要问题就是自身生态位的定位问题。只有清楚地知道自身种群生态位在整个系统中和个体在种群中的生态位，结合自身生态位的优势，来保持和抢占有利的生态位。目前，高校教师在其科研定位和方向上存在一些误区，要么刻意模仿普通本科高校教师的科研路径，要么盲目攀比其他高深专业教师的高优项目，而不是着眼于从自身的专业特色和教学特色来开展科研，从而造成高校教师科研能力努力方向出现偏离，最终导致其生态位与其他教师科研生态位的高度重叠。所以，高校教师必须对自己以及从事的科研活动进行科学合理的定位，认清自身优势与不足。

首先，高校教师要有明确的功能定位，在发挥功能中找准立足点。“教师即研究者”是近年来在欧美科研界普遍流行的口号，结合高教科研发展的特征和教师自身的发展需求，高校教师成为研究者是时代发展的需要，是推进科研改革的动力。技术更新速度的加快和信息爆炸式传递的转变，使得处于“三尺讲台”的高校教师必须在自身领域上不断吸取新的养分来提升自身的教学效果和魅力。高校教师必须清楚认识到科研活动对自身长远发展的重要性，端正态度认真对待科研活动。

其次，高校教师要根据高职科研和学校发展特点，进行科研类型准确定位。作为与经济连接最紧密的科研形式，高职科研必须围绕技术知识的传递与更新来进行自己的教学和科研。技术知识自身的属性要求高职科研将理论与生产实践紧密结合起来，从本质上决定了高校教师科研活动价值取向的实践性以及科研活动的工学路径。因此，高校的科研活动必须依托以高校为主体、社会企业共同参与的发展平台，开展以解决实际问题为重点的技术性研究和应用性研究。高校教师要深刻认识到高校科研的发展方向，关注社会实际动态，在生产和管理实践第一线中发现问题，在技术需求上寻求突破，在多方利益结合的横向课题开展中挖掘动力，在校内与校外的技术推广与创新中不断增强自己教师的科研能力。

最后，高校教师要结合自己的科研能力水平，进行准确的层次定位。教师科研能力会因为专业领域差异、专业能力高低和专业实践经历丰富与否呈现出不同的层次结构，从而造成所承担科研任务和难易程度的差异。高校教师每个人的科研能力提升都需要长时间的积累，都要经历入门、熟练、再逐步创新的一个过程，不同科研能力水平的高校教师可以从事不同层次与类型的科研活动。所以，高职教师在从事科研活动前，必须清楚自己的科研能力水平，认识到自身的优势和不足，有针对性地选择专业领域内相对难度的科研活动，充分发挥自己的专业学识与技术。

2．增强科研创新能力，实现科研生态位错位竞争

在“物竞天择，适者生存”的激烈竞争下，处于劣势的物种并没有消亡，而是自由自在地同那些处于强势地位的物种一起生息繁衍。可见，即使在弱肉强食的自然界中，物种也并非全部因力量大小而存在，而是因其物种属性的特别来立足于世。即使再弱小的物种也能通过其“特殊”的生态位在夹缝中寻求生存空间，充分有效地利用资源，实现自身的延续。所以，高校教师科研能力要想在竞争激烈的科研领域中发展，也必须增强科研创新能力，彰显自身特色，通过生态位的定向扩充，与其他科研类型和层次教师科研能力进行错位竞争。高校作为经济联系最紧密的科研类型，具备实用技术研究和

成果推广应用能力是高校教师区别于其他层次学校科研研究的显著标志。高校教师科研能力的提升应克服选题盲从、路径模仿、研究重点不突出和科研成果特色不明显等问题，结合高职科研的类型特征来发展自身科研创新能力，确立以技术应用型研究为主导，充分利用自身优势和资源，结合地方经济建设的科技创新中心、研发中心和技术推广中心，积极开展社会技术服务和生产实践，有效沟通高校教师教学、科研与企业的生产实际，寻求到更多与企业进行科技项目联合研究和的横向课题。

在高校教师内部，也需要根据自身专业和素质的差异进行错位竞争，使具有不同专业能力类型、层次的高校教师能寻找和占据到有利生态位，共同组成一个资源充分利用、活力有序的科研系统。在面对广阔的科研空间和机会时，高校教师要根据自身的专业背景、专业能力层次和科研优势，找准自己在科研活动的位置，不盲目追求科研活动形式上的高大上，努力做好力所能及的科研任务，在科研实践中寻找到适合自身生存与发展的独特生态位，利用错位优势，达到出奇制胜的效果。

（二）高校教师科研能力的生态位扩充策略

生态位扩充是由于物种基于发展需求，不断占据更大的生存和发展空间，扩大自身对环境资源利用范围，加宽自身生态位所产生的变化。生态位扩充能使物种增加自身对环境的适应能力和自身在整个系统的竞争力，在数量优势基础上不断实现自身物种的进化。对于高校教师科研能力来说，其发展过程也是其生态位不断扩充的过程。在资源有限、竞争激烈的科研领域内，高校教师科研能力必须寻求和开拓新的资源和生存空间，发挥其主观能动性，不断拓展科研能力的生态位容量，充分利用和挖掘可用资源，打破发展条件的瓶颈制约，才能提高自身的科研竞争力，在系统动态平衡中发展自己。

1．加强学习能力，定向优化科研基础

高校教师大多对于科研科研的特征和方法了解不深，缺乏必备的教学科研基础知识，需要高校对其进行职后培训，普及从事科研所需的基本科研知识和方法，引导高校教师结合培训基础知识主动学习和思考。高职教师的职后培训要照顾到教师群体的特殊性，采用多种方式进行，例如面向高职教师各个层次的专业教学培训、研讨会、不同学校之间的课题研究合作和校企交流会。同时，培训内容要有针对性，既解决高校教师在科研中常出现的问题，也要有包括在将来的研究中有可能出现的问题而配备的课程，如教学研究成果形式的介绍和写作、方法的指导、项目开展流程的指导说明。除此之外，还要积极发挥校本培训的重要作用，不仅在时间和地点上方便高校教师，本校前辈也更能针对本校教师及时灵活地安排培训内容，以自身本校教学中的问题为主要培训内容，针对性非常强，把学习、工作和教学融为一体，增强培训效果的时效性。在科研基础知识和方法普及的基础上，高校还最大限度地为高校教师科研完备教师开展科研的硬件条件，围绕实验基地积极创建科研平台。实验基地的建设离不开实验设备的引进与维护，科研设备是高校教师从事科研最基础的条件，其先进与否直接影响科研活动的准确性和有效性。高校应在有限经费中按照一定比例进行科研设备更新和实验基地建设，在重点科研方向上确保实验设备的先进性，提高先进实验设备的使用率，改变现有地实验员单一管理实验设备的办法，实施安全开放地实验基地管理，允许高校教师在课余时间使用实验设备进行科研活动，随时为高校教师科研活动提供设备和技术支持，以实验基地为科研活动中心，凝聚高校教师科研力量提升获取资源能力，为高校教师科研能力的发展提供更有利地条件。

2. 加强科研实践能力，合理利用和挖掘校内外资源

在有限的资源情况下，高校教师科研能力的高低也不尽相同，这主要是取决于高校教师个人主观努力，尤其是科研实践能力的高低。科研实践能力是教师在掌握科研科研知识和方法的前提下合理配置可利用资源解决科研问题的能力，其培养和提升只有在科研实践活动开展过程中才能得以实现。高校必须规范教师双师型培养制度，定期组织教师进行校外企业考察和学习，注重高校教师专业实际操作能力的培养和考察，顺利衔接高校教师的教学与科研。在科研管理上，要严格项目审批程序和评价标准，让高校教师在规范的科研活动中提高自我要求，自觉提升自我科研素质。同时，高校的科研主

管部门还可以开展教师间科研帮扶活动，请经验丰富的高校教师或者校外专家担任科研导师，积极发挥传帮带作用，从科研项目的选题、申报、开题和结题过程中遇到的问题及时进行解答，在科研实际活动中适时地给予科研知识和方法上指导，多方面地提升高职教师的科研素质与水平。高校教师在有限资源的情况下进行科研实践能力的提升，就必须合理配置可利用资源，并充分挖掘潜力资源。高校教师要改变原有“等、靠、要”的思想，结合学校发展特色、自身专长以及高职科研科研特点，主动适应市场技术与人才需求变化，寻求社会与企业合作，借用学校技术优势、人才优势向企业提供技术咨询服务和技术攻关合作，以此实现与企业互通资源与信息，时刻与市场专业前沿动态保持一致；在引入新资源的同时，高校教师也可以借用科研市场化之势将原有资源与引入资源进行合理配置，实现原有资源价值的多重利用与增值。通过自身特色发展基础上的统筹校内外资源，不断扩充高校教师科研能力的生态位，获取竞争优势，在科研领域中提高科研效益和竞争实力。

（三）高校教师科研能力的协同进化策略

科研系统是不同生态位发展及其相互关系的结果，系统中的任何一个独立生态位都要通过时刻与其他生态位产生联系来证明和体现自己的生态位。尽管系统内基于生存和发展所存在的资源竞争十分常见，但是系统内不同物种长期稳定共存的关键在于相互之间的合作或相依性，竞争只是手段，协同进化才是目的。正因如此，才能保证系统内物种的相对独特性、成分多样性和发展稳定性，从而实现不同物种互惠共存、协同进化。高校教师科研能力作为高校科研生态系统内的一个独立个体，也同样需要与系统内其他个体相互作用，妥善处理好竞争与合作的关系，在相对稳定、协调共生的协同进化系统中实现自身螺旋式的发展。因此，高校教师科研能力的发展必须从竞争走向合作。

1．扩宽科研范围，注重产教研的融合

高校的科研活动组织结构主要是照搬普通高校的原有模式，按照学科门类和方向划分教研室，以教研室为基本单元开展教学和科研活动，将高校教师的科研能力定位在学校内部。但是，高校教师科研能力的发挥不仅仅局限于学校，其广阔舞台更在于社会和企业、在于技术所延伸的每个角落，高校教师不仅要承担科研教学和科研任务，同时还必须承担其技术服务的职能。高职教师科研活动必须要加入社会和企业这一重要成员，在社会实践和企业合作中寻求自身科研能力进步。所以，高校教师科研能力的协同进步，从内容上来讲，必须处理好教学、科研和技术服务三大职能的融合；从方式上来讲，必须处理好获取自身教学经验与技术工作经验的配合。产学研的融合，是高校教师有条件从事科研工作的必要基础。高校教师教学工作任务较重，如果不能很好地处理好科研与教学和技术服务的关系，便会使得科研成为高校教师的额外负担。

所以，高校教师在选择科研切入点时，必须考虑到与教学和技术服务的关系，把三者结合在解决技术应用难题的应用型研发上，侧重于应用技术的研发，新产品、新技术、新方法的推广，生产技术服务、科学技术咨询、技术人员培训等方面。这样，科研上的过程收集的资料和成果能直接用在课堂教学上和直接用在企业的技术服务上，使高校教师科研能力成为促进其教学能力和社会服务能力提升的有效助推，三者互相配合，共同进步。如计算机专业教师选择从事 Java 技术在其他领域应用的项目研究，就必须对 Java 技术的应用发展过程和当下发展的状况进行资料收集和整理，并且要对 Java 技术应用基本原则进行概括，还要熟悉 Java 语言的使用流程，而这些知识恰恰就可以用在 Java 语言的专业课的教学上。

同时，新领域应用的论证，也能开阔学生眼界，激发学生积极思考、举一反三的创新思维，也让有此类需求的企业看到优化过程的可能。这样的一个技术应用和推广科研项目，就使高校教师在其三大职能有效发挥的过程中也实现了自身能力的发展。工学结合，是高校教师有能力从事科研的有效路径。仅仅依靠科研教学经验来开展科研，虽能一定程度上促进教师的教学进步，但难免会带有一些主观性和理想性，尤其是对于连接理论与实践的技术知识的教学。

书本上的技术知识是无数实践后总结的普遍流程，但真正产生作用的技术知识都是在个人实践和具体作业上。根据同样的技术指导说明，学生所做出的结果却不尽相同。高校教师要实现对班级的不同个体进行技术知识的有效指导，就必须有丰富的经验，对不同的使用路径和选择以及产生结果的不同进行有效分析和指导。高校教师从事科研项目收集资料时，也必须有充分的实践调查和现实状况做支撑。

所以，工学结合是高校教师实现产学研有效结合、充分发挥自身科研能力的最佳途径。高职教师要积极了解专业领域前沿动态，利用和珍惜学生实习指导和外出培训的机会进行调查和分析，通过自身观察和与企业人员的沟通交流，充分了解生产和服务一线的真实状况。

同时，高校教师也应该主动利用自身资源，与同专业出身但从事不同行业的朋友进行沟通，了解专业知识在不同领域的应用优势和困境，从中寻求科研的新视野和新问题。如果条件允许，甚至可以直接从事企业里与自己专业相关的工作，直接获取企业一线的工作经验。有部分高校已经把一年的企业一线工作经验纳入教师信息收集和考核中，鼓励高校教师主动利用假期时间从事专业领域的相关工作。高校教师只有主动地结合好教学经验和企业工作经验，才能保证技术应用型科研活动地顺利开展，才能通过科研活动和科研成果来体现高校教师科研能力生态位的独特。

2. 加强科研团队合作，促进个体科研能力协同进步

科研范围的跨学科性和综合性，使得高校教师科研的团队合作显得尤为重要，封闭的“单打独斗”科研户已经难以承担重大科技项目特别是交叉学科前沿研究项目科研任务。高校教师要打破原有的独立怪圈，在保持自身科研生态位的相对独立基础上，主动寻求与其他教师、科研研究人员、企业员工等相关机构的可进行合作的领域和机会，集合各自优势形成团队合力，从而在更高层次上寻找、选择和优化科研生态位，实现成员互利互惠、团体集群创新和群体的协同进化。科研团队的形成和成熟要经历一段时间的磨合，其中团队带头人作用的发挥十分关键。一个好的团队带头人能有效结合团队

成员的优势，引领科研团队不断朝着正确方向进步，所以团队带头人的选择和培养十分重要。受到行政力量的影响，很多科研团队带头人都是带有“官职”的领导，能为团队争取更多的社会资源和科研项目。但是，从团队的长远发展来看，一个具备管理素质的学术精深的领头人能更好地带领团队进行学术攻坚。他要求能立足学科发展前沿，战略性确定方向，凭借团队学术优势争取到高优项目，基于尊重学术自由的观念而形成人人平等的团队文化，根据成员能力倾向合理分配科研任务，不断推动团队整体和团队成员的发展。除了团队带头人的有效带动和方向指引，科研团队的合理人员组织结构也起到非常重要的作用。

目前，高校以教研室为基本单位开展科研虽有助于学科和专业的人员集中，但是全部由相同专业背景和专长的人员组成的科研团队是无法完成跨学科的综合性科研项目。

科研团队里的每一位成员都会因自身所带有的有所差异的知识、能力、特长等形成与之相应的生态位，科研团队的人员组织必须考虑成员生态位的多样性。所以高校的科研团队的建设不能模仿教学团队的组织，要打破人才单位所有制壁垒，克服团队组建和成长过程中遇到的体制和制度障碍，按照科研项目的任务进行成员选择，建立具备合理年龄、职称、专业、学历的团队组织，在学术领头人的带领下，依托重点实验室和项目基地，凝聚学科方向，汇集一流人才。科研团队作为科研人员的组织，是成员个体实现进步的舞台，所以团队建设与教师的专业成长相结合，依托科研团队，实现成员个体生态位的优化与协同进化。

成员在团队中所承担的科研任务的分配主要是考量其内在的专业知识和技能，团队成员在团队中作用的发挥与其专业成长密切相关，科研团队活动能帮助成员在活动中不断强化自身专业能力，特别是青年教师。青年教师缺乏经验，在工作之初却又急切需要有所作为，在科研团队活动中积极关注和引导青年教师专业成长，给予青年教师更多的机会，让青年教师成为有意愿、有能力的科研人员，不断推动科研团队良性发展。

3．加强科研学术交流，优化科研生态环境

科研生态环境是指直接或间接影响高校教师科研能力有效发挥的一切内外部环境因素的总和，既包括物质环境，也包括隐形的人文环境。良好和谐的科研生态环境，才能更加顺畅地进行系统内外的物质、能量和信息交流，实现系统从无序向有序的演变，最终实现科研科研系统的良性自我组织，推动高校教师自觉培养和提升自身的科研能力。

（1）营造良好科研氛围

在高校教师科研能力的培养和提升过程中，良好的科研氛围为其提供丰富的土壤。大部分高校由于建校历史短，并没有形成浓厚的科研文化，加上教师自身科研意识的欠缺，使得科研成了部分高校教师的包袱，导致高校教师科研能力的培养和提升失去了立足点。因此，高校必须重视科研氛围的营造，在无形中引领教师精神世界的发展，促成教师与学校共同愿景的形成，在观念上不断强化高校教师科研能力的生态位。

高校良好的科研氛围应该是良好学术氛围的延伸，是民主和宽容的思想家园。高校科研活动应该弱化行政力量的影响，以学术自由的观念引领高校教师积极思考和探索，基于自身个性和学识提出独特的见解和观点，在差异自由存在中寻求创新，在科研地位平等中寻求发展，促进高校教师科研自觉的形成，让每一位高校教师都能在同等的科研平台进行能力的展示和进步。

（2）搭建信息交流平台

信息时代下，信息获取和沟通的速度能够直接反映出系统运行的效率。高职院校的教师科研系统只有开放地不断获取和交换信息和能量，才能使高校教师在信息指引和推动下及时了解科技发展前沿动态，不断积极思考，并在交流中碰撞出思想的火花和创新的灵感。这样，高校的科研科研系统才能不断有序地良性发展，高校的科研才能摆脱“一潭死水”的困境。所以，高校要积极搭建信息交流平台，促进系统内外信息地多种方式流动，定期开展科研活动分享，加强教师之间的专业对话、沟通、协调和合作。

同时，积极引进校外先进人物走入校园，定期举行讲坛、沙龙、企业技术发展分享、论坛在线研讨、疑难问题进行集体“会诊”活动等，缩短本校高校教师与先进同行的思想差距，扩宽高职教师的研究视野，积极引导高校教师循序渐进开展科研活动，不断转型成科研型教师、学者型教师。

（3）优化科研管理机制

目前来说，在科研生态环境中起主导作用的是管理机制，管理机制的引导很大程度上决定了国家科研经费的流向，所以管理机制在调动科研热情和规范科研活动上起到了至关重要的作用。基本的保障制度，确保高校教师科研所需要的时间、科研设备、科研经费、科研场所等，使高校教师有条件开展科研；有效的运行制度，规范科研活动中各主体的职责和任务，确保科研元素能及时有序地在各自生态位上发挥作用，保证高校教师科研链完整有序，让高校教师科研能力在完整的科研活动中实现螺旋式提升；合理的评价与激励制度，改变以往简单化、数量化、功利化的评价方式，充分考虑高校教师科研活动的创造性特征，优化科研量化考核评价体系指标，有针对性地给予精神和物质的奖励，充分运用多种奖励方式，激励高校教师更加积极参与科研活动，在科研活动中不断培养和提升自身的科研能力。

结合以上分析，高校教师科研能力是立足于其在科研链上的生态位而不断发展的。以生态位的特征来看待目前高校教师科研能力存在的问题主要体现在态势上，具体表现为所处科研链上环节实体的不完整；运行规律与高职教师科研链内在规律存在矛盾；科研能力内部要素生态不平衡：科研能力生态位特征同化以及参与群体动力缺乏的问题。

为此，从高校教师科研能力生态位的特征出发，利用分化策略，从思想上正确定位，在实践中凸显优势，防止和减少科研生态位出现高度重叠，以此进行错位竞争，实现科研生态位分化竞争；利用高校教师科研能力的生态位扩充策略，充分利用和挖掘校内外科技资源，扩充科研生态位容量，并加强特色建设，定向扩充或改变科研生态位；利用高职教师科研能力的协同进化策略，推进产研学研合作和校际合作、实现群体协同进化，加强团队合作、促进个体协同进化，加强学术交流、优化科研生态环境。

以此丰富高校教师科研能力生态位，为高校教师科研能力得到正确的定位，确保其功能得到有效发挥，促进教师专业化与高校的同步发展，为推动高校创新型校园建设，更好地服务社会尽到应有的贡献。毋庸置疑，高校教师科研能力的培养和提升是一项综合复杂的任务，需要科研部门、学校、企业和教师的共同努力，以及相应的制度保证和评价监督体系的保证，协调好整个高校教师科研生态内的各个要素，以达到提升高校教师科研能力的目的。由于笔者时间、精力有限，无法对本命题进行更加全面和深入的对比研究，研究只是立足在湖南省内三所高校进行调查研究，调查成果的客观性和研究论点的实践性等其他诸多方面有待深入研究。

第三节　高校教师科研能力结构分析

一、教师科研能力的内涵及影响因素

（一）教师科研能力的内涵

教师科研能力的研究必须建立在对其内涵的深刻剖析基础之上，只有深刻理解研究本体的内涵，才能理清研究思路，顺利开展后续工作。对于教师科研能力的内涵，不同的学者从不同侧面对其进行了分析。有的学者从能力结构这一方面切入，认为教师科研能力是教师“从事科学研究工作所必备的各种素养”的综合，包括“一般性能力和发展性能力”，其中一般性能力包括“选择论证课题的能力、搜集和处理信息的能力、论文撰写能力”，是每一个科研工作者都必须具备的基础能力；发展性能力则包括“独立设计和操作实验的能力、创新能力、组织科研活动的能力”，是在一般性能力基础上更好开展高职教师科研工作的能力，是高职教师专业化的重要体现。有的学者从能力应用层次入手，将教师科研能力分解为“专业业务能力和辅助业务能力”，其中专业业务能力主要通过教师在“科研业绩及质量、专业技术能力、专业基础理论知识、相关专业知识、标准规范的熟悉程度”等要素来体现，而辅助业务能力则包括“计算机应用能力、外语水平和团队协调能力”

等要素构成。

（二）教师科研能力影响因素研究

教师科研能力的培养和提升受到众多因素影响。从科研积淀、科研基础条件、科研经费投入、学术交流等角度出发，可以归纳出教师科研能力主要受到以下因素影响：人的因素，教师在思想认识上对科研存在不少误区，例如重视程度不够，教师队伍结构不够合理，优秀人才流失严重，教师科研协作与团队精神欠佳，科研缺乏系统性和稳定性，研究方向摇摆不定；环境影响的因素，如新建本科院校由于建院时间短，科研积淀少，学科建设起步晚，缺少领军人物对科研的带动，存在教育经费短缺、科研投入严重不足，科研基础条件薄弱和分散，教师参加学术交流的机会较少等约束；制度的因素，如“科研管理落后，科研评价和激励机制不健全，”圆缺乏对教师有效的教师培训制度；社会因素的影响，如地方经济社会的期望对教师科研能力的影响。

二、高校教师科研能力结构

（一）能力分析

国内外关于能力的研究比较多，关于能力的含义界定，不同学科的学者有不同的见解。到目前为止，人们主要是从心理学的角度对能力的含义进行界定，认为能力是指顺利完成某项活动所必需的个性心理特征，很少从哲学与人学学科角度来诠释能力，这使得人们对能力的认识有一定的局限性，从而低估了“能力”的意义和价值。同时，如果不能理清知识、技能、能力、素质四者之间的关系，我们将很难把握能力的发展、能力的结构。

1．心理学视角

心理学理论认为，能力是直接影响活动效率、顺利完成各种活动所必需的个性心理特征，即人在顺利完成某种活动过程中经常、稳定、熟练地表现出来的心理特征。所谓个性心理特征，又称个性，通常是指一个人的精神面貌，他是由人在适应或改变现实环境的活动中形成的各种意识倾向和心理特征所构成的内部动力系统，简言之，个性心理特征指一个人身上经常地、稳定地表现出来的心理特征的总和。能力总是和实践活动相互联系，只有通过实践活动才能体现和发展人的能力，但在实践活动过程中所表现出来的心理特征并不都是能力，只有那些直接影响实践活动效率，促使实践活动顺利完成并获得社会效益和经济效益的心理特征才是能力。

2．哲学与入学视角

在哲学与人学的研究视角下，从能力发挥的基础、内容、水平、合理性、效果、载体、价值、作用等八个方面对能力进行解析，最终将人的能力界定为：能力是人的综合素质在现实行动中表现出来的、正确驾驭某种活动的实际本领、能量和熟练水平，是实现人的价值的一种有效方式，也是左右社会发展和人生命运的一种积极力量，包括体力、智力、道德力、审美能力、实践操作能力等一般能力，从事某种专业活动的特殊专业才能和为社会而奉献的创造能力。该视角下的能力是建构“能力本位”主义社会的基础，所界定的能力具有以下特征：

第一，经验观察性和可确定性：能力是可以通过人在现实活动中的表现和成效从而在经验上观察和确认的，是可以对其直接把握和确定的。

第二，全面性：在哲学与人学视角下的能力是指人的全面综合能力，而不是指具体的某一方面能力。

第三，现实性：能力可以作为一种影响社会和人的发展的力量，同时也可以直接作用于现实中社会和人的发展，同时还要求人应现实地发挥实际作用。不唯学历看能力，不唯资历看努力，就是由能力的现实性所决定的。

第四，质量性：能力既有大小和高低之分，同时也有一个其发挥是否合理、正确的性质问题。

第五，一致性：拥有能力的人，其内外人格应该是一致的，能力是不可以伪装掩饰的。

第六，实效性：强调和重视能力，就是要在现实行动中通过运用能力，使得所做的事情达到最佳效果，追求实效。

第七，属人性：能力是人本身所具有的一种特征属性，而不是外界所给予的，它对人本身的存在和发展具有重要的现实意义。

3．知识、技能、能力、素质之间的区别与联系

知识是人们在适应生存环境而进行的实践活动中所获得的认识和经验的总和，知识获取的方式包括实践（直接经验）和学习（间接经验）。技能是在理论活动或实践活动中运用能力的基本活动方式，是一种通过训练而学习巩固了的动作方式，它是由人们在长期实践活动中逐渐形成起来的。按性质与特点，技能可分为智力技能和操作技能两类。前者指在头脑中对事物分析、综合、抽象、概括等的智力活动，如构思、心算等；后者指由大脑控制机体运动完成的，如书写、舞蹈等。技能与知识不同，例如生活常识、物理知识、化学知识、数学知识等，这些都可以通过语言文字等形式传授，然而技能却必须亲自学习，并坚持练习才能够掌握其中的技巧。能力是学习和应用知识的智力，即对知识材料进行加工的活动过程的概括。能力是掌握知识、技能的必要前提；同时，能力的高低直接影响着掌握知识、技能的难易、速度和程度，也决定着对知识、技能的运用及解决问题的程度。反过来说，知识和技能又是能力形成的基础，任何一种能力的形成发展都是以知识、技能为载体螺旋式推进的。

素质即人的内在本质力量，为人做事的潜能和素养，是知识和能力升华内化于人的身心血肉中之大成，属于内核的东西，具有不可视性，是通过行为转化和外化为综合能力表现、实现和确认的，包括人的身体素质、思想素质、道德素质、精神素质、心理素质和文化素质。素质是能力发挥的内在基础和根据，同时也是能力内化于人的身心血肉的结果，二者虽不能等同，但有内在联系，它们是同一个事物的两个不同侧面。知识、技能是能力与素质发展的力量源泉，但知识、技能并不直接等同于能力和素质，能力只有通过内化才能形成素质；素质的提高又将促进知识、技能的更好掌握、扩展和运用，促进能力的有效发挥和发展。

（二）能力结构分析

对能力的结构进行深入完善的分析是研究研究型高校教师科研能力结构

的前提，只有理解能力的结构才能科学合理地分解出研究型高校教师科研能力结构，进而建立高校教师科研能力评价指标体系。对人的能力结构及其构成要素的分析，主要有以下研究成果：

1．二因素结构论

英国心理学家斯皮尔曼用自己创立的“四元组方程”对智力结构做了研究，与 1904 年发表论文《客观地确定和测量的“一般智力”》，提出了科学史上第一个关于智力结构的理论，即“二因素结构论”。她是说：个人的每一项心智能力都可以划分成两个因素，即“一般因素”g（general factor）和“特殊因素”s（special factor），那么两项智力测验就会有 3 个因素，即 2 个不同的 S 和 1 个 g，推及至一般来说，k 项智力测验就会有 k+1 个因素，即 1 个 g 和 k 个 s。因此，g 是一切心智能力共享的因素，虽然在人与人之间是自由变动的，但在一个人的所有相关能力方面是保持不变的，即“一般”的意思。s 是各项心智能力独有的因素，不但在人与人之间不同，而且即使对于一个人来说，从一种能力到另一种能力也是不同的，即“特殊”的意思。g 与任何一个 s 不相关，各个 s 之间同样不相关。对于每一项智力活动，都需要 g 因素和 s 因素的相互结合。

智力一般被看作是认知素质，与情感和动机无关；它是影响人的行为和作业的总能量，而不是个体的具体能力；他是抽象的潜能，而非具体的操作能力。智力要解决知不知、懂不懂的问题，它是在智力活动中所表现出来的特征，能力是在所有活动中所表现出来的个性心理特征。智力虽然是能力的核心，但是智力与能力存在着绝对的差异，二者是不同的。“二因素论”至今仍为一个比较完善科学的智力理论范例，“一般因素 g”和“特殊因素 s”在英美国家往往被说成是“一般智力”和“特殊能力”，对于此种说法，斯皮尔曼虽然在理论上是反对的，但是在实用上确是默许的。随着心理学家逐渐接受、吸收“二因素论”之后，人们越来越公开地使用“一般能力”（general ability）和“特殊能力”（special ability）这样的术语，这两个术语就是起源于 g 因素和 S 因素之说的。坦诚地采纳二因素说，为科学地统一人的所有能力奠定了基础，深化了人们对能力结构的认识。教育大词典将能力结构划分为一般能力和特殊能力，一般能力是完成各项活动均需具备的，其结构要素包括注意能力、观察能力、记忆能力、想象能力、思维能力和操作能力；特殊能力是指从事某种专业活动所必需的能力，如音乐能力，需要有曲调感和节奏感等。

2．多层次结构论

1950 年吉尔福特（J-P Guilford）发表著名的“创造力”（Creativity）演说，标志着创造心理学作为一门新兴的学科从心理学界派生出来。创造心理学从心理学的角度研究人在创造活动中的心理现象及其规律，是以文化学、社会学、创造学、教育学和生理学等学科的理论为研究基础的一门综合性学科。20 世纪 40 年代，学界将创造心理学归入了人格心理学研究范围之内，但随着各个学科的迅速发展以及社会发展的需要，人们对创造能力进行了更加深入的研究，研究范围也进一步扩大，学者对创造能力的研究已经超出了人格心理学所研究的范畴。最终，创造心理学进一步发展并逐步成了被社会所公认的一门独立学科。

随着创造心理学研究内容的不断深入和广泛，人们认识到了斯皮尔曼所提出的“二因素结构”理论的不足之处，并对其进行了进一步的完善，从而提出了人的能力结构多层次性的观点，认为人的能力可以划分为三个层次：

第一，一般能力，人在从事不同种类的活动中所表现出来的共同需要的能力，如注意能力、观察能力、记忆能力、想象能力、思维能力、判断能力、语言能力、操作能力等。我们所说的“智力”，即人认识、理解客观事物并运用知识、经验等解决问题的能力，是一般能力的核心，其发展水平可以用智力商数（IQ）高低来衡量。按照重要性程度区分，语言能力>逻辑、数字能力>空间认知能力；

第二，特殊能力，人在从事某种特殊的专业活动过程中所表现出来的能力，也可称之为专业能力；

第三，创造能力，人在发现、分析、解决一系列新情况、新问题时，所表现出来的具有独创性和新颖性的能力。

三、高校教师科研特点

研究型高校与教学型、教学研究型高校有着本质的差别，这里汇集了一流的学者和一流教学科研队伍，通过开展高水平的科学研究活动，创造了世界顶尖的研究成果。科学研究是研究型高校的重要使命，高水平研究型高校建设更是需要以高水平科研作为支撑。在当今科技发展的重要时期，高水平研究型高校要把科学研究工作放在重要的位置，努力找准高水平科研的着力点，彰显出作为研究型高校的科研特色，为我国建设成为创新型国家做出更大贡献。

（一）研究型高校教师科研工作应该注重基础研究，推动原始创新。

研究型高校既是高层次创新人才培养的重要基地，同时也是基础研究和高技术领域创新成果的重要源泉。基础研究是以认识自然现象、揭示客观规律为目的的科学研究活动，与应用研究、技术开发研究所不同，它注重知识的创新，是人类文明进步的动力、国家竞争力的重要组成部分。基础研究的突破，将带动国家新兴产业的崛起，引起经济和社会的重大变革。原始创新不仅在世界科技竞争中具有制高点的作用，同时也是研究型高校科研核心竞争力之所在，世界一流高校（同时也是研究型高校）无一例外都有很高的基础研究水平。能不能通过高水平科研推动原始创新和知识创新，是检验一所高校能不能跻身世界一流高校的重要标准。

加强国家的创新体系建设，应该遵照从基础科学到应用科学，到高技术，到技术研发，到产品制造、产业化、市场开发与应用的创新模式，在这个模式中基础科学是上流，而市场处在下游位置。没有原始的知识创新就不会有技术创新，研究型高校教师科研的首要目的应该是完成知识的创新，为技术创新提供源泉，其对技术进步的作用应该是激励和提高企业的技术开发能力，而不是取代企业从事技术创新。产业界人士对高校的需求和期望，不应该是为其提供具体的技术支持，而是为其提供出色的基础研究成果，企业才是技术创新的主体。

（二）研究型高校教师应该把科研作为探究真理、发现未知的方式。

高校是一个探究高深学问的地方，科学研究以追求真理为最高目的，即永恒地参与不断研究未知的东西，发现新的自然规律，不断地接近真理，不管它的应用价值如何，要远离社会实际政治和经济利益。因此，教师科研的性质应该在于求得理论的认识、事实的认识，价值在于使人“豁然开朗”、不再“在黑暗中摸索”。

理论是为实践做指导，但是教师在开展科研活动过程中，不应该具有太多的功利性、目的性。研究型高校教师科研在价值取向上应该去除功利性，一些低层次的“服务性”工作与研究型高校探索高深学问和培养高素质的科学人才的基本职能是不相符合的。

研究型高校的科学研究活动并不排斥实用价值，但是应该以原创为最高追求，最起码教师不能以实用作为科研的唯一标准，要为纯学术研究活动留下基本的空间。冯友兰老先生就曾说过：“为致用而学术”，容易犯一种短视急躁病。结果学术研究不好，因而也无以致用。“为学术而学术”，不以致用为意，反而可以得到学术之大用。因此，教师应该抛开利益的枷锁，为真理而科研，为事实而科研。

（三）把科研创新落到实处。

国际一流研究型高校的科研水平代表着国际发展前沿，是最高级别成果的体现。据统计，在国际著名学术期刊（Nature）和（Science）上所发表的论文数量的 2/3 来源于高校，而世界排名前 100 名的高校所发表的论文占所发表论文总数的 3/4 左右；诺贝尔奖获得者总数的 3/4 来源于高校，其中高校获奖总人数的 94%又来源于一流研究型高校，这充分体现出国际一流研究型高校强大的科研创新实力。

因此，作为一名研究型高校教师，在科研选题方面，要勇于选取科学前沿的课题，勇于面对科研难题，甚至是世界级的科研难题，而不是仅仅对已有的理论或者实验的修修补补的课题。既然是科学研究，就必然具有不确定性，可能会成功也可能失败，要尽最大的努力去争取成功，即使失败也要坦然面对。

教师不应该因为课题的存在失败的可能性而选择一些“旱涝保收”的科研课题，就像宋洁绚在其论文中所举的一个科研例子：在天文科研领域，通过观察天空中许许多多的星星中的一个就可以产出科研成果，这种研究对于那些不愿承担重大科研责任的学者来说，何乐而不为呢？但若认真思考该研究的价值时，我们会发现研究水平肯定是有的，但却远远谈不上高水平科研，更不用说科研创新之处了。这种重复性的科学研究活动只能使个人的研究成果数量增长，但是根本体现不出科学研究创新的内涵，教师不应该只注重科研成果中出版或论文发表数量的多少，更应该关注这些成果的质量。

四、高校教师科研过程分析

科学研究是在遵循科学的系统性、规律性和客观性的原则下，对未知世界展开的探寻新知、求证真理的人类活动，它是一种特殊的社会活动，具有专业性、探索性和创新性。当科学定见与新的经验事实之间发生矛盾时，就将产生科学研究活动。所谓科学定见，就是指科学共同体对某些事物共同认可的和较为成熟的见解，这种见解可以表现为理论形态，也可以表现为经验认识的形式。科学研究的一般过程可分为五个阶段：

（一）选题阶段

选题阶段是科学研究的起点，能否发现问题在科学研究过程中占有重要地位，科学家成功与否很大程度上取决于他提出问题的能力和提出正确问题的能力，就如爱因斯坦所说“提出（发现）一个问题往往比解决一个问题更为重要。”当旧的理论与新的经验事实发生矛盾时，或者以往所有的科学认识成果无法解释一个新的经验事实时，都可以将其作为科研课题，展开科学研究活动。

（二）实验探索阶段

选定科研课题之后，需要根据问题查阅相关文献资料，设计实验方案，然后进行实验，观察实验结果，得出实验结论，即获取科学事实。

（三）思维加工阶段

在得出实验结论后，要对其进行思维分析，提出可预见的假说，科学研究即要揭示未知世界、探寻真理。这一阶段是将感性认识上升到理性认识的飞跃阶段，科学研究成果的创造性程度如何主要取决于这个阶段。

（四）实践检验阶段

该阶段要将科学假说进行实践检验，因为假说是对客观事物的假定性的说明和猜测，不一定都是科学合理的，是需要实践来检验的。只有经过科学实践验证了的假说，才可能将其上升为科学理论，这为第五阶段打下了基础，只有顺利完成了这一步，才能建立第五步的理论体系。

（五）理论体系

科学研究即要探寻未知世界、寻求真理，最终的目的是要建立一个具有解释功能、预见功能、逻辑合理的理论体系，来解释科学定见与经验事实之间的矛盾。理论体系的建立也就标志着一个完整的科学研究过程的结束。

以上对科学研究过程划分的五个阶段，更适合于自然科学学科的科学研究过程阶段划分，人文、社会学科的科学研究可能不需要实验阶段，相替代的是实地调查研究阶段。研究型高校教师承接的纵向课题、横向课题不需要“选题”阶段，部分科学研究可能也不需要“假设”阶段，同时五个阶段之间还需要其他环节来衔接，但这些都不是本论文研究的重点，上述对科学研究过程的阶段划分只是一个大致的概念。

在选题阶段，科研人员应该具备发现问题的能力，只有发现了现实中值得研究的内容，才能进一步地开始科学研究活动。在接下来的实验阶段（或者调研阶段），科研人员应该具备分析问题、解决问题的能力，这样才能顺利完整地结束科研活动。概括来讲，科学研究的过程就是一个发现矛盾、分析矛盾、解决矛盾的过程，发现新的经验事实与科学定见之间的矛盾，标志着科学研究过程的开始，最终要解决经验事实与科学之间矛盾。在开展科学研究活动之初，人们对经验事实与科学定见之间矛盾的认识是模糊的、不全面的，而当建构了一个可以解释该矛盾的完善理论体系之后，人们对科学定见与经验事实之间的矛盾的认识就会变得清晰、全面，从而揭示出该矛盾的全部因果关系。

五、教师科研能力结构分析

科学研究活动是一项特殊的社会实践活动，通过前面对教师科学研究过程的分析，我们可以将科学研究活动概括为一个发现问题、分析问题、解决问题的过程，即展现科研技能的过程，因此，我们可以将教师科研能力定义为一种特殊能力。

但是，作为智力的最高级表现形式，科研活动不能没有一般能力的基础支撑；研究型高校教师应该注重基础研究、原始创新，应将科研创新落到实处，因此，作为一项独创性的活动，研究型高校教师的科研活动对于创造力具有很强的依赖性，没有创造力，原始创新、基础研究工作将无法顺利开展。结合教师科研活动发现问题、分析问题、解决问题的本质过程以及研究型高校教师科研的原则，依据能力的结构理论，本论文将教师科学研究能力划分为科研认知能力（一般能力）、科研实践能力（特殊能力）、科研创新能力（创造力）三个组成要素。

科研认知能力、科研实践能力、科研创新能力是教师科研能力的三个重要组成要素，总体上可以将三者之间看作层次关系。科研认知能力为科研能力的低层能力，也是基础能力；科研创新能力是科研能力的最高层次能力，也是核心能力。三者相互配合，有机联动，以其“合力”运动体现教师整体科研水平。

（一）科研认知能力

认知能力是指人脑加工、储存以及提取信息的能力，即人们对事物的构成、性能与他物之间的关系、发展的动力、发展方向和基本规律的把握能力，它是人们在完成某种活动中最基本、最重要的心理条件，在各种活动中都不能缺少它，注意能力、观察能力、记忆能力、想象能力、思维能力和语言理解能力都被认为是认知能力。

认知能力是人们开展一切活动的基础，既与先天条件有关，又与后天学习有关。一个人若没有一定的认知能力，那么他也就等于没有学习能力，更别谈自学能力，什么活动都无法正常进行；只有具备一定的认知能力，才能够不断地学习知识，增加自己的智慧，逐步培养自学能力，进而更好地完成活动。只有智慧不一定能做好科学研究活动，但是若没有智慧，则肯定做不好科学研究活动。科研认知能力属于科研活动所必需的一般能力，是科研能力的表层，或者说是其他一切科研能力的基础。

（二）科研实践能力

科研实践能力是科研能力结构中的一个重要组成部分，它是科研能力得以实现的具体能力，包括组织、设计、实验、操作、计算等多种能力，是一种开展科研活动的专业能力，总体可划分为发现问题的能力、分析问题的能力、解决问题的能力。科研实践是科学研究活动的核心过程，选定科研课题之后，接下来就需要搜集材料、设计实验、分析实验结果，目的是为了理顺材料，提出科学假说。如果假说通过了第四阶段的“实践检验”阶段，那么接下来就可以建构理论体系，否则需要继续回到第二阶段，设计新的实验，继续搜集材料。

在这几个实践环节中，任何微小的失误都可能导致科研活动的中断或者重来，因此，缺乏科研实践能力是无法得出最终的科研成果的。同时，科研能力的高低也将影响科研活动的效率。当今世界，各个国家都在开展科研活动，不同的国家、不同的团体可能同时独立地研究着同一个课题，那么科研能力高低将决定着科研的速度，也将决定最终科研成果的所有权。

（三）科研创新能力

科学研究就是一个探索未知世界、发现真理的过程，具有探索性、创造性，因此科研创新能力是教师开展科研活动的关键条件，将决定科研质量和科研活动成就的水平。这种能力是创造力在科研活动中的具体表现，处于科研能力层次结构中的最高层，最难以达到。所谓创造力就是在某一领域内，个体运用已知的信息产出某种新颖、独特、有社会或个人价值的产品的能力，其产品可以是一种新观念、新设想、新理论或者新方法，也可以是一项新技术、新工艺、新形式的物质产品等。直觉、灵感和想象都是创造力的范畴，他们在创造活动的关键阶段上起着主要作用。

爱因斯坦根据亲自的科学创造实践得出以下结论："我相信直觉和灵感"，他一再强调，在科学创造的过程中，从经验材料到提出新思想之间，如果没有"逻辑的桥梁"，必须求助于灵感和直觉。一般认为智力由许多能力组成，是各种认知能力的总和。学者爱克的研究表明，同创造力相对应，智力有一个阈值为120，智商低于这个值的人，不可能具备创造力；同时在这个值以上，智商的增加却无补于创造力。这也再一次印证了能力的层次性，创造力是在智力或者认知能力基础之上的一种更高层次能力。

只有具备一定的智力，才能掌握丰富的知识，没有哪一位富有创造性的人不需要以往的经验或者事实就能够有所作为，他绝不可能在真空里创造或者用真空创造。

正如约翰·杜威所说："我们可以有事实而没有思维，但我们不可能有思维而没有事实。"吉尔福特认为：具备某种才能是一回事，启用这种才能是另一回事，而在需要时或在可以有效使用这种才能时利用这种才能，则又是一回事。他认为这一切都与个人的人格特性有关。吉尔福特通过因素分析法对创造力进行研究得出：创造力主要取决于创造性思维，与创造性思维最相关的能力包括"发散性加工"能力和"转化"能力。

发散性加工是指为了满足某一特定需要而产生许多可供选择的信息项目，只关注观念的数量而不关注观念的质量，此能力与思维的灵活性有关；转化是指在信息项目方面我们能够认识和产生的种种变化，其中包括产生种种替代物，思维的转化能够保证所需观念的质量，此能力与思维的灵活性和首创性有关。当发散性加工与转化结合在一起时，这些转化能力有助于产生创造性思维。结合吉尔福特的研究成果，我们可以将创造力结构要素划分为知识、核心能力、人格三部分。其中知识是基础保障，人格是创造环境。

第四节　高校教师科研能力提升的意义

一、现代教育发展的需要

近几年，我国的高等教育有了让人可喜的发展，异军突起，为高等教育的发展带来了新的生机。但随着经济发展，教育结构的滞后使得我国人才市场出现“高校生过剩”与“技工严重缺乏”冰火两重天的反差格局，使得社会各界开始重新定位高等教育，并对它报以更多的期待。2014 年 5 月，教育部发布了“600 所地方新建本科院校将转型”重要消息，全国将近一半的高校（1999 年高校扩招后 600 多所“专升本”的地方本科院校）将逐步向应用技术转型，重点培养高级技术技能型人才。这一突破性举措意味着，高等教育再也不是高等教育的终点，新生的本科层次的高等教育将承担起高技能人才的培养工作，高等教育自身体系将不断完善。

但是作为一个教育类型，其体系的完善并非一日之功，尤其是一个体系的不断完善和丰富需要建立在扎实的哲学理论基础之上。结合高等教育的发展演变过程和教育特征的分析，高等教育的理论哲学基础与普通教育的有其不同之处，是以技术知识的特征和传授为研究主体的技术哲学论。只有不断地丰富和发展这一哲学理论基础，才能真正促进高等教育的全面发展。而这一重要命题，就落在了高等教育千千万万的工作者上，尤其是工作在职业院校的一线教师，必须承担起教学者和科研者的双重角色，利用教育实践，不断探寻高等教育规律和方法，从理论和时间上不断丰富职教理论基础。

二、教师科研能力是提升院校综合实力的必要保障

早在 2006 年，我国就提出要建设“创新型”国家，“创新型”国家建设的总思路践行到高等教育来说，就是要加强对高职院校科研创新的投入和建设，动员整个学校的全部力量，共同推进“科研兴校”这一战略目标的实施。但随着我国高等教育大众化进程的不断推进和人们教育观念的增强，国外教

育资源以及民间办学教育资源开始涌现，高等教育资源日益丰富。我国高等教育的发展迎来了前所未有的机遇，同时也将面临前所未有的挑战，集教学、科研与服务社会三大功能于一身的高职院校并没有充分地发挥出来，生存空间不断被挤压。高等教育作为我国高等教育的一种类型，肩负着与普通本科院校有着显著区别的人才培养使命，在竞争日趋激烈的环境中必须完成其特殊使命、彰显自身特色。教师科研能力是高职院校教学改革和学校进步的“第一生产力”，其有效发挥能极大促进高职院校教学、科研与服务三大职能的有效实现，有效结合学校教学和社会经济发展，紧跟时代的要求，在理论或实践上探寻出更广阔的新天地，推动高职院校顺应时代的发展。

三、教师科研能力是促进教师专业化发展的重要内涵

科研能力是教师素质结构的重要组成部分，是教师专业化发展的重要内容。高职科研工作的有序开展其实质就是确保高职教师在与其他科研因素良性互动的基础上发挥出其专业攻坚能力。在当今社会，科学技术的发展日新月异，知识与技术更新速度不断加快。一个教师如果不了解科学技术的发展态势，对学科前沿动态和趋势缺乏敏感性和探索性，就缺乏自己的教学特色和优势，也难以培养出具有创新能力的学生。教师必须在其自身专业领域中进行科研活动，不断激励自己完善专业知识结构，增强自身的专业技能，提高教学效率，在课堂和实践场地上实现自己的价值，为自身专业化发展提供有效平台。但是，高职教师科研工作的开展，受到多方面因素的影响。就目前来说，高职院校教师科研能力还存在着许多不足，如科研动力不足、实践能力不高等等，导致高职院校科研水平整体不高，整个院校发展也缺乏活力。那么，如何让高职教师不仅有条件、有信心，而且有能力进行科研，共同促进高职院校教师科研工作的有效开展，增强高职院校的科研实力，是值得我们继续思考和探讨的问题，这也正是本论文选题的来源。

第二章　高校科研活动现状、问题及对策

近年来，随着我国建设创新型国家的科技发展战略不断推进，我国政府对高校科研活动的投入力度不断加大。而伴随着我国科技体制在这一时期不断地深化改革，我国高校获取科技资源的来源也发生了巨大变化。除了来自各级政府、各个部委的经常性资助之外，高校建设也通过“211 工程”“985 工程”等重点科技工程的不断推进和深入而实现了重点突破；我国政府还通过“863 计划”“973 计划”等国家级项目不断加大专项科研投入、通过“千人计划”“长江学者”等政策不断充实高等学校的科研队伍。与此相应，我国高校科研建设也取得了显著成效，在我国科技、经济和社会发展中的作用不断显现。

第一节　高校科研活动的现状

一、科技投入迅猛增加，人员素质显著提升

高校为科学研究提供了一般科研机构不能提供的有利条件，有效保障了高水平科学研究，因此高校内部的科研团队具有不可替代的作用。近年来国家和教育部先后通过一系列重要举措，整合高校内人才资源、信息资源以及物质资源，为建设科研团队提供了良好的物质保障。由于高等学校内学科种类多样，自然科学与人文社会科学专业相互交叉渗透，在不断发展传统学科的基础上，新兴学科不断涌现，这就为学科的发展提供了新的方向，进一步对科研团队提供了学科知识方面的保障。高校是聚集人才的地方，高校不仅担负着培养人才的重任，还要进行科学研究并服务社会，这就使得科研团队能更好地立足于社会与国家的需求，与科学技术的发展相协调，这样科研团队能将理论研究与应用研究紧密结合，最终实现理论与应用的双重创新。尽管高校具备诸多优势，但是我国高校内科研团队的建设仍处于摸索极端，大

量学术科研人员仍处在自由式探索阶段。目前科研人员申请项目后仍采用临时组建的科研小组来进行科学研究，而在研究过程中，这些小组基本流于形式，组织相对不正规，也较松散，很难以完成大的科研项目，在这样的小组内，难免会出现“搭便车”等现象。因此，真正意义上能协调统一，各司其职，并以重大科研任务为共同目标而聚集在一起的团队建设就成为高校科研水平提高的重要前提保障，在此基础上不断扩大团队规模，最终实现跨专业，跨院校的高效科学研究团队。但就目前情况来看，高校中目前极度缺乏这样学科齐全，人才汇集的有效团队，已经成立的团队也很难发挥出最大潜能。

从 2003 年到 2012 年的十年间，中国高校科研资源总投入量呈现迅猛增长的态势。在这一时期，我国高等学校获取的 R&D 经费拨入总数由 126.7 亿元增加至 662.7 亿元，累计增长达到 423.05%；高等学校科研人员折合全时人员数也由 14.4 万人年增长至 20.3 万人年，累计增长 40.97%；高等学校获取课题总数由 11.8 万个增长到 34.3 万个，增长了 190.68%。在这一时期，伴随着科技资源的大规模投入，我国高校的科技基础设施、科技研发平台和科学研究团队建设都取得了长足进步，有力促进了我国高等学校科研系统内科技资源的整合和提升。以科研人员为例，2003 年全国教师系列人员中，教授占 14.60%，副教授占 32.10%，讲师占 31.78%，助教占 16.53%。到 2012 年，全国教师系列人员中教授占 16.87%，副教授占 29.65%，讲师占 38.44%，助教占 13.25%。高级职称教师占比稳定在 46%左右不变的同时，中级职称教师占比大幅增加，由 31.78%上升到 38.44%，初级职称教师占比由 16.53%下降到 13.25%。

而对于高校当中的工程人员，即《汇编》中的。其他职务技术人员。高级职称、中级职称、初级职称的占比从 2003 年的分别占 19.58%、41.51%和 35.50%，变化到 2012 年分别占比 24.54%、43.15%和 32.31%，同样显示出良好的发展势头。在科研团队中，高级职称人员通常承担着确定研究课题、指引科研方向的职责，是科研团队的核心。他们一方面负责科研课题中重点、难点的攻关，另一方面要兼顾科研队伍的建设，负责整个团队科研能力的提升，为团队成员分配任务，提供指导。中级职称人员处于承上启下的位置，一方面在科研带头人的指导下展开科研攻关，另一方面则要对初级职称人员提供足够的支持，帮助他们尽快走上正轨，改进工作绩效。这种情况同样存在于工程技术人员中。因此，上述人力资源结构的变化体现出我国高校教学与科研人员队伍的人力资源结构明显趋于优化。

二、投入渠道不断拓宽，投入结构极大优化

自我国政府大力推进高等学校教学改革以来，我国各高等院校普遍经历了一段高速扩张的时期，而我国政府也通过国家级重点科技工程和一系列重点科技项目，积极引导高等院校科研方式的转变，先后建成了一大批高水平的科研院所、国家级实验室和国家级研究中心。因此，在要素投入总量迅猛增加、要素质量不断改善的同时，我国高校科研资源输入渠道也不断优化。

这一点主要体现在高等学校科技经费总拨入的来源结构，2003 年全国高校科技经费拨入总额为 219.63 亿元，包括科研事业费 30.33 亿元，占比 14%；主管部门专项费 13.97 亿元，占比 6%；其他政府部门专项费 70.14 亿元，占比 32%；企事业单位委托经费 86.97 亿元，占比 40%；各种收入转入科研经费 9.42 亿元，占比 4%；其他经费拨入 8.8 亿元，占比 4%。到 2012 年，全国高校科技经费拨入总额为 1030.22 亿元：包括科研事业费 56.56 亿元，占比 5%；主管部门专项费 143.60 亿元，占比 14%；其他政府部门专项费 402.29 亿元，占比 39%；企事业单位委托经费 367.38 亿元，占比 36%；各种收入转入科研经费 49.81 亿元，占比 5%；其他经费拨入 10.58 亿元，占比 1%。其中科研事业费占比下降了 9 个百分点，主管部门专项费占比增加了 8 个百分点，比 2003 年提升了一倍还多，其他政府部门专项费占比也增加了 7%，而其他经费拨入则从原来的 4%大幅降至 1%。可见，中国高校科技经费来源渠道合理性显著加强，政府主导科研发展的作用越来越突出，经费拨付使用的透明程度也有较大提升。另外，观察科技项目的分类结构可以发现，2003 年，全国高校基础研究、应用研究和试验发展项目当年支出经费比重为 12.88∶1.19，

这一比重在 2012 年变化为 1∶1.63∶0.47，体现出科研项目类的资源投入越来越向基础研究倾斜。

基础科学研究是指认识自然现象、揭示自然规律，获取新知识、新原理、新方法的研究活动，主要包括科学家自主创新的自由探索和国家战略任务的定向性基础研究；对基础科学数据、资料和相关信息系统地进行采集、鉴定、分析、综合等科学研究基础性工作。因此，基础研究在科技项目中占比的显著提升，说明我国高校在基础研究中的地位越来越突出，日渐成为原始创新的重要载体与平台。

三、科研成果极大增加，支撑经济社会发展

对于高等学校的科研活动，其成果可以分为直接成果和间接成果，前者如出 19 版专著、发表论文、专利授予和国家级项目验收数等；后者如专利转让合同数、专利转让实际收入和技术转让实际收入等等。这些成果各自代表着科研活动不同方面的意义，如专著和论文数主要代表科研活动的活跃程度，转让合同和收入金额主要表达科研成果的经济效益，国家级项目验收数更多表征着科研活动的效益，等等。我国高校科研成果数量在最近十年中突飞猛进，服务经济社会发展的能力正不断增强。

在 2012 年，我国各高等学校共出版科技专著 11090 部，发表论文 786812 篇，分别比 2003 年增长了 75.34%和 127.51%。这两个指标的变化表明我国高校 R&D 活动的活跃程度在不断提升。尤其引人注目的是，我国高校在这一年共获得专利授权 49436 项，比 2003 年增长了 2096.18%，这一巨大变化生动地说明了随着我国科技体制改革的深入推进，高校科研人员的科研热情被极大激发，高校科研活动在规模累积方面取得了巨大进展。

另一方面，2012 年全国高校签订专利转让合同 2143 项，实现收入 4.7 亿元，对比 2003 年的 532 项和 1.5 亿元，上述两个指标分别增长了 300%和 110%；这一年还实现当年技术转让收入 24.1 亿元，比 2003 年增长了 1 1 9.44%。这些数据表明我国高校科研活动的市场导向特征日益明显，其成果越来越为市

场所接收，经济效益正不断提升。而我国高校的国家级项目验收数也从 2004 年首次列入统计时的 1801 项（与外单位合作 418 项）增加到 2012 年的 4623 项（与外单位合作 1105 项），增长了 157%，这一变化说明我国高等学校科研能力日益加强，科研活动所取得的成果能够符合社会预期，在全社会形成了良好的社会效益。

四、国际交流日益广泛，国际影响不断提升

他山之石，可以攻玉。我国高等学校在提升科研能力，促进科技创新方面的一个重要方法是加大国际科技交流，通过“走出去”和“引进来”两个方面的工作在世界范围内大力引进先进经验和领先成果，通过科技交流实现科研能力的增强和科研效率的提高。这方面的努力主要体现在国际会议的参加和举办、访问学者的派遣和接受等等。

近年来，我国高校大力推进国际学术交流的发展，在国际学术会议方面，2012 年我国高校共派遣人员出席国际会议 144492 人次，交流论文 98656 篇，比 2003 年分别增长 91 5.67%和 850.44%，这显示出我国高校。走出去的步伐正在加快。国际合作项目方面，我国高校在 2012 年派遣访问学者 41500 人次，较 2003 年增长 283.12%，接受访问学者 37213 人次，较 2003 年增长 328.45%。我国在 2012 年还举办国际会议 2539 次，做特邀报告 1 5305 篇，比上一年分别增长 18.76%和 9.07%。由以上数据可以看出，我国高等学校正加速融入世界，科研实力在得到越来越多的认可，国际影响力不断提升。

第二节　高校科研体系存在的问题

要对我国高等学校的 R&D 活动进行绩效评价就必须考虑到，作为发展中国家，我国高等学校科研能力建设尚处于相对初级的阶段。受制于这一客观现实，我国高等学校的科研实力在许多领域当中与世界顶尖水平仍存在较大差距，我国高等学校科研体系中也存在着若干系统性问题，主要表现在以下

几个方面：

一、区域发展情况明显失衡

作为世界上最大的发展中国家，我国各省区之间在经济、社会发展的过程中存在区域发展不平衡的情况在所难免。在高校科研活动和区域科研体系建设方面，这种不平衡性同样明显。

从2012年科研资源投入的方面来看，仅以人力资源投入这一指标为例，北京市以41063人年雄踞榜首。在考察的其他29省区中，人力资源投入超过20000人年的只有3个，其中最高的是上海（23053人年），刚刚超过北京的一半。而最低的青海省只有417人年，只是北京的零头。而其他方面的指标，如科技经费支出和获得课题数量方面的情况也与此相差不多。与投入方面的巨大差异相对应的，是各省区高校科技产出的显著不同。仍然观察2012年相关数据，北京市高等学校共获得国家级奖励71项，比第二名江苏省的41项多了75%，比第三名上海市的31项更是多了一倍以上。而从国家级项目验收数来看，北京市高等学校2012年共验收通过国家级项目1130个，几乎等于第二名黑龙江省（678个）和第三名上海市（513个）之和，优势十分明显。

我国各省区高校R&D活动存在着较明显的区域发展不平衡现象，且这种不平衡的发展情况并未体现出一定的规律性。一般来说，在经济发达地区，通过雄厚的经济实力和区内科研机构聚集产生了较强的资源调配能力和科研协同能力，因此这些地区的高校R&D活动能够得到更有力的支持；而经济欠发达地区的高校一般通过重点投入、规模累积来提高效率。因此我们认为，高校R&D活动的绩效取决于资源投入和利用两个方面，这一点在我国高校R&D活动中体现得尤其明显。

在非DEA有效的省区中，上海市、天津市、广东省、辽宁省都属于经济较发达地区，科技资源规模投入较大。对于上述省区的非DEA有效情况，我们认为可能是由于当地高校仍处在高速扩张阶段，资源投入和利用难免出现一定的无序和低效率。进一步观察这些省区的效率分解情况，我们发现上海市、天津市和辽宁省的规模效率都接近于1且处于规模收益上升阶段，这些省区的技术效率都低于其规模效率，这一现象印证了前述观点。比较令人意外的是广东省，该省区综合效率为67.1%，规模效率仅有76．0%且处于规模收益递减阶段，证明该省区资源投入和利用方面存在较大问题。

另外，黑龙江省、青海省以及新疆、宁夏等经济相对落后地区较高的绩效水平可能说明了突出重点、积累规模对于高校R&D活动的重要性。尤其是新疆、宁夏和青海三个省区，其科研资源投入在全国30个省区中排名倒数，但却实现了较高的R&D绩效，唯一的解释只能是上述省区在资源投入和资源利用方面较高的针对性和同步性。

二、人力资源质量有待加强

高校教改以来，随着在校学生数的大量增加，我国高校教职员工也出现了较大增长。在2003～2012年间，我国高校科研人员总数从243862人猛增至835802人，增幅达到242．74%，而R&D活动折合全时人员数的增幅仅为41．46%，对比上述数据不难判断，我国高校体系内存在着大批缺乏科研能力或科研意愿的人员，这一状况无疑会对科技人力资源素质产生较大负面影响。

另外，在科研人员总数和折合全时人员数都有大幅增长的背景下，我国高校科研人力中高级职称人员占比几乎不变，这一点在前文已有分析。这说明大量资历较浅，经验尚缺的人员充实进了科研队伍，这就难免会拉低我国高校科研队伍的平均水平。而中级职称人员占比的显著增加，也体现出我国高等学校的科研队伍从整体上来讲仍处于成长阶段。从不同职务序列的人员占比出发进行考查，教师序列人员在2003年全国高校科研人员当中占比达到62.91%，而这一数值在2012年降低到了59.44%。教师序列人员占比数的降低表明教学工作作为高等学校的基本职能之一受到了一定程度的削弱。工程技术人员的加入固然可以为科研工作提供更加扎实的技术保障，但是从“教学相长”的角度来看，教学工作仍是高校科研活动的基础，如果受到削弱则会大大降低知识传播的效率，同时也会对科学研究新增长点的形成造成不利影响。

我国高校 R&D 活动绩效水平在最近十年间表现出无明显规律的波动情况。这一现象应当归因于我国高校人力资源在这一时期缺乏稳定结构。如前所述，最近十年中我国高校普遍在扩招的同时大量扩充了教职员工。其结果是，高级职称人员占比未有明显变化的情况下中级职称人员占比极大增加了。大量新入职人员从初级职称成长到中级职称的过程，也是我国高校 R&D 活动人力资源结构发生重大变化的过程，在这一过程中必然产生大量低水平科研成果，极大降低了我国高校 R&D 活动的产出效率。

从趋势上来看，在初级职称和中级职称人员比例发生较大变化的同时，高级职称人员占比基本稳定，这一现象说明在我国高校最近十年的高速发展过程中人力资源结构的变化未能及时跟进，必然未能充分履行对科研建设工作的支撑作用。也从一个侧面解释了为什么非 DEA 有效的决策单元大都存在着技术效率低于规模效率的问题。

三、缺乏重大原始创新成果

在高等学校建设方面，我国政府相继展开“211 计划”和“1985 计划”等重点高校建设计划，快速实现了我国高等学校科技建设的重点突破；而在高校科研资助方面，我国政府则通过大力推进“863 计划”“科技攻关计划”和“973 计划”国家级科技战略的实施，不断加大对高等学校科研活动，尤其是重大科研项目的资助力度；我国政府还在近年来不断通过国家级实验室、国家级创新平台等科研基础设施的建设和海外高级人才引进等方式不断提升我国高校科研能力。

上述政策的不断推进使得我国高校科研能力迅速提高，并取得丰富成果。然而，现阶段我国高等学校的原始创新能力仍然比较薄弱，拥有自主知识产权的科技成果数量相对较少，在国际上具有重要影响的科技创新成果则更少。根据 ESI，2000 年到 2010 年，我国 ESI 论文数量达到了 719971 篇，在全球排第 4 位。然而，在这一时间跨度内我国 ESI 论文被引用的总次数为 4227779 次，仅列全球第 8，这两项排名的差异清晰地反应力了我国高校科研活动创新成果缺乏的现状。

当前，我国高校 R&D 活动中存在的另一个问题是创新成果数量不多且普遍质量较差。这一情况显示出我国高校 R&D 活动中存在着较大的资源浪费和低效产出，从投入和产出两个方面拉低了我国高校 R&D 活动的绩效表现，对于非 DEA 有效的决策单元，创新成果的低数量和低质量是其技术效率之所以低于规模效率的最根本原因。

对于这一问题，我们认为其深层次原因仍在于不能尽如人意的人力资源结构。科技人力中起到引领性、决定性作用的，主要是那些资历高、能力强的高级职称人员。然而观察我国科技人力资源结构，无论是教师人员序列还是工程技术人员序列，高级职称人员占比在高校硬件建设突飞猛进的同时未有明显提升。这一状况一方面限制了新思想、新技术的产生；另一方面，高级工程技术人员的相对缺乏也制约了创新灵感向创新成果的转化。

另一方面，我国高校 R&D 活动中不尽合理的投入结构也阻碍了高校自主创新能力的提升。近年来，美国高校作为美国基础研究方面的主力军，基础研究经费在高校研发经费中所占比重一直在 2/3 左右，而 2012 年我国高校科技经费投入中，基础研究占比仅占 1/3 强。对基础研究的投入不足，导致我国高校创新能力薄弱，这已经成为我国高校科技发展面临的重大战略问题。

四、成果转化效率亟待提升

随着我国科技体制改革的深入推进，我国政府日益重视科研成果与现实生产力之间的转化，不断加强指导高等学校科研活动与市场接轨。近年来，我国高校产学研合作水平有了一定程度的加强与深化，高校科研活动在一定程度上为区域发展提供了智力和技术上的支撑，也实现了比较可观的社会和经济效益。但是从整体上来看，我国高等学校 R&D 活动与整个社会经济的协同发展水平仍然较低，突出地表现为相当一部分科研成果无法顺利转化为现实生产力。

观察最近十年中我国高校专利和技术转让方面的相关原始数据可以发现以下情况：2003 年我国高等学校共提交专利申请 6778 项，最终获得专利授权 2251 项，占总申请数的 33.2%，而在 2012 年，我国高校共提交专利申请 88957 项，最终成功获得授权的有 49436 项，授权成功率达到 55.6%，在这 10 年间，无论是我国高校的专利申请数还是专利授权数，都实现了突飞猛进的增长。但是，这十年间我国高校专利转让实际收入从 2003 年的 1.50 亿元增长到 2012 的 4.69 亿元，仅增长了 212%，与专利申请数和专利授权数的增幅相对比（分别增长 1212.4%和 2096.2%），就很容易得出我国高校科研成果转化严重滞后于成果产生速度的结论。

从另一个角度来看，我国高校在 2003 年共前述专利转让合同 532 项，占当年授权总数的 23.6%，而 2012 年虽然我国高校共签订专利转让合同 2143 项，但是由于我国高校共获得专利授权 49436 项，这一数值下降到仅为 4.3%。同样地，这一时期我国高校科技专著和论文发表分别增长了 10 倍和 20 倍以上。但是，“当年技术转让实际收入”只增加了一倍多。上述指标的相对变化，再加上这十年来适逢我国经济高速发展并向知识经济转型时期，即使考虑到科研成果转化的滞后性，我国高等学校科研成果转化效率严重低下的情况仍然暴露无遗。

从高校 R&D 活动的整个投入产出过程来看，科研成果转化无疑是最重要的一环。科研成果能否为社会和市场所承认并顺利转化为现实生产力，是高校 R&D 活动经济效益和社会效益能否得以充分实现的关键。我国高校 R&D 活动在成果转化方面存在着严重问题。最近十年中我国高校科研成果经历了数量上的高速扩张。一方面，作为技术创新的体现，专利申请数和专利授权数分别增长了 10 多倍和 20 多倍；另一方面，作为学术思想的沉淀，科技论文和学术专著同样有 10 倍和 20 倍以上的增加。然而，与此不相匹配的是，“专利转让实际收入”在这一期间仅仅增加了两倍多，“技术转让实际收入”在这一期间仅仅增长一倍多，而“专利转让合同”与专利授予数之比甚至从

2003 年的 23.6%下降到 2012 年的 4.3%。

上述两方面数据的巨大落差反映出我国高校 R&D 活动在成果转化方面问题巨大，相关成果未能得到社会和市场的充分实现，经济和社会效益较低。这说明我国高校 R&D 活动未能充分履行其引领经济社会发展的职责，印证了实证分析部分得出的我国高校全要素生产率低于全社会平均水平的结论。这一状况也从另一个侧面印证了我国高校 R&D 活动中确实存在着比较严重的创新不足问题。

五、科研管理体制有待完善

现阶段我国高校科研工作中比较突出的一个问题是相关制度仍不完备，科研环境有待改善。目前，我国高等学校科研体系在人才评价与选聘机制中存在的一个比较明显的问题是缺乏正确有效的监督和激励手段，不利于科研创新人才的培养。这一点在本节前述各个问题中已经有所表现。

在我国，绝大多数高校以 SCI 和 II 引文数据库的论文数量、出版著作数量、承担国家级课题数量、获得国家级和省部级科研成果奖项等量化指标作为人才引进、绩效考核和职称评定的关键条件。这种以量化指标为引导的考核体系缺少对学术积累过程、成果质量和创新潜力的考察，容易导致急功近利、浮夸潦草的学术倾向，难以形成良好的科研创新氛围，这一问题在前述科研活动折合全时人员数和科研人员总数的增长脱节现象中表现最为明显。

另一方面，在具体的科研工作当中，我国高校普遍未能充分发挥科技创新与人才培养相结合的优势，科研创新活动与高质量人才培养工作未能形成互相支撑的良性互动。而我国高校科研管理体制机制改革的相对滞后，又制约了上述问题的改善和结局，进一步影响了科技资源的配置和科研效率的提升。

综合前文对我国高校 R&D 活动的现状观察研究结论，我们认为，我国高校 R&D 活动中所存在的一系列问题首先应当从制度层面寻找其深层次原因。

首先，我国高校科研管理级之后体制相对滞后。当前我国高校科研建设中面临的一个关键问题，就是高校科技资源分割，科研力量分散，科研队伍难以整合。而高校科技资源整合的主要原因就在于我国教科分离的体制性障碍并未得到解决，高校科技潜力尚未完全发挥。这一点在前述“R&D 折合全时人员数”与“科技人员总数”增长比例的差异中已有体现。

其次，我国高校科研考核机制不健全，业绩考评仍较片面。我国许多高校在对科研人员进行考核评估过程中，往往主要以其承担的课题、获得的经费，发表的论文以及取得的科研成果作为主要指标。在强调获取课题和经费数量的同时对课题的执行情况监督乏力。这一评价体系和激励机制未能考虑不同层次、不同定位的高校科研工作的特点，导致大量低效、重复的科研成果的出现。

再次，高校科研与实际需求偏差较大，难以转化为现实生产力。前文有述，科研成果的转化困难时我国高校 R&D 活动中最为突出和明显的问题。体现为多数专利技术的针对性差、自身转化力弱、对外转化难等现象。较低的科技成果转化率也影响了高校科技服务经济社会发展的能力。

最后，我国高校的科技投入机制不健全，导致不尽合理的资源配置结构和比较明显的资源浪费问题。虽然近年来我国政府对高校科研的资金投入迅速增加，但是长期缺乏自主研究经费仍然是我国高校科研缺少特色、方向趋同、原始性创新不足的重要原因。这主要是由于经费来源单一，过于依靠政府资助，未能建立起支持创新成果转化的资本市场和社会投融资机制。这一状况妨碍了科研成果的工程化和产业化，从投入产出的循环过程来看，这一问题从投入和产出两个方面拉低了我国高校 R&D 活动的效率。

第三节　高校科研体系完善的对策与建议

一、突出重点，注重规模累积

对于高校科研来说，盲目注重要素累积和规模扩张的发展方式并不可取。高校 R&D 绩效更多地取决于资源配置方式和资源利用情况，而非资源投入规模。

目前，在我国高校建设和发展的过程中存在着片面追求规模化、多样化的倾向，这样的建设思路固然可以在较短时期内积累大量科技资源并快速实现学科设置的多元化，但是急功近利的建设过程容易产生盲目投入和重复建设是一个不可忽视的问题。这一点在前文已有充分分析，此处不再赘述。

对于高校 R&D 工作来说，如何引导新的学术思想转变为有价值的科研成果，进而实现工程化和产业化，契合市场需求，形成突出的竞争优势是当前最重要的课题。要实现这一目标，就要因地制宜，结合区域发展的客观条件加强基础研究，以充分满足所在区域的经济社会发展为首要目标，明确方向，重点突破，在突出科研特色的同时实现规模累积，最终实现较高的 R&D 绩效。

二、强化培训，充实人力资源

在人类社会的一切活动中，人永远是最重要的因素。科研团队的素质和技能直接决定了科研活动的绩效水平，要想提升我国高校 R&D 活动的效率，先要从人力资源的角度入手。

首先，要制定合理的科研人力资源发展规划。一方面，要建立合理的科研梯队，实现结构优化。另一方面，要加强科研队伍的学习能力，从根本上促进科研力量的不断提升。正如前文所述，高校教学改革之后我国高等学校普遍引进了大批年轻人才。由于科学研究工作本身是一个不断积累的过程，科研人员的科研水平需要在实际工作中逐步提高，因此，这些年轻的科研人员难以在短时期内获得高级别的科研项目或掌握高水平的科研成果等，这必将大大影响高校的科研产出能力。我国科研队伍正经历着结构优化、能力提升的过程，这也造成了 Malmquist 指数的波动。为此，学校要根据实际情况制定合理的人才培养计划。对于新加入的科研人员，学校要制定科学的培养规划，促使他们尽快成长起来。年轻科研人员的快速成长将会显著提高整个科研队伍的整体水平，大幅提升技术效率。

三、升级平台，提高创新质量

如前所述，我国高校科研活动存在着创新质量低、缺乏重大原始性创新成果的问题。这一问题的症结在于我国缺乏高水平创新平台，现有平台未能有效整合形成高效率的创新体系。国家工程技术研究中心、国家重点实验室是我国最重要的创新平台，也是我国整个创新体系的核心载体。要尽快改善我国高校科研的创新质量，比较现实的做法是有选择地重点投入建设一批研究中心和实验室，同时积极发展省部级工程技术研究中心，校企联合技术中心等技术创新平台，以点带面地全面提升我国高校的科研创新能力。

另一方面，各级主管部门应大力开拓我国高校对外交流与合作的领域，鼓励高校与海外高校、科研机构和企业合作建立稳定的战略联盟关系或联合设立科研机构。支持高校承担国际科技合作研究项目。支持高校举办或承办国际学术会议，促进国际性学术交流，扩大我国高校的国际影响以开展多形式、多层次的国内外科技合作。各高校要预算专项经费，对纵向科研项目的配套经费予以资助，对重大科研项目进行预研和培育，落实科技和哲学社科创新平台建设经费。

四、市场导向，加速成果转化

前面的研究已经说明，我国高校科研活动中一个重要的问题是大量成果无法顺利转化为现实生产力。而科研活动最重要的目的就是增加经济增长中“不能用要素增加来解释的那一部分”，服务经济社会发展，实现生产力的进步。科研成果转化方面的低效率，使得大量科研资源遭到浪费，用科技进步推到经济发展和产业结构调整的宏观目标难以实现。

要解决这一问题，关键在于鼓励和引导高校主动围绕市场和企业需求，与企业、科研院所建立多形式的合作关系，推动高校科技资源向社会开放，形成倍增效应。各省区高校应当针对区域经济发展与行业技术进步的实际需要，建立于市场需求相衔接的集应用基础科研、技术或产品开发、检测、设计、咨询等于一体的立体式科技服务体系。高校可以和企业一道，在重点和关键领域组建长期稳定的产学研战略联盟。深入实施产学研合作技术创新项目计划，重点抓好成果孵化、转化、产业化和市场化等关键环节，带动产学研一体化发展，搭建若干稳定、高效的成果转化平台，在提升科研成果转化稳定性的同时，降低市场风险，提高转化效率。切实提升我国高校科研体系服务经济社会发展的能力。

五、完善体制，全面改善绩效

实际上我国高校 R&D 活动中所存在的诸多问题，最终都可以归结为科研体制的问题。我国高校的科研工作很多时候仍处于传统科研管理体制下，造成相当一部分专利技术的针对性差、自身转化力弱、对外转化难的问题。据测算，我国高校科研成果的转化率仅为 30%左右，这是当前制约我国高校专利技术和研究成果转化的瓶颈问题。

再比如，我国高校目前都非常重视科研项目的申请。而一旦项目批准以后，相对于前期的申请工作，后期的项目管理工作则弱化得多，导致一些科研项目不能按时结题、难以产生高水平的科研成果，大大影响了其科研绩效的提高。众多的科研项目虽然大大增加了科研经费，但是如果不能及时产出相应成果，则从投入和产出两方面削弱了自己的科研效率。

另外，我国高校目前显现出单科型高校向多科型高校转化的趋势。对比这两种办学方式，单科型有利于将有限的投入集中起来发展某一学科，但容易产生规模收益递减的局面；多科型虽为跨学科研究创造了条件，有利于科研工作中的资源整合，但又分散了有限的人力、物力和财力，问题的关键在于各高校要结合自身条件和发展水平，以科研资源的合理配置为指导思想，不能盲目追求办学规模。

第三章　科研团队建设状况

第一节　我国高校科研团队建设的历史进程

我国高校科研团队是随着我国高校科研的产生与发展而产生与发展起来的。我国高校科研的产生与发展，与我国传统的高校科研体制及其理念密切相关。我国高校的科学研究经历了从无到有、从单打独斗到团队合作的发展过程。随着我国高校科研政策的不断完善，高校科研职能得以确立并不断扩大，高校科研工作不断发展，高校实验平台不断建设、研究中心不断组建、计划项目和科研课题不断增加，我国高校科研团队逐步产生与发展起来。概括起来，我国高校科研团队的产生与发展经历了以下四个阶段：

一、孕育阶段

从新中国成立到1977年以前，是我国高校科研团队的孕育阶段。高校科研团队的孕育与高校当时的科研体制紧密联系。从新中国成立到1977年以前，高校以教学为主，很少有科研工作。新中国建立初期，高等科研的首要任务是改革旧的科研制度、教学内容和教学方法，为国家建设培养急需的专门人才。当时，学习苏联的高等科研和科学体制模式，建立了一大批独立的科学技术研究机构，从高校抽调了许多优秀人才去支持中国科学院等科学技术研究机构建设及国防研究院所建设。当然，这一阶段高校也有少量的科研工作。

1956年，我国开始制定和实施“科技科研十年规划”，北京高校等高校参与了多肽合成、牛胰岛素合成等研究工作。1962年，高新技术研究与开发开始成为高校的重要任务，科研经费、科研人员编制和科研物资供应渠道逐步得到解决；这一年，经中央财经小组和科学小组批准，从1963年开始，中央财政给高校划拨一定额度的科学技术事业费。1963年，科研部批准在11

所高校建立了18个研究机构，开展了一些学科前沿和国家发展急需的高技术研究与开发，取得了一批具有国际先进水平的研究成果，如清华高校成功研制了原子核试验堆。

但是，这一阶段国家科学技术体系的主体还是独立的科学技术研究机构。高校的研究很少，而且在这种很少的科研工作中，多数是为教学服务的。高校的工作重点是进行教学、培养人才。如1954年10月5日，高等科研部发布了《关于重点高等学校和专家工作范围的决议》，确定北京高校、清华高校、中国人民高校等6所高校为全国重点高校，确定全国重点高校的主要任务是培养人才，具体而言，决议确定全国重点高校有如下主要任务：一是培养质量较高的各种高级建设人才及科学研究人才：二是为高等学校培养师资，包括培养研究生、进修教师和举办必要的短期培训班等；三是在培养师资和教学工作等方面给其他高校以经常性的帮助。决议没有明确规定全国重点高校有科研任务，只是要求这些重点高校培养科学研究人才。实际上，那时全国重点高校承担的少量科研任务也是为教学服务的。如20世纪60年代著名的《高教六十条》明确指出：高校必须以教学为主，努力提高教学质量。必须正确处理教学工作与生产劳动、科学研究、社会活动之间的关系。高等学校应该积极地开展科学研究工作，以促进教学质量和学术水平的提高。

因此，从新中国成立到1977年以前的这一阶段，高校少量的科研工作主要是为教学服务的，高校科研机构很少，处于初创科研机构阶段。与这一阶段的科研体制相适应，我国高校科研团队建设处于孕育阶段。可以说，我国高校在这一阶段虽然有少量的科研工作，也存在少量的高校科研群体在进行科研工作，但在这一阶段，我国高校还不存在真正意义的科研团队。确切地说，这一阶段我国高校科研团队处于孕育阶段，得出这一结论的主要理由是：

第一，高校不具备建立高校科研团队的政策环境。新中国建国初期，我国政府仿照苏联的科研体制，建立了一大批独立的科研机构，高校的科研工作在整个国家科技体系中没有占到应有的位置，高校以教学为主。除了科研部批准在11所高校建立了18个研究机构外，高校科研基本上处于无科研平台、无研究中心、无计划项目、无研究课题的状态，不具备组织科研团队的政策环境。

第二，高校教师几乎没有学术自由和科研自主权。这一时期的科技体制一直以计划经济体制为基础，国家对科研工作实施高度的集中管理和单一的计划调节，一切科研活动都纳入政府的行政计划管理，参与科研工作的高校科研人员没有自主权，更谈不上有学术自由。

第三，高校少量科研活动基本处于单兵作战状态。在这一阶段，高校教师的科研活动很少，即使有少量的科研活动，也常常处于单兵作战的状态，或处于松散的群体研究状态，没有形成真正意义的高校科研团队。

第四，高校的内外环境使高校科研团队无法形成。如前所述，高校科研团队的构成要素包括高校科研团队目标、成员、文化、机制和资源五个基本要素。然而，根据当时高校的内外环境，从高校科研团队的五个基本要素来分析，根本无法形成真正意义的高校科研团队。

二、产生阶段

1977 年～1984 年，是我国高校科研团队的产生阶段。高校科研团队的产生与这一期间的高校科研体系初步形成紧密相连。在这一阶段的七年时间里，我国高校的科研工作逐步成为高校的一项重要工作任务，高校的科学研究职能逐步建立起来，并初步形成了科研体系。1977 年，邓小平指出：“高等院校，特别是重点高等院校，应当是科研的一个重要方面军。”邓小平明确提出了高校的科研职能，并且特别强调：“重点高校既是办科研的中心，又是办科研的中心。”强调了重点高校的科研职能。从此以后，国家开始重视高校的科研职能。1978 年，全国科学大会、全国科研工作会议以及党的十一届三中全会相继召开，高校科研经费拨款恢复，并于 1982 年在苏步青等 103 位教授的请求下，高校科研经费逐步增加。

可见，随着我国政府科研政策的改变，高校科研体制也逐步变革，高校逐步被赋予了科学研究职能，高校科研体系也初步形成。与这一阶段的科研体制相适应，我国高校科研团队建设处于产生阶段。从 1977 年～1984 年，随着高校科研职能的确立和扩大，高校教师开始形成自主性合作研究，高校科研团队在孕育过程中逐步分娩出来，产生了真正意义的高校科研团队。

根据高校科研团队的构成要素进行分析，随着改革开放的措施出台，高校内外环境不断改善，形成高校科研团队的各种条件逐步成熟，高校开始形成一定数量的科研群体，这些科研群体有比较明确的科研目标、相对稳定的科研人员、比较相似的学术文化、初步形成的科研机制和一定数量的科研资源，在改革开放不断推进的条件下，高校科研群体开始发展形成真正意义的高校科研团队。特别是在邓小平强调高校具有科研中心和科研中心的地位以后，国家开始重视高校的科研职能，高校的科研经费逐年增加，科研条件不断改善，高校科研工作的持续发展开始有了稳定基础，高校科研团队的产生条件也随之成熟。

在 1982 年 10 月召开的全国科学技术奖励大会上，国家对有重要发现的科研成果颁发了自然科学奖，其中高校获奖 57 项，占获奖总数的 45%。这也从一个侧面说明了高校科研已经具备团队作战的能力。1983 年，科研部牵头组织了 42 个规划组，参与国家《1982 年～2000 年科技发展规划》编制工作，编写了对 15 个重点行业和新兴技术领域规划的建议，提出了 98 个重大科学技术问题的专项建议报告。这是高校首次作为一个团队参与国家科技规划编制工作。也正是这次规划，提出了建立国家科学基金、改变科研与科研分离的建议等重大措施，为高校科研团队的成长与快速发展打下了基础。从此，我国高校科研从单打独斗逐步发展到团队作战，高校科研团队产生并有了初步发展。经过几年的初步发展后，高校科研团队从产生阶段开始步入成长阶段。

三、成长阶段

1985 年～1999 年，是我国高校科研团队的成长阶段。高校科研团队的成长与这一时期的高校科研体制改革息息相关。这一阶段是我国高校科研体制改革的重要时期，高校科研力量不断壮大，科研职能不断加强。1985 年 3 月的中共中央《关于科学技术体制改革的决定》为我国高校科研体制改革指明了方向。该决定明确指出："高等学校和中国科学院在基础研究和应用研究方面担负着重要任务"，明确要求高校在基础研究和应用研究方面担负重要任务，决定还明确指出"基础研究、应用研究应当同人才培养密切结合"，要求高校把科学研究与人才培养密切结合起来；同年 5 月，中共中央《关于科研体制改革的决定》明确指出："高等学校担负着培养高级专门人才和发展科学技术文化的重大任务"，明确规定了发展科学技术文化成为高校的重大任务，同时指出"重点学科比较集中的学校，将自然形成既是科研的中心，又是科学研究的中心。"进一步明确落实了高校的科研职能。

1986 年，国家设立了自然科学基金，为高校科研提供了强有力的经费支撑，使高校科研有了可靠的经费保障。1993 年，中共中央国务院颁发《中国科研改革和发展纲要》，进一步提出"高等科研担负着培养高级专业人才、发展科学技术文化和促进现代化建设的重大任务"，奠定了高校科研发展的基本方向，高校的科学研究职能进一步得到强化。

1995 年，国家正式启动"211 工程"建设。"211 工程"是我国政府为了迎接世界新技术革命的挑战，在 1995 年正式启动的面向 21 世纪的重点高校建设工程。1995 年 10 月颁布的《"211 工程"总体建设规划》明确提出：要集中中央和地方各方面力量，分期分批重点建设 100 所左右的高校，重点建设 800 个左右的重点学科，建设一批现代化的高等科研公共服务体系。当时提出"211 工程"的建设目标是：到 2000 年左右，高校在科研质量、科学研究、管理水平及办学效益等方面有较大提高，在高等科研改革方面有明显进展，力争在 21 世纪初有一批高校和学科、专业接近或达到世界一流高校水平。"211 工程"是新中国建立以来国家正式立项在高等教育领域进行的规模最大的重点建设工程，进一步明确了高校的科研职能，奠定了高校的科研地位，为形成高校科研体系创造了良好的政策条件。1995 年，中共中央国务院颁布了《关于加速科学技术进步的决定》，提出了"科教兴国"战略，高校以提高科技创新能力为重点，继续深化科研体制改革；1996 年，国务院出台《关于“九五”期间深化科技体制改革的决定》，提出我国科学技术工作体系的构成是：“建立以企业为主体、产学研相结合的技术开发体系，以科研院所、高等学校为主的科学研究体系以及社会化的科技服务体系。”明确了高校在国家科研体系中的主体地位。1997 年，科技部组织实施了国家重点基础研究发展计划即“973 计划”，又为高校加强原始性创新提供了新的创新平台。

总之，1985 年～1999 年，是我国高校科研体制改革的重要时期，特别是启动“211 工程”建设以后，高校科研工作得到了更快的发展，高校科研平台建设加快，高校科研项目不断增多，高校科研经费迅速增长，高校科研职能不断扩大，高校科研质量有所提高，逐步形成了比较完善的高校科研体系和高校科研体制。

与这一阶段的科研体制相适应，我国高校科研团队建设进入成长阶段。1985 年～1999 年，我国高校科研团队迅速成长与发展起来。1985 年 3 月，中共中央《关于科学技术体制改革的决定》正式颁布，标志着中国科技体制改革进入一个新阶段；同年 5 月，中共中央《关于教育体制改革的决定》颁布，为高校科研团队成长提供了有利条件。1986 年，国家实施了“863 计划”，设立了自然科学基金，以项目计划、科研课题为基础组建的高校科研团队迅速成长与发展起来。在国家自然科学基金设立初期，高校获得的经费资助占整个资助经费的三分之一，到 1990 年超过二分之一，现在则维持三分之二左右。

随后，建设重点学科与重点实验室、设置人才培养基金、实行专业技术职务聘任制、实施产学研联合工程、启动“211”工程建设、实施工程研究中心建设计划、在国家自然科学基金中增设“杰出青年基金”、组织科技攻关和攀登项目、实施“985”工程等，为高校科研团队的迅速发展壮大提供了良好的政策环境。从 1985 年开始，到启动“211”工程建设，再到实施“985”工程建设，十几年来，随着我国高校科研平台逐步建立，科研项目不断增多，科研经费逐年增加，我国高校科研团队也不断成长壮大，特别是随着科教兴国战略的提出与不断实施，实施“985”工程建设，我国高校科研团队的发展逐步进入创新阶段，逐步转向为建设创新型国家服务。

四、创新阶段

从 2000 年开始，我国高校科研团队进入创新阶段。高校科研团队创新的背景可以追溯到 1998 年，但高校科研团队真正进入创新阶段是从 2000 年高校高素质科研团队——创新团队的产生开始的。从 1998 年开始，创新逐步成为高校科研的主题。世纪之交，世界开始进入以信息技术为标志的高科技和新经济时代，高科技发展迅猛，各国对高层次人才的争夺日趋激烈，科学技术水平成为国家综合国力的重要标志。在机遇和挑战并存的跨世纪历史紧要关头，庆祝北京高校建校一百周年大会上明确指出："高校应该成为科教兴国的强大生力军"，明确提出了高校在科教兴国过程中的强大生力军地位。还提出了"为实现现代化，我国要有若干所具有世界先进水平的一流高校"的战略构想，并明确指出"这样的高校，应该是增强和造就高素质的创造性人才的摇篮，应该是认识未知世界、探求客观真理、为人类解决面临的重大课题提供科学依据的前沿，应该是知识创新、推动科学技术成果向现实生产力转化的重要力量，是民族优秀文化与世界先进文明成果交流借鉴的桥梁。"中央政府决定，为了促进世界一流高校的创建，从 1998 年起的中央本级财政科研经费占本级财政支出比例年增长的 1%中，设专项资金重点支持若干所高校进入国际先进行列。依据科研部多年管理高等科研的经验，已逐步将专项建设资金分别拨付给 30 多所国内著名的重点高校。

1998 年 12 月，科研部颁布了《面向 21 世纪科研振兴计划》，开始以 2＋X 模式实施"985 工程"，即重点支持北京高校、清华高校创建世界一流高校，同时也重点支持部分其他高校，使之成为高水平的高校，强调高校科研工作要积极参与国家创新体系建设，提高高校知识创新能力等。按照"985 工程"建设的总体思路，经过"985 工程"一期建设，调整和优化了高校的学科结构和学科方向，一些水平较高的高校基础设施有了明显改善，科研实力不断增强，快速凝聚了一批国内外高层次人才，提升了高层次创新人才的培养质量，取得了一批达到或接近世界先进水平的创新成果，为我国建设世界一流高校积累了经验、奠定了基础。为此，按照国务院2004年3月批转科研部的《2003～2007年科研振兴行动计划》的部署，“985工程”二期建设（2004～2007年）进一步巩固了一期建设成果，为创建世界一流高校进一步奠定基础。“985工程”的实施，为我国“985工程”高校创造了更好的科研创新条件，造就和引进了一批具有世界一流水平的学术带头人，组建了一批高水平的高校科研团队，重点建设了一批国家科技创新平台和人文社科创新基地，促进了一批世界一流学科的形成，不断优化了我国重点高校的学科结构，为我国高校特别是重点高校在建设创新型国家过程中发挥更重要的作用，打下了坚实的基础。

2006年，中共中央、国务院发布了《关于实施科技规划纲要、增强自主创新能力的决定》，国务院颁布了《国家中长期科学和技术发展规划纲要（2006～2020年）》，明确提出经过15年努力，到2020年，我国科学技术发展的总体目标是：自主创新能力显著增强，科技促进经济社会发展和保障国家安全的能力显著强，为全面建设小康社会提供强有力的支撑：基础科学和前沿技术研究综合实力显著增强，取得一批在世界具有重大影响的科学技术成果，进入创新型国家行列，为在21世纪中叶成为世界科技强国奠定基础。2007年，《国家科研事业发展“十一五”规划纲要》提出了“着力提高高等科研质量，努力增强高校创新与服务能力”的任务。实施“985工程”以来，创新已经成为高校科研的主题，也促使高校在建设创新型国家过程中发挥越来越重要的作用。2010年7月29日颁布的《国家中长期科研改革和发展规划纲要（2010～2020年）》进一步强调了高校的科研创新职能，规划纲要全文22次出现“科研”一词，63次出现“创新”一词，特别强调了高校科研在培养创新型人才、建设创新型国家过程中的重要作用。至此，高校创新在国家创新体系中的地位进一步明确，高校创新已经成为国家创新体系中基础研究的主力军，应用研究的重要方面军，高新技术产业化的生力军。展望未来，高校创新将会在建设创新型国家过程中发挥越来越重要的作用。与这一阶段的科研体制相适应，我国高校科研团队建设进入创新阶段。进入这一阶段的高校科研团队有两个显著特点：

一是创新成为高校科研团队的主题。在建设创新型国家的背景下，创新已经成为高校的主题，高校科研团队是高校创新的主体。随着“985”工程和“211”工程不断实施，高校的科研实力不断增强，加上政府又陆续出台了一系列有利于高校创新的政策，如2002年启动的“高等学校科技创新计划”2004年实施的“高层次创造性人才计划”等。

二是产生了高素质的高校科研团队。这种高素质的高校科研团队主要代表是高校创新团队。高校创新团队是我国建设创新型国家的骨干力量，是高校科研团队建设的重要内容，在培养创新型人才、培育创新型高校、取得创新性成果的同时，为支撑创新型产业和建设创新型国家起到了重要作用。近年来，在各级政府及其有关部门的高度重视和大力支持下，高校创新团队特别是国家层面的创新团队建设十分引人注目。

国家层次的高校创新团队主要有两种：

一种是2000年开始实施的国家自然科学基金委员会“创新研究群体”，简称基金委创新团队，高校与科研院所等单位都可以申报。2000年～2009年，国家自然科学基金投入总经费16亿元，已资助创新研究群体225个，平均每年资助22.5个，其中高校已获得资助创新研究群体123个，平均每年资助12.3个，比例均为54.67%。

另一种是科研部创新团队，即科研部实施《长江学者与创新团队发展计划》，并制定了《“长江学者和创新团队发展计划”创新团队支持办法》，这种创新团队可以简称科研部创新团队，从2004年开始实施，只有高校可以申报。从2004年至2008年，已遴选资助317个高校创新团队，平均每年资助63.4个。高校创新团队政策的实施，为高校科研团队的发展提供了新的舞台，为建立高素质的科研团队、提升高校科研团队质量创造了良好的政策环境。2010年7月29日颁布的《国家中长期科研改革和发展规划纲要（2010年～2020年）》除了63次强调“创新”外，还2次出现“创新团队”一词，这是我国政府首次在国家中长期科研改革和发展规划纲要中，明确提出要加强“创新团队”建设，促进跨学科、跨单位合作，在高校形成高水平教学和科研创新团队，也标志着我国高校科研团队建设和高校创新能力提升将进入一个创新的黄金时代。

第二节　我国高校科研团队建设现状

改革开放以来，我国高校科研团队建设经历了四个发展阶段，取得了辉煌的成就，为经济社会发展做出了重要贡献，但也仍然存在诸多问题。概括起来，主要问题有四个方面：

一、总体规模偏小

总体而言，我国高校科研团队规模相对偏小。这主要与我国政府的科研政策价值取向有关。从新中国成立到 1977 年以前，高校以教学为主，很少有科研 T 作。新中国建立初期，高等科研的首要任务是为国家建设培养急需的专门人才。当时，学习苏联的高等科研和科学研究的管理体制和管理模式，建立了一大批独立的科学技术研究机构，高校长期没有赋予科学研究职能。改革开放以后，高校科研团队才真正产生和发展起来，导致高校科研团队起步比较晚，起点规模低，从而导致高校科研团队规模相对偏小，这主要表现在两个方面：

（一）高校科研团队总体规模与国外相比还比较小

组建高校科研团队需要一定的依托条件，由于高校实验平台、研究中心、计划项目、科研课题相对比较少，起步比较晚，与美欧发达国家高校科研团队总体规模相比，我国高校科研团队规模还比较小。我国高校科研团队产生于 1977 年～1984 年。在此期间，随着高校科研职能的确立和扩大，高校教师开始形成自主性合作研究，高校才产生了真正意义的高校科研团队。1983 年，科研部牵头组织了 42 个规划组，参与国家《（1982 年～2000 年）科技发展规划》编制，这是高校首次作为一个团队参与国家科技规划编制工作。也正是这次规划，提出建立国家自然科学基金等重大措施，为高校科研团队的成长与快速发展打下了基础。1986 年 2 月 14 日，国务院批准成立国家自然科学基金委员会，设立国家自然科学基金，而“美国国家科学基金会（NSF）成立于 1950 年”，比我国国家自然科学基金早 36 年，总体规模也比我国国家自然科学基金大得多，这可以从后面的经费比较中得出结论。同时，我国人文社会科学研究起步更晚，起点更低。

考察已经建立的科研团队后不难发现，目前高校科研团队的形式主要集中在一下几个方面：以“师徒型”为主。目前的不少团队都是由导师带队，团队成员多为自己的学生，这样的团队不仅团队规模较小，而且研究方向单一，缺乏多学科综合，很难产生创新成果。“团队负责人”指引全局。每个团队的带头人通常是科研项目的主要负责人，而这样团队负责人通常也统领了整个研究的发展方向，团队中的其他成员通常只是在“上级”领导下“干活”的人，不能充分发挥出团队其他人员的专业素养，从而进一步造成人才资源的浪费。团队构建过程自主结合较少。真正高效的团队行程实际上是自组织的结果，但是许多团队的形成是由于项目负责人承担的项目需要而临时“拉郎配”的，这样的短期行为就是的团队本身稳定性较差，功利性较强。目前高校缺乏的就是各科人才自主结合，具有长期效益的科研团队。

（二）高校高素质的科研团队规模偏小且增长缓慢

高校高素质的科研团队规模往往以国家级实验平台、研究中心、计划项目、科研课题为依托，其中以国家层面资助的高校科研创新团队为杰出代表。目前，我国国家层面资助的高校科研创新团队（简称创新团队）主要有两方面：一是国家自然科学基金的“创新研究群体科学基金”资助的基金委创新团队。国家自然科学基金自 2000 年启动“创新研究群体科学基金”计划以来，首批资助 15 个基金委创新团队，以后每年资助的基金委创新团队只在 20 个左右，2007 年以后虽然有所增长，但也只有 29 个，2008 年、2009 年还呈减少趋势，均只有 28 个。申报基金委创新团队，高校需要与科研院所等单位竞争，实际获得的数量非常有限。

在2000～2009年的十年中，基金委创新团队总数为225个，根据国家自然科学基金委员会网站和科研部网站公布的名单统计，高校获得的基金委创新团队总数为123个，平均每年12.3个，而我国211和985高校100多所，也就是说，每年人约10所重点高校竞争1个基金委创新团队，众多的非211和985高校几乎没有实力参与竞争。这种情况一方面说明了基金委创新团队很难竞争，另一方面也说明了基金委创新团队规模确实太小。二是科研部实施《长江学者与创新团队发展计划》资助的科研部创新团队。这方面的创新团队数量也相当有限，而且增量也比较少。

科研部从2004年开始实施《长江学者与创新团队发展计划》以来，至2008年，已遴选资助来自全国103所高校的317个团队，其中，2004年59个，2005年60个，2006年63个，2007年63个，2008年72个，年增长速度仅为1个、3个、0个、9个，可见，我国国家层面资助的高校创新团队无论是总体规模还是增长规模，都还显得相对缓慢。

除了国家层次的创新团队外，地方层面和高校层面资助的高素质的高校科研团队（创新团队）规模也增长缓慢，有些地方层面和高校层面的资助政策规定就是维持固定规模，没有增长149规模，有些即使有增长规模，其增长也十分有限。

二、内部活性不足

富有创新力的高校科研团队，团队内部应当充满活性。整体而言，与国际水平的科研团队相比，我国高校科研团队内部活性不足，具体表现在三个方面：

（一）高校科研团队内部缺乏管理活力

除了个别高素质科研团队外，我国高校科研团队整体而言，缺乏高水平领军人才，团队负责人学术威望不高，管理素质欠缺，难以对团队的计划、组织、指挥、协调和控制等工作进行有效管理，导致内部协调不够，优势互补性比较差，整体效能难以发挥。这主要与高校科研团队学术带头人管理方式简单有关。高校科研团队应是由不同类型的研究者为实现特定的目标组成的正式群体，团队学术带头人负责内部管理工作，激励和聚合团队的力量。优秀的学术带头人是高校科研团队必备的要素，带头人处于沟通、协调团队内外的中心位置，是团队其他成员获得工作方向、具体任务、工作目标等信息的主要来源，是团队维持士气、活力、凝聚力的中心环节和纽带，团队带头人的学术水平和管理水平在很大程度上决定了整个团队的学术水平和团队内部的管理活力。

一些学术带头人在学术研究方面有一定水平，但在管理团队方面缺乏相应能力，经验管理模式为高校科研团队带来的是人治，而非法治，使许多高校科研团队缺乏规范化的管理，团队成员对带头人依赖性太强，势必会导致管理瘫痪，人浮于事的状况，加上一些团队成员主观能动性较低，不善于协作，所以，在实际研究过程中，团队成员往往名义上是团队共同作战，实际上是各自孤军奋战或处于半合作状态。由于团队内部管理不规范，计划不周全，沟通不流畅等原因，导致高校科研团队内部缺乏管理活力。

（二）高校科研团队内部缺乏组织活力

由于我国高校基层学术组织模式是单位所有制，高校内部从资源配置到专业设置都缺乏有效的联系和合作，高校内部的人员、资源和学科都处于分割状态，形成了严重的人力、资源和学科壁垒，限制了不同组织之间的人员流动、资源共享和学科交叉。高校科研团队在这种组织环境下，内部缺乏组织活力。高校学科分类形成的传统组织结构与科研团队综合研究任务及其对资源共享的要求存在矛盾。

以学科或专业为基础设置的传统高校内部院系所等组织机构，在其成立之时就赋予了一种特殊的教学与科研等行政功能，实质是一种行政色彩浓厚的科层组织结构模式，而且这种高校学科组织还担负着其他一些过多的非学术性的任务和职能。长期以来，高校学科组织已经形成的论资排辈等习惯性势力与组织障碍，导致国家及政府部门实验室等过多地依赖单一学科设置，这种设置不利于学科作用的发挥，不利于学科交叉的跨学科团队的组建与发展。

据统计，从 1984 年以来，我国已经建设了国家重点实验室 103 个，国家工程技术研究中心 48 个，科研部重点实验室 157 个等。对这些国家重点实验室等研究机构，在高校一般是院系或独立研究机构进行单独管理，以这些研究机构为基地组建的高校科研团队实际上难以成为跨学科团队，这样导致了高校科研团队的研究领域偏窄、规模较小等问题。

这种组织管理模式使高校科研团队学科覆盖率严重偏低，内部缺乏组织活力，据科研部科技委化学化工学部对部分重点高校的国家与省部级重点实验室、工程研究中心涵盖其本校重点学科的平均学科覆盖率统计表明：浙江高校为 0.6，西安交通高校为 0.9，上海交通高校为 1.1，复旦高校为 1.2，清华高校为 1.2，北京高校为 1.5，南京高校为 1.7。从这些数据可以看出，目前我国依托高校的国家重点实验室等科研平台，大多数是建立在单一学科基础上的科研平台，其硬件资源设置一般在院系或设置在某些集行政和学术权力为一体的研究机构中，学科覆盖率严重偏低，从而导致科研资源相对分散，科研资源共享和科研平台发展都缺乏相应组织活力，不利于高校科研团队特别是跨学科科研团队的组建与发展。

（三）高校科研团队内部缺乏文化活力

团队文化是高校科研团队的构成要素之一。在高校科研团队管理过程中，团队负责人往往只重视科研项目的完成，而不重视团队文化建设，致使团队内部难于形成和谐宽松、共同学习、合作互助、互相激励的工作氛围，团队凝聚力不强。

一是高校科研团队成员合作理念薄弱。由于科研团队成员难以形成共同的目标、缺少知识共享的氛围、缺乏学习创新的动力，制约了科研团队发展，难以成为卓越团队。对于研究中遇到的问题，团队很少组织公开讨论，不能发挥集体的智慧，没有认识到思想碰撞与交流的学术价值，封闭式的自我研究是多数团队成员的同特点。即使有一些讨论与交流，团队成员之间自我防卫意识过强，阻碍了团队智慧的发挥，对团队中权威人士的观点不愿提出反对建议，采取默认顺从的态度，或对于他人的意见只作折中性结论。这些都说明了科研团队成员凝聚力不强，关系比较松散，经常孤军奋战或处于半合作状态。有些科研团队刚刚组建时还有一些密切合作，但在后期，团队成员多数埋头从事自己的研究任务，相互交流不多，对其他成员的研究进展情况也知之甚少。

二是高校科研团队成员内耗现象明显。这与团队成员合作理念薄弱相关，也与中国传统的文化有关，中国几千年的传统文化实际上是一种小农经济文化，难以形成合作的文化氛围，加上团队成员的性格、年龄等个人因素，以及团队成员的身份、地位和权威等不同，导致高校科研团队内部缺乏文化活力，特别是缺乏学术自由的文化活力，这正是高校科研团队内部活性不足的文化表现和文化根源，也是高校科研团队难以取得重大创新成果的主要原因。

三、学术产出不高

一所高校创新能力取决于该高校所有科研团队创新能力的总和。高校科研团队的创新能力决定了高校的创新能力，而国家创新能力又与高校创新能力密切相关。学术产出是衡量高校科研团队创新能力的重要指标，可以从学术产出数量和学术产出质量两个方面进行分析。与西方发达国家的高校科研团队相比，我国高校科研团队的学术产出还不高。

（一）我国高校科研团队学术产出数量不高

我国高校科研团队学术产出数量不高可以从高校人均科研成果等统计数据反映出来。虽然我国高校科研产出高于国内科研机构，科研成果总量也比较多，但与发达国家相比，与建设创新型国家的需要相比，还比较低，特别是高校科研成果人均产出数量还不高。首先，从国际比较来看，我国 SCI 论文总量虽然已经上升，但人均数量还是比较低。

如 2005 年，我国的 SCI 论文总数排名为第五位，以 6.5%的份额仅次于美国、英国、德国和日本，但是，我国的人口基数和科研人员基数比较大，人均 SCI 论文数量和人均科研人员 SCI 论文数量还很小。同样，高校人均科研人员 SCI 论文数量也很很小。其次，从国内比较来看，高校科技和人文人均论文数量也是比较小的。

（二）我国高校科研团队学术产出质量不高

我国高校科研团队学术产出质量不高表现为高校高质量原创性成果比较少。高校科研团队是高校科研的主体，高校高质量原创性成果多少可以反映高校科研团队质量高低。

其一，从国家层面的高校创新团队来分析，高校拥有的国家自然科学基金创新研究群体和科研部创新团队是高校科研的领头羊，应当不断取得原创性成果，但实际并非如此。如访谈研究表明，2007 年某高校创新团队发表 SCI 论文 26 篇，数量可谓不少，但在本学科顶尖杂志上发表论文仅 2 篇，显然相对偏少，高质量原创性的创新论文仅占 SCI 论文总数的 7.7%。该创新团队结项时，验收专家组认为：该创新团队理论和实验方面开展了卓有成效的研究工作，取得了一批创新性的研究成果。专家组一致同意该创新团队通过结题验收，成绩优秀。确实，与自身相比，这样的好成绩不容易，但是，与西方先进水平相比还有一定差距。该创新团队高质量原创性论文仅占论文总数大约 6%。

其二，论文是高校科研团队的主要成果。从热门论文排名来看，2008 年中国热门论文排名与 2007 年相比没有变化，也说明我国论文的创新性没有明显提高，从另一侧面 反映了我国高校科研团队在高质量原创性论文方面的贡献力没有明显增强。

其三，从国际和国内大奖来分析。迄今为止，我国还没有获得代表世界科学最高水平的诺贝尔奖。据有关统计，诺贝尔获奖者大都是世界上一流的科学家，且绝大部分出自世界一流高校。我国诺贝尔奖的零现象，也说明了我国高校科研团队原创性基础研究水平较为薄弱；国内科学大奖多年空缺的事实，也在一定程度上折射了我国高校科研团队原创性基础研究水平现状。我国高校科研团队学术产出质量不高还表现为高校整体学术产出质量偏低。当今时代，世界发达国家都是世界一流高校比较多的国家，而世界一流高校都是科研一流高校，也是具有一流科研团队的高校。根据《世界一流高校与科研机构学科竞争力评价研究报告》分析，2009 年世界一流高校国家分布情况是：美国、英国、德国、日本、法国这 5 个国家囊括了近 3/4 的排名前 100 的世界顶尖高校，65.5%的排名前 200 和 64%的排名前 300 的世界高水平著名高校。而国内仍然没有进入前 100 名的顶尖高校，前 200 名有 3 所，分别是北京高校（155）、清华大学（156）、浙江高校（165），占总量的 1.5%；前 300 名中国有 7 所，除了前 200 名的三所外，还有南京高校（266）、上海交通高校（267）、中国科学技术高校（268）和复旦高校（282），占总量的 1.75%。位居前 300 名的中国高校少之又少，多数高校的排名都在 600 名之后甚至 800 之后。

四、引领作用不强

高校科研团队应当在高校科研与教学工作中起到引领作用。然而，由于高素质科研团队缺乏、学术产出不高和内部活性不足等原因，我国高校科研团队在高校科研与教学工作中的引领作用不强。高校科研团队由于层次不同，其引领作用的强弱也有所不同，一般而言，越是高层次科研团队发挥的引领作用越强，越是低层次科研团队发挥的引领作用越弱。

我国高校创新团队是高校高层次科研团队，基本上位于重点高校，而且多数在 985 高校。从高校创新团队与科技创新竞争力的关系来分析，发现这些高校创新团队对我国高校科技创新的引领作用还明显不够。

根据 2004 年～2008 年度科研部创新团队统计数据和《中国高校及学科专业评价报告 2009～2010》提供的科技创新竞争力数据，选择高校创新团队数量前 15 强作为计算基础，并列出相应高校的科技创新竞争力数据，通过计算得出高校创新团队数量与高校科技创新竞争力分值之间的相关系数为 r=0.70，表明二者呈现显著正相关关系，而不是高度相关关系，总体相关系数 r=0.88，表明高校创新团队前 15 强的相关系数小于 80 所高校创新团队的相关系数，说明高校创新团队在提高高校科技创新竞争力方面发挥的引领作用不强。

第三节 科研团队的理论内涵

科研团队是进行科学研究的一个团体组织。顾名思义科研团队既具有组织的特性，也同时兼具科学研究的特征。因此，科研团队区别于一般的团体组织更由于科学研究具有创新发现的特质，使得科研团队具有更广泛的理论内涵。综上，科研团队的理论内涵是“科研”与“团队”理论内涵意义的整合，是以科学共同体形式存在的群体结构。

科研团队存在意义在于进行科学研究，就应先对科学研究的特征进行分析。科学研究是发现创新、技术革新的过程，包括理论层面的革新也包括应用技术的创造。科研研究的对象是针对“问题”的研究，这样的“问题”可以分为两类：即经验性问题，这类问题关注的重点是理论经验事实是否相容，即用检验事实去验证理论是否成立，用理论的观点预测新的经验；和概念性问题，这类问题的研究重点在理论本身，关注点在理论的真实性、精确性，以及与其他理论是否相容，能将经验事实互相连接起来，做出统一的解释，构成理论体系新的秩序与原则。

基础研究是针对新思想的探讨，目的在于发现科学技术领域新的理论依据；应用研究在于将基础研究的成果应用与实践经验，验证基础研究的结论，并使基础研究转化成为实用技术；开发研究则是将基础研究与应用研究结合于生产过程，并转化为生产力的环节。这三种类型的研究协调统一，在科学研究体系中各自分工，因此就需要在科学研究过程中有科学合理的研究队伍、充实的资金支持和完备的实验设备来保证学术探索的通畅性。

第四章　科学研究的影响因素

高校教师是高校中学术人的主要成员，他们在相同或相关的学科平台上，通过课程、课题、知识型社会服务等形式，完成各种教学、科研及学术交流与服务等任务，并通过课题、课程等学术工作相互联系，形成高校学术共同体。这种学术共同体存在于特定的时空之中，它总是要受到周围生态环境的影响。

第一节　高校外部影响因子分析

高校存在于由社会和自然组成的大环境之中，从高校与社会的关系看，它必然受到政治、经济、科技、文化等社会环境因素的影响；从高校所处的地理位置看，它又会受到生物环境、非生物环境等自然环境因素的影响。世界是相互联系的整体，外部环境对高校的影响必然会间接作用于高校教师的学术活动，使之表现出相应的特点。

一、社会环境对高校教师学术活动的影响

（一）社会政治环境对高校教师学术活动的影响

政治对高校教师学术活动的影响主要表现在三个方面：政治会影响到高校教师学术工作的目的，高校学术的宗旨和学术成果的服务对象都会受到政治制度、政权性质的制约。在有阶级的社会里，统治阶级总是企图利用高校学术活动及其成果为本阶级服务，从而巩固自己的统治；政治会影响到高校教师学术活动的性质，进而影响其内容和方式、方法。

比如，君主政治主张忠君科研，共和政体强调民主共和；资本主义鼓励发展个人主义，社会主义注重推行集体主义，这些都会在高校教师的学术活动中有所体现；政治对高校教师的学术活动具有决策作用。这种作用集中体现在国家制度、国家政策对教学、科研施行法律的、行政的控制、监督和

指导，强制性地对高校教师学术活动做出指令。

（二）社会经济环境对高校教师学术活动的影响

经济对高校教师学术活动主要有两个方面的影响：

一方面，社会经济为高校教师学术活动的进行提供物质保障，不仅提供可供学术活动直接消费的货币形态的科研经费、实物形态的科研设施，还提供学术活动间接消费的经济范畴的人力资源和智力活动的时间。社会经济对科研地投入需要和物质生产部门劳动量的分配成比例，和国民经济发展水平相适应。因此，社会经济的发展水平制约着高校教师学术活动的投资分配和劳动占用。

另一方面，社会经济会对学术的发展方向和目标提出客观要求，这不仅表现为社会经济对学术进步的深度、广度等提出量的要求，而且还体现在对学术活动的结构、学术活动的成果提出质的规定。只有当高校学术活动能够不断满足社会经济的需求时，它才能获得更多社会经济的物质支持，才能期待学术的长足发展。

（三）社会科技环境对高校教师学术活动的影响

科技发展是社会进步的主线，人类社会一直在科技、社会这两种重要的逻辑中演义。当今社会，科技已经渗透到社会的各个层面。对于高校教师的学术活动来讲，科技因素显得更为重要。

一方面，社会科技为高校教师学术活动提供硬件环境。高校教师的学术工作不仅需要从事各种科研工作所必要工具、设备和技术，而且还需要保证高校内学术工作顺利运行的技术条件，如：办公系统、信息检索系统等，这些都由社会科技的状态决定和制约。

另一方面，社会科技是高校教师学术活动的研究对象。首先，社会科技的现状是高校教师学术活动的基础，是新旧学术的连结点，学术活动只有从这一点出发才能继往开来，循序渐进；其次，科技是高校教师学术工作的重要内容，学术工作以创造新科技为目的，以丰富科技内涵为己任。此外，高校教师学术成果的价值以其对社会科技的贡献来衡量。

（四）社会文化环境对高校教师学术活动的影响

文化是人类社会历史实践过程中人类所创造的物质财富和精神财富的总和。社会文化和高校学术活动的关系最为密切：

首先，高校教师学术活动本身是文化的一部分，在社会文化环境中成长、进步。不同的国家、民族有不同的文化，因此，学术活动的目标、方式等，必然受到社会文化传统、特性、思维方式等的制约。

其次，社会文化通过学术活动得以继承和创造。学术是创造知识和文明的活动，能够提高人们认识世界、改造世界的能力，它通过精神财富的创造推动社会生产力的进步，进而为人类社会积累物质财富，带动社会文化的发展。社会文化与学术的关系使得社会文化对高校教师学术活动的影响表现得最为直接。

二、自然环境因素对高校教师学术活动的影响

（一）自然非生物环境对高校教师学术活动的影响

自然界的非生物环境主要包括：气候条件、地理条件、水文条件和土壤条件等方面。人们很早就发现，某一地区的非生物环境条件不仅影响人的外部特征，影响人的心理、生理活动，甚至可以影响到人的寿命。古书《素向·五常政大论》指出："一州之气，生化寿夭不同，高者其气寿，下者其气夭。"意为居住在空气清新、气候寒冷的高山地区的人多长寿；居住在空气污浊、气候炎热的低洼地区的人常短寿。孙思邈《千金翼方》中也提道："山林深远，固是佳境。背山临水，气候高爽，土地良沃，泉水清美。地势好，亦居者安。"

高校总是存在于一定的地理位置，所以高校中从事学术活动的教师总是会受到当地气候、地理、水文、土壤等非生物环境的影响，使之在心理、生理和性格上表现出相应的特点。比如：地理、土壤条件会影响学术人员的研究方式、方法，并会为某些有地域特色的研究提供特殊的原料，进而为学术工作提供便利条件；气候条件会影响高校教师的身体舒适度、情绪状况，进

一步影响其学术工作的效率和学术成果的形成，凡此种种。

（二）自然生物环境因素对高校教师学术活动的影响

自然界的生物环境包括：动物、植物、微生物等。自然生物环境主要通过对高校教师健康状况的影响，间接的影响其学术活动。人类、动物、植物构成了地球上全部生物的集合，三者最密切的关系就是食物链关系，人从动植物身上获取生命所必需的物质和能量，而饮食是影响人的健康状况和寿命的关键因素。高校所处的地域不同，其自然生物环境就会有所不同，这就会使高校教师的身体素质、健康状况乃至平均寿命存在一定的差异，从而影响他们学术生涯和学术活动的连续性。

三、高校与社会其他部门的关系对高校教师学术活动的影响

高校和所有的社会部门一样，都是社会的构成部分，共同存在于社会之中。它们的共同存在决定了它们的相互作用。影响高校教师学术的主要关系主要有以下几方面：

（一）高校间关系

高校既是高校教师学术活动的载体，又是高校内外学术交流的桥梁。高校间学术交流、成果共享和科研合作的密切程度，会影响高校教师学术研究的广度和深度，并进而影响到高校教师学术工作的整个过程和结果。

（二）高校与科研部门的关系

科研部门大都是针对某一领域的问题进行专门研究的机构，它与高校在日常工作的内容上有许多相似之处，甚至有许多科研院所就设立在某些综合性高校之内。科研部门对高校教师的学术活动有着较强的专业指导作用，所以与其他社会部门相比，科研部门对高校教师学术的影响更为深刻。

（三）高校与企业间的关系

随着知识经济的到来，企业要想获取知识带来的经济，就必须将资金更多地投入技术开发和科学管理中，于是明智的企业家纷纷将目光转向知识的发源地。企业在实践中产生对知识和学术的需求，高校则通过学术人员的相

关研究满足企业的实际需求，而学术就在这种需求与满足中进步。因此，企业在一定程度上会影响到高校教师的研究方向和学术的进步程度。

（四）高校与政府部门间的关系

在我国高等科研是一种准公共产品，政府会在一定程度上对高校各项工作的目标、标准、制度、资金等方面加以干涉，高校教师的学术工作也不例外。因此，从某种意义上讲，高校和政府部门之间是依托和被依托的关系。高校教师在潜心学术研究的同时，也必须关注并适应政府部门的各项安排、部署。

第二节　高校内部影响因子分析

一、高校内部文化因素对高校教师学术生态的影响

（一）学术文化影响高校教师学术活动的习惯

高校内部的学术文化主要由学术观念、学术精神和学术道德构成。学术观念是指对学术的基本看法；学术精神是学术人在长期的学术实践过程中经不断提炼、升华而确定的思想成果和内在力量，集中代表了学术人的群体意识和群体信念；学术道德是学术人在参与学术活动的过程中处理个人与个人、个人与社会、个人与自然之间关系时所遵循的原则和规范的总和。每所高校都有不同的学术文化，形成一种具有本校特色的学术氛围，使得处于其中的高校教师时时受到这种学术氛围的同化，表现在其行为上就是学术活动的习惯。

（二）办学、管理理念影响高校教师学术活动的目标

高校的办学理念通常是高校自我定位的表现，突出对高校改革与发展的理性思考，往往表现为高层次的理论问题，它对提高思想认识、转变学术观念有较强的推动作用。不同层次、科类的高校存在不同的办学取向，不同的办学取向，确立不同的学术目标，从而导致不同的学术成就。高校是高校教师的主要工作场所，高校教师的学术目标必然会受到高校办学理念的引导，并在这种引导下寻找学术目标，以满足高校宏观发展的要求。

高校的管理理念对高校教师学术目标的影响则主要表现在领导作风和政策导向两个方面：领导作风有多种形式，有的民主，有的独裁；有的属于行政型，有的属于学者型，多种多样的领导风格，虽不能一概给予谁好谁坏的武断结论，但仅针对学术本身而言，“崇尚自由、民主”的领导作风，往往会得到学者们的欢迎，并吸引越来越多的学术专家前来安家落户。高校中有不少政策会关系到学术活动，比如学术人才队伍建设政策、学术资助政策、学术与职称评审政策等等。这些政策关乎学术研究人员的切身利益，是影响高校学术生态的内部敏感因素，这些政策的成功与否直接关系高校教师学术工作的盛衰。

二、高校内部物质因素对高校教师学术生态的影响

（一）高校教师学术受高校科研资金实力的影响

高等学校的科研经费是学校办学经费的一部分，是体现学校科研水平的一项重要因素，也是高校教师从事学术工作的物质基础。从一定意义上讲，高校科研资金与高校教师学术发展具有正相关性。高校对科研资金投入的多寡会影响高校教师学术工作的连贯性和积极性，充足的研究资金会免除高校教师学术活动的后顾之忧，有利于他们潜心研究，而研究资金不足则极易导致学术工作因没有经济支持而破产，长此以往势必削弱高校教师学术工作的积极性。

此外，高校对科研资金的分配会影响高校教师学术成果的产出效率。不同的学科专业有不同的研究方式，对科研资金的需求量也不尽相同，合理的分配科研资金，会提高科研资金的投资收益率，体现学术成果的产出效率，带动高校教师学术的繁荣，不良的科研资金分配则很可能造成资金浪费和资金不足并存的低效率局面，对高校教师学术的发展进步产生负面影响。

（二）高校教师学术受高校科研辅助设施状况的影响

高校科研辅助设施主要包括实验室和图书馆两个方面。

一方面，实验室在高校学术研究中占有重要的位置，高校实验室设施状

况直接关系到学术的产出和质量：实验室设施是高校教师科学研究和学术实践的场所。

先进、充足的实验设施对于学术的检验、应用和发展具有特殊重要的作用，对于从事自然科学、应用科学等研究的高校教师来讲，对优良实验室设施的要求尤其强烈。高校实验室又是高校教师学术成果转化的基地。任何学术活动的宗旨都是不断推进人类社会实践的进步，因此，将学术成果转化成现实的生产力便成为高校教师学术的终极目标。高校实验室设施对学术成果转化的满足程度直接影响着学术成果的体现和价值实现。

另一方面，高校图书馆的规模和设施会影响高校教师学术工作的效率。图书馆是知识的宝库，是高校教师知识积累和更新的重要工具。高校图书馆的藏书规模、检索和阅览条件、开放程度和其他图书馆的交流状况等都会影响高校教师学术知识的获取，并间接地影响着高校教师学术工作的效率及质量。

第三节　高校教师自身影响因子分析

高校教师作为从事高校学术活动的重要主体，其自身的特点和素质对其学术活动的影响是最为直接和深刻的。所有的环境因素只有通过学术主体的活动才能够间接地影响到学术，因此，高校教师的素质差异，会造成学术特征的差异。高校教师自身的因素对学术活动的影响主要体现在以下五个方面：

第一，高校教师的价值观会影响其学术活动的目的。

第二，高校教师的专业素质会影响其学术活动的质量。

第三，高校教师的职业道德会影响到其学术活动的方式、方法。

第四，高校教师的责任感会影响到其学术活动的严密性和准确性。

第五，高校教师的事业心会影响到其学术活动的进步性和创新性。

综上所述，高校教师学术活动沐浴在自然环境的阳光之下，从社会环境中汲取养分，经过高校内部环境的微观调节，造就高校教师的各种素质，最终将精华集中于学术这一中心。整个系统是相互作用、环环相扣的，这使得高校教师学术生态环境变得复杂而敏感，任何一方的失衡都可能导致其他部分的衰败，只有当整个系统处于和谐运转的状态时，高校教师学术生态才能绽放出健康、绚丽地花朵。

第四节　科研态度和时间投入

一、科研态度

近年来，国内外学术圈内屡禁不止的学术腐败案和学术不端事件引起社会广泛关注，从名牌高校的校院领导、博导乃至院士到普通高校教师都有人卷入，在分析原因时，人们往往都注意到外部制度因素，很少重视到学术人道德自律的重要作用。有些人看不到这一点，把学术腐败和学术不端完全归罪于外部原因，因此同情学术不端者，甚至为他们辩护和开脱。有的学术单位还把受到揭露而名声大噪的人视为学术明星，聘其讲学甚至聘为客座教授。是非不分，黑白颠倒，莫过于此。学术须自律，腐败才能根治。

研究生是学术事业发展的后备力量和生力军，也是保证科学研究持续发展的重要因素。鉴于此，促进研究生的学术自律和诚信建设尤显重要，这成为当前社会培育和践行社会主义核心价值观不可忽视的重要主体。道德形成的基础是人类精神的自律，然而在高校的德育中，对于科学道德和学术规范的科研是个盲点，正如唐纳德·尼迪在《学术责任》一书中所说的：“我觉得我们在培养年轻的学术接班人时偏重于他们各自的学术领域，却忽视了那些让他们成为成功的负责任的学术公民所必需的其他知识和技能。”

本课题试图对我国研究生学术道德自律和诚信建设问题进行专题研究，从多层面、多角度探寻其影响因素和深层次原因，及时反映他们的意见、呼声和要求，并提出若干针对性、可操作性较强的对策建议。

（一）调查对象

本课题在北京、山东、广东、湖北、云南五个省市内发放调查问卷，共收集 18024 份问卷，同时进行深度访谈。经过数据筛选我们一共得到有效样本数据8400份，利用这份有效样本集进行统计分析，从男女性别比例可以看到，我们所调查的属于硕士或者博士人群中，男性占据大部分，达到了62.92%；女性占比37.08%。

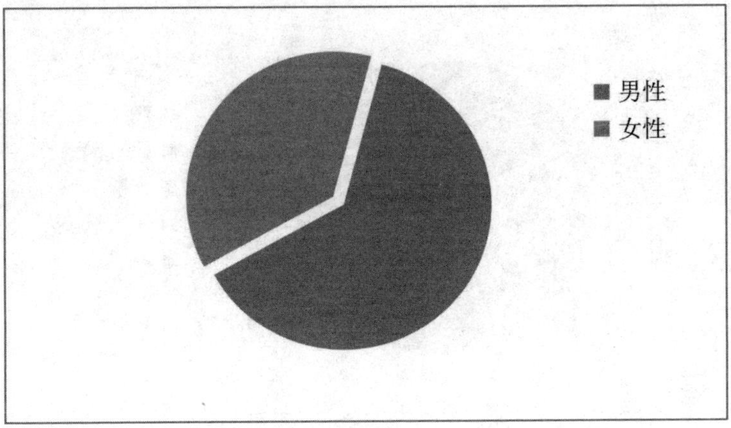

图1-1 本调查对象性别分布

从年龄分布上看，45岁以下占绝大部分，达到85.01%；46～60岁占比次之，为13.30%；61岁以上人群占比最少，仅为1.69%。可以看到我们所研究的数据集中，中年人的比例比较高。

从省份分布情况，我们可以看出，北京、广东、湖北样本数近似相同且比较高，分别约占27%；山东次之，占比15.64%；云南最少，占比仅为1.65%。

从学习或工作所在地分布情况，我们可以看出，直辖市与省会城市占据了绝大多数，合计占比为80.75%；地级市次之，占比为16.99%；县城及县级市占比为1.81；农村占比最少，仅为0.45%。可以看出，我们所研究的硕博人群主要集中在直辖市和省会城市。

从单位类别分布情况我们可以看到，多数样本来自高（中）等学校，占比62.99%；其次为科研院所，占比为23.52%；企业和医疗机构占比近似相同，分别为5.50%与5.67%；行业协会占比再次之，为1.54%；来自其他行业的人群最少，仅为0.79%。

从事科研工作或学习的年限显示，44.77%的样本人群从事工作年限在5

年及以下；6～10 年及 11～20 年的比例比较接近，占比约为 22%左右；工作 21～30 年的人群再次之，为 8.08%；工作 31 年以上人群最少，为 1.51%。

对科研道德与诚信状况的满意度分析：

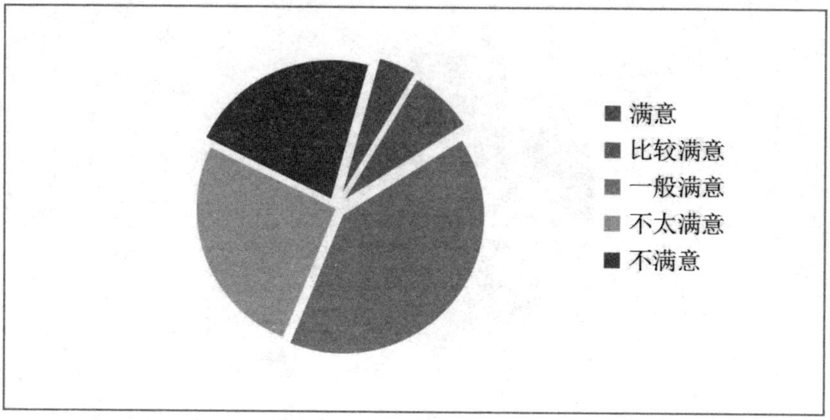

图 1-2 科研道德与诚信满意度情况

通过科研道德与诚信状况满意程度我们可以看到，对科研道德与诚信状况现状持“满意”或“不满意”这两种极端态度的人占比比较少，分别为 4.32%和 7.35%；大部分人对现状持比较中立的态度，其中一般满意、不太满意与比较满意分别为 40.29%、26.10%与 21.95%。

对于科研工作者科研道德与诚信整体发展趋势的预测，我们可以看到，46.59%的人持悲观态度——下滑；33.28%的人持积极态度——好转；其余的人持中立态度。

从发生违背科研道德与诚信事件个数上，我们可以发现，79.35%的人身边都有不同程度的发生过违背科研道德与诚信的事件，其中比较多的是 1～2 件，占比为 48.40%。

从经历过违背科研道德与诚信最严重事件分布我们可以看出，42.25%的人经历过最严重的事件是“抄袭、剽窃他人成果”，相对于其他事件占比明显比较大；其次为“伪造、篡改数据或结论”与“骗取科研经费或学术荣誉”，占比分别为 19.99%与 16.44%；再其次为“一稿多投”与“没有”，占比分别为 10.76%与 10.26%。

从对广告宣传的看法，我们可以看出，53.51%的人不赞成此方法；26.46%的人持无所谓的态度；13.65%的人持难以理解的态度；仅有 6.37%的人持赞成的态度。这说明如果利用广告宣传改进现在的违背科研道德与诚信的状况，效果不会特别好。

对于立法治理的必要性来说，84.16%的人认为有必要及很有必要；仅有 6.93%的人认为不太必要或者没有必要。所以相对于道德约束，人们更倾向于用法律约束来进行违背科研道德与诚信的治理。

（二）影响科研道德和诚信状况的差异性度量分析

科研道德与诚信状况是利用调查中第 20 题（当前科研工作者违背科研道德与诚信的主要表现形式）计算综合得分得出，我们可以定义为道德标准，综合得分越高说明道德标准越高。

1．性别对科研道德与诚信状况的差异分析

我们可以发现，道德标准在性别方面具有显著性差异，男性的道德标准显著高于女性的道德标准，综合得分差异（即道德标准差异）为 0.037。其中有显著影响的分变量（即男性得分显著高于女性得分的变量）分别有（影响程度由高到低排序）：（1）骗取科研经费或学术荣誉（差异：0.142）；（2）学术专制（0.130）；（3）抄袭、剽窃他人成果（差异：0.112）；（4）伪造、篡改数据或结论（差异：0.075）。以上四项是影响男性道德显著高于女性道德的内在因素。

2．年龄对科研道德与诚信状况的差异分析

年龄对道德标准也是有影响的，其中可以发现，35 岁以下的人道德水平最高，分别高于 36～45 岁组、46～60 岁组及 61 岁以上组 0.042、0.093、0.124。同时也可以发现 36～45 岁组、46～60 岁组均与 61 岁以上组没有显著性差异，不过这可能也与 61 岁以上组人数过少有关，如需详细分析仍需增加样本量。

在 35 岁以下组与 36～45 岁组之间，有显著影响的分变量分别有：（1）学术专制（差异：0.137）；（2）为商业广告做虚假宣传（差异：0.101）；

(3) 强行署名（差异：0.073）；(4) 骗取科研经费或学术荣誉（差异：0.066）；(5) 伪造学历，伪造工作经历（差异：0.057）。

在 35 岁以下组与 46～60 岁组之间，有显著影响的分变量分别有：(1) 抄袭、剽窃他人成果（差异：0.233）；(2) 伪造、篡改数据或结论（差异：0.195）；(3) 在科研立项或成果评审中以权谋私（差异：0.165）；(4) 骗取科研经费或学术荣誉（差异：0.160）；(5) 学术专制（差异：0.136）；(6) 为商业广告做虚假宣传（差异：0.121）；(7) 伪造学历，伪造工作经历（差异：0.073）。

在 35 岁以下组与 61 岁以上组之间，有显著影响的分变量分别有：(1) 抄袭、剽窃他人成果（差异：0.434）；(2) 伪造、篡改数据或结论（差异：0.327）；(3) 在科研立项或成果评审中以权谋私（差异：0.269）。

在 36～45 岁组与 46～60 岁组之间，有显著影响的分变量分别有：(1) 抄袭、剽窃他人成果（差异：0.237）；(2) 伪造、篡改数据或结论（差异：0.161）；(3) 在科研立项或成果评审中以权谋私（差异：0.128）；(4) 骗取科研经费或学术荣誉（差异：0.093）。

3．学历对科研道德与诚信状况的差异分析

硕士的道德标准显著低于博士的道德标准，综合得分差异为 0.07。其中显著影响硕士道德标准显著低于博士道德标准的分变量分别有：(1) 学术专制（差异：0.164）；(2) 一稿多投、一稿多用（差异：0.119）；(3) 在科研立项或成果评审中以权谋私（差异：0.099）；

4．省份对科研道德与诚信状况的差异分析

除了北京与山东和北京与湖北之外，其余地区两两之间还是存在道德标准的显著性差异的，分析可以得出，云南地区的道德标准最高。

在北京与广东的对比中，有显著影响的分变量分别有：(1) 抄袭、剽窃他人成果（差异：0.404）；(2) 一稿多投、一稿多用（差异：0.197）；(3) 伪造、篡改数据或结论（差异：0.191）；(4) 在技术成果交易中夸大技术价值或隐瞒技术风险（差异：0.084）；(5) 骗取科研经费或学术荣誉（差异：0.062）。

在北京与湖北的对比中，有显著影响的分变量分别有：（1）学术专制（差异：0.139）；（2）一稿多投、一稿多用（差异：0.135）；（3）强行签署（差异：0.116）；（4）在科研立项或成果评审中以权谋私（差异：0.088）。

在北京与云南的对比中，有显著影响的分变量分别有：（1）学术专制（差异：0.202）；（2）在科研立项或成果评审中以权谋私（差异：0.196）；（3）骗取科研经费或学术荣誉（差异：0.189）。

在山东和广东的对比中，有显著影响的分变量分别有：（1）抄袭、剽窃他人成果（差异：0.482）；（2）一稿多投、一稿多用（差异：0.252）；（3）伪造、篡改数据或结论（差异：0.246）；（4）在技术成果交易中夸大技术价值或隐瞒技术风险（差异：0.091）；（5）骗取科研经费或学术荣誉（差异：0.064）。

在山东与云南的对比中，有显著影响的分变量分别有：（1）强行署名（差异：0.228）；（2）学术专制（差异：0.218）；（3）伪造学历，伪造工作经历（差异：0.217）；（4）在科研立项或成果评审中以权谋私（差异：0.199）；（5）骗取科研经费或学术荣誉（差异：0.190）；（6）在技术成果交易中夸大技术价值或隐瞒技术风险（差异：0.156）。

在广东与湖北的对比中，有显著影响的分变量分别有：（1）抄袭、剽窃他人成果（差异：0.387）；（2）一稿多投、一稿多用（差异：0.332）；（3）伪造、篡改数据或结论（差异：0.172）；（4）在技术成果交易中夸大技术价值或隐瞒技术风险（差异：0.115）；（5）在技术成果交易中夸大技术价值或隐瞒技术风险（差异：0.066）；（6）学术专制（差异：0.066）；（7）骗取科研经费或学术荣誉（差异：0.057）。

在广东与云南的对比中，有显著影响的分变量分别有：（1）伪造学历，伪造工作经历（差异：0.299）；（2）学术专制（差异：0.275）；（3）强行署名（差异：0.268）；（4）为商业广告做虚假宣传（差异：0.260）；（5）在科研立项或成果评审中以权谋私（差异：0.218）。

在湖北与云南的对比中，有显著影响的分变量分别有：（1）学术专制（差异：0.340）；（2）在科研立项或成果评审中以权谋私（差异：0.284）；（3）强行署名（差异：0.274）；（4）伪造学历，伪造工作经历（差异：0.237）；（5）骗取科研经费或学术荣誉（差异：0.183）；（6）在技术成果交易中夸大技术价值或隐瞒技术风险（差异：0.181）。

5．单位类别对科研道德与诚信状况的差异分析

对于不同的单位，道德标准显著不同占50%（显著性水平0.1），并且可以发现高（中）等学校的道德标准最高。

对于科研院所与行业协会来说，有显著影响的分变量分别有：（1）抄袭、剽窃他人成果（差异：0.612）；（2）伪造、篡改数据或结论（差异：0.391）；（3）在科研立项或成果评审中以权谋私（差异：0.208）；（4）在技术成果交易中夸大技术价值或隐瞒技术风险（差异：0.191）。

对于科研院所与高（中）等学校来说，有显著影响的分变量分别有：（1）一稿多投、一稿多用（差异：0.148）；（2）学术专制（差异：0.141）；（3）强行署名（差异：0.112）；（4）在科研立项或成果评审中以权谋私（差异：0.069）；（5）在技术成果交易中夸大技术价值或隐瞒技术风险（差异：0.049）。

对于企业与行业协会来说，有显著影响的分变量分别有：（1）抄袭、剽窃他人成果（差异：0.514）；（2）在技术成果交易中夸大技术价值或隐瞒技术风险（差异：0.258）；（3）在科研立项或成果评审中以权谋私（差异：0.223）；（4）伪造、篡改数据或结论（差异：0.211）。

对于行业协会与高（中）等学校来说，有显著影响的分变量分别有：（1）抄袭、剽窃他人成果（差异：0.668）；（2）伪造、篡改数据或结论（差异：0.410）；（3）在科研立项或成果评审中以权谋私（差异：0.277）；（4）在技术成果交易中夸大技术价值或隐瞒技术风险（差异：0.241）。

对于医疗机构与高（中）等学校来说，有显著影响的分变量分别有：（1）抄袭、剽窃他人成果（差异：0.246）；（2）骗取科研经费或学术荣誉（差

异：0.179）；（3）在科研立项或成果评审中以权谋私（差异：0.143）。

6．科研工作或学习年限的差异分析

大部分对比都没有通过显著性检验（占 70%），不过我们可以发现通过显著性的这三组对比中均包括了 6～10 年组，并且可以发现 6～10 年组的道德标准均分别显著小于 5 年以下组、11～20 年组和 21～30 年组。从而我们可以得到这样的结论，平均意义上来讲，当参加科研或者学习的年限在 6～10 年的时候，人们道德水平普遍比较低，从而我们应着力提高这部分人群的道德水平。

（三）改善科研工作者科研道德与诚信状况的政策意见

当人们的道德与诚信状况得到改善后，科研工作者科研工作能力和创新能力及国家的自主创新能力将会显著提高。国家可以通过出台相关政策来提高人们的道德水平，从而促进国家整体的自主创新能力的提高。

加强科研工作者科研道德与诚信建设可采用的新措施。对于新措施的有效程度，我们可以发现，“从实际出发，制定科学合理的科研评价指标体系”“严惩严重违反科研道德与诚信的科研工作者”“制定科研道德与诚信的相关法律”效果更为明显，“较高”与“最高”的占比均超过了 60%，所以国家如果想要加大力度改善科研工作者科研道德与诚信建设，可以着力采取这三种措施。这个结论很有意义，国家在提高人们道德水平上提出了很多改进方案，不过多数时候收效甚微，根据以上结论，我们以后可以做到有的放矢，加大力度，采用更加有效的改善科研人员道德与诚信水平的方法。

（四）研究结论

根据来自 5 个省市符合学历为“硕士”与“博士”的样本信息进行上述分析，主要得到如下研究结论：

1. 对人们道德标准高低最具有影响力的 5 个因素是：“传统文化中的‘官本位’等消极观念”“行政干预，追逐小集团利益”“社会舆论宣传导向不明，褒贬不力”“急功近利思想严重”“科研道德方面的自律意识薄弱”。由此可知，如果国家采取相关政策提高科研工作者的道德标准，首先要从这

5 个方面加以科研与治理。

2．平均意义上讲，在学历符合硕博的人群中，男性的道德标准要高于女性的道德标准。

3．平均意义上讲，在学历符合硕博的人群中，35 岁以下的人们道德水平最高，所以我们可以着重提升中年人群的道德水平。

4．平均意义上讲，博士的道德水平要显著高于硕士的道德水平，这说明随着学历的增高，人们的道德水平也在提高。

5．平均意义上讲，在学历符合硕博的人群中，工作单位在科研院所或企业的人们道德水平比较高。

6．平均意义上讲，在学历符合硕博的人群中，当参加科研或者学习的年限在 6～10 年的时候，人们的道德水平普遍比较低，从而我们应该着力提高这部分人群的道德水平。

二、科研时间投入

科研时间问题是国内外科研管理中都遇到的问题。美国自 2005 年秋开始的一项调查显示，美国高校的研究者平均 58%的时间用于研究工作，其中 65%的这些时间（即工作时间的 38%）用于联邦资金资助项目。在中国，一方面自 20 世纪 50 年代以来一直存在着研究时间不足的问题，另一方面又存在工作时间过多导致知识分子“过劳死”现象。

中国科学技术协会 2008 年下半年进行的第二次全国科技工作者调查状况显示，科技工作者平均每周工作 47.3 小时，远高于国家法定每周工作 40 小时的时间。与工作时间形成对照的是媒体报道的 2005 年浙江省科学技术协会对科技工作者状况的调查，其结果显示该省科技工作者每年用于科研的时间平均只有 4.11 个月，而且职称越高，科研时间越少。

美国的调查对象是从事研究的高校教授，更多地关注科学家们用于受联邦政府资助项目的科研时间。中国科学技术协会和浙江省科学技术协会的调查涉及的是科技工作者的工作时间和研究时间，但在科协系统所称的“科技工作者”中，除了占很小比例的研究人员外，多数是工程技术人员、卫生技术人员、农技推广人员、自然科学教学人员、科技管理人员。

这些人除了少数分布在科研机构和高校之外，多数在中学和技校、医疗卫生机构、技术推广与服务组织、企业等机构服务，就是说，这些人中多数人员的本职工作本来就不是从事研究的，因此对其科研时间的调查也就缺少了一些说服力。为了呈现我国从事知识生产的科研人员的有效科研时间，2006年11月到2007年8月，笔者及所属研究团队对我国一些公立科研机构及重点高校进行了调查。

（一）调查对象

与科学技术工作相关的人员很多，除了研究人员之外，还有科学活动的组织者和管理者、科学知识的传授者和传播者、技术技能的推广者和中介服务者、医疗活动的从业者等。无论是人事部《专业技术人员简要统计资料》中界定的“专业技术人员”，还是国家统计局和科学技术部《中国科技统计年鉴》中所界定的“科技活动人员”，都包括了大量与科学技术相关的从业者。科研成果产出者只是其中的一小部分。

而且，仅就科研成果的产出而言，管理人员和辅助性人员虽然也具有不可替代的作用，但是他们本身不直接创造科研成果。研究生是重要的研究人员，但他们前期处于课程学习阶段，后期进入研究阶段很少会有投入时间不足的情况。科研成果的产出最终决定于科研人员从事的研究工作。目前在我国广受关注的，主要是科研时间投入不够，导致我国创新成果不足的问题。因此，本次调查的对象，是直接从事科学技术研究工作的具有中高级专业技术职称的人员，不涉及科研管理人员、科研辅助人员和研究生，更不包括中学理科教师、医疗卫生人员、技术推广人员等。

（二）调查内容

我们把科研人员的工作时间理解为三个部分，即直接科研活动时间，与科研相关的学术活动时间，以及从事其他活动的时间。科研时间与科研人员的工作内容、工作方式、工作角色、科研环境、科研管理制度和政策等密切相关，因此，除了科研人员工作时间的分配外，我们在调查内容上还纳入了与之相关的各种制度和政策状况，以及科研人员对这些情况的态度和评价。问卷调查的具体内容包括如下4部分：

1．工作概况和工作内容

主要了解调查对象在科研活动中的工作情况，包括工作团队、工作角色、工作内容、申请项目的数量和经费、完成项目需要的时间、参加学术会议、科研活动产出情况等。这些情况的了解使我们对科研人员总体的工作内容和时间分配背景有一个大概地把握。

2．工作及科研时间的分配和支配

这是对工作时间和科研时间的定量划分，包括每天工作时间、每周工作时间，以及平均每年花费在各项活动中的时间。这些时间包括绝对数值，也包括百分比。这样，我们就对调查对象如何分配自己的工作时间和科研时间就有了详细和准确地了解。

3．工作及科研时间的影响因素及评价

这包括调查科研人员对各种影响工作及科研时间分配的因素的看法，以及对自身工作和科研时间充分性的评价。问题涉及科研条件（硬件条件、基础设施和环境氛围等）、科研管理体制、评价体系等。这些问题的回答使我们对科研人员的时间分配和出现问题的原因有更深的了解。

4．被调查人员的基本信息

这些信息包括调查对象的年龄、性别、学历、职称、研究领域等。它们可以帮助我们理解前面的调查结果的差异。

（三）调查方法

我们按照科研人员服务机构的性质将他们分为两类，即公立研究机构的研究人员和研究型高校的研究人员。考虑到两类人员的工作内容和工作方式有差异，我们设计了两份问卷，两份问卷在保持问题基本意义一致的情况下，形式有所不同。

在设计问卷之前，我们对各类科研人员和科研管理者进行座谈和调查，确定了调查的各项内容，明确了提问方式，优化了问题答案。问卷设计过程中我们请有关调查公司的人员参与，提高了问卷设计和获得有效答案的有效性。问卷初稿完成后，在一些机构进行了预调查，由科研人员提出修改意见和进行试填写。由于科研人员的工作重心、内容和方式并非每天相同，

因此，我们试图调查他们在一个较长时间段里科研时间的投入情况，而不是具体到每一天的情况。科研时间的投入除了与研究内容、工作性质和角色、管理制度和方式、科研制度和政策相关之外，也与地方性政策和文化相关。所以，除了封闭式问题之外，我们还设计了一些开放性问题，以便掌握的资料更真实和全面。每份问卷共 49 个问题，由于我国迄今尚没有科研人员的统计数据和分布资料，本次调查从中国科学院 7 个分院的 52 个研究所、2 个省级科学院和 33 所研究型高校直接从事科学技术基础和应用研究的科研人员中随机抽样本，发放问卷时进行调查。

（四）调查对象的基本情况

1．年龄

1312 份问卷的被调查者对自己的年龄均做了回答。统计结果首先是：30～39 岁之间的最多，占被调查人数的 40%。其次是 40～49 岁的，占 34%。50～59 岁的。然后是占 13%。29 岁及其以下的占 11%。最后是 60 岁及其以上的占 2%。

2．性别

被调查者在 1308 份问卷中给出了自己的性别。在这些被调查者中，男性约占 76%，女性约占 24%。男性科研人员的数量超过女性数量的 2 倍。

3．学历

1312 份问卷对自己的学历做了回答。被调查的科研人员呈现出高学历特点，有研究生学历的约占 83%，其中博士研究生学历占到一半以上，达 65%，18%的具有硕士研究生学历，高校本科及以下人员只有 18%。

4．职称

1310 份问卷填写了自己的职称。拥有正、副高级专业技术职称的科研人

员各占39%，中级职称人员占18%，初级职称人员只占5%。

5．从事的研究领域

1290份问卷回答了自己从事的研究领域。在基础研究领域（包括数学、物理、化学、天文、力学）工作的占36%，在高技术研究领域（包括信息技术、新材料、化工、能源、光学电子）工作的占36%，资源与环境领域的科研人员占11%，生命科学与生物技术领域的有9%。还有8%的调查对象来自上述领域之外的其他领域。

6．所属机构类型

1324位被调查者注明了自己所属机构的性质。其中，53%的来自公立研究机构，47%来自高校。

（五）工作方式和工作内容

1．研究团队规模与团队角色

被调查者在1316份问卷中回答了自己所在团队的规模和自己在团队中的角色。从规模看，10～19人的团队最多，占34%；其次是9人及其以下的团队，占30%；再次是20～49人的团队，占21%；最少的是50人以上的团队，只有15%。需要说明的是，这些团队成员包括研究生在内。在团队角色方面，在这1316位接受调查的人员中，60%的是团队中的项目负责人，55%的是项目申请/规划/沟通者，43%的是资料收集/整理/分析者，46%的是实验设计/操作者，30%的是技术/产品开发者，47%的是论文写作/专利设计修改者。当然，一位团队成员的角色是多重的，从选择的频次来看，每人平均担任2.7个团队角色。

2．学生培养

在招收和培养研究生方面，1226份回收的问卷中，被调查者平均每人每年招收硕士生1.6个、博士研究生0.8个，目前每位被调查者平均负责指导硕士研究生3.6个、博士研究生2个。总体统计，每位被调查者平均每年招收研究生超过2个，目前指导的研究生超过5个。在承担教学任务方面，1306份回收问卷做了回答。其中，43%的被调查者不承担授课任务，24%每周上课

1～3节，21%每周上课21节，9%每周上课7～9节，每周上课10～12节和13节及其以上的各占2%。

3．参加学术会议

1307份问卷显示，34%的被调查者在最近1年没有参加正式的国际学术会议，51%参加了1～2次，11%参加了3～4次，只有4%的人在这一年之内参加了5次及以上的国际学术会议。1314份问卷显示，在最近1年，22%的人没有参加过全国性学术会议，73%参加了1～5次，4%参加了6～10次，参加10次以上的只有1%。可见，95%科研人员在一年内参加的学术会议不超过5次。

4．科研经费

1284份问卷显示，一个团队年均科研经费在10万元以下的占24%，10万～20万元之间的占14%，20万～50万元之间的占16%，50万～100万元之间的占12%，100万～200万元之间的占11%，200万～500万元之间的占6%，500万元以上的占4%，不愿意回答的占13%。多半团队（54%）年均经费在50万元以内。通过对每年科研经费与纵向项目申请的交叉分析发现，纵向项目申请越多，科研经费就越多。另外，通过对年科研经费与科研经费足够性的交叉分析发现，年均科研经费20万元以下者多认为自己的经费远远不够，年均50万元以上者多认为经费基本足够或者已经充足了。

5．研究成果与获奖

根据1316份问卷的统计，被调查者在最近5年间，平均每个团队完成最多的项目是其他机构委托项目（4.3个），其次是国家自然科学基金项目（3.3个），其他项目依次是省市（2.5个）、部门研究项目（2.4个）、本单位自立项目（2.2个）、“863”高技术研究项目（2个）、其他国家级重点项目（1.9个）、国际合作项目（1.7个）、“973”计划项目（1.4个）。根据对研究项目完成数与团队规模的交叉分析发现，50人以上规模的团队完成了的项目最多（10.1个国家自然科学基金、2.7个“863”项目、3.6个部门研究项目、3.8个本单位自己项目和5.7个其他单位委托项目），10～20人规模的团队完成其他单位委托项目最多（4.1 个），20～50 人规模的团队完成的其他单位委托项目最多（5.4 个）。从研究成果的形式和数量来看，对 1316 份问卷的统计显示，被调查者中最近 5 年每个团队平均发表 SCI 和 EI 论文 26.3 篇、国内一级学术期刊论文 20.4 篇，出版论著 2.3 部，获专利 6.1 项，建立模型 3.9 个，完成研究报告 11.7 篇。我们从研究成果与团队规模的交叉分析发现，50 人以上规模的团队完成了最多的 SCI 和 EI 论文、专利和研究报告，20～50 人规模的团队完成了最多的国内一级学术期刊论文和论著，10～20 人规模的团队只在出版论著和完成研究报告的数量上不是最少的。

在 1316 份问卷中，每个团队最近 5 年中平均获奖的情况是：国家自然科学奖 1.7 项，国家科技进步奖 1.4 项，部级奖 1.8 项，省级奖 1.8 项，市级奖 2.3 项，本单位奖 2.8 项。从获奖数量与团队规模的交叉分析可以看出，团队规模与获奖级别和数量有关。

50 人以上团队获得国家科技进步奖、部级奖、省级奖、市级奖、本单位奖均居首位，获得国家自然科学奖也较多。20～50 人的团队获得部级奖、省级奖、市级奖、本单位奖均居第二。10～20 人的团队获得国家自然科学奖最多，获得国家科技进步奖的数量位居第二。10 人以下的团队在各种奖项的数量上均没有优势。

（六）工作时间及其分布

1．本职工作时间与兼职工作时间

对 1282 位被调查对象的统计表明，他们平均每天工作 9.8 小时，平均每周工作 5.8 天，这两个数字都分别超过国家规定的每天 8 小时、每周 5 天的正常工作时间。可见，目前我国科研工作者的工作时间较长。可用于对比地对兼职工作时间做了详尽回答的问卷有 478 份。调查对象月均兼职工作时间为 4.8 天，月均学术兼职（包括国际与国内专业协会或学会兼职、专业学报或学术期刊兼职、学术委员会成员、课题组成员或有助于科研成果转化的企业内兼职等）工作时间为 3.3 天，月均社会兼职（包括与学术或科研无直接相关的兼职）工作时间是 1.5 天。总的来说，科研工作者用于兼职的时间不算太多。

2．工作时间的总体分布

共有1264份问卷回答了工作时间的总体分布。统计显示，他们的直接科研活动（包括资料收集与整理分析、实验设计与实施、小组讨论、论文专利和模型等形成与修改、技术/产品开发等）时间，平均占工作时间的54.6%，为科研做准备（包括申请项目获取经费、购置和准备材料设备、培养研究生、参加各种评审活动等）的时间占19.8%，为获得社会承认从事活动（包括学术交流、申报评奖、接受考核与评审等）的时间占8%，行政活动（包括日常管理工作、处理日常事务、参加行政和党团会议等等）时间占9.2%，社会活动（包括社会讲座、接受采访/来访、参与录制节目、撰写科普文章等各种服务于社会公众的活动）时间占2.9%，其他工作时间占6.1%。总的来说，他们多半时间是在从事直接科研活动（54.6%），间接科研活动花费1/5强的时间（20.6%），其他活动时间超过了1/6（18.2%）。

3．直接和间接科研活动时间

1245份问卷对直接科研活动时间内的工作时间分布做了回答。统计显示，他们28.2%的时间用在实验设计与实施（包括实验、化验与测试，数据分析和总结等）上，27.3%的时间用于收集、整理和分析资料上，16.9%的时间用在论文、专利、模型的形成与修改上，14.8%的时间用在小组讨论上，9.5%的时间用在技术和产品的开发上，3.9%的时间用在其他直接科研活动上。

1151份问卷对间接科研活动的时间分布做了回答。统计显示，花费时间最多的是项目申请与管理（获取申请项目信息、搜集相关资料、填写申请表格、汇报、接受评审、公关等），占26.3%。其次是研究生培养（上课、指导学生实验和论文、开题与答辩等），占23%。然后是学术交流（14.4%）、评审活动（11.0%）及其他间接科研活动（6.1%）时间。

1316份问卷回答了评阅论文和评审项目的数量和时间。每位被调查者平均每年评阅硕士或博士论文7.1篇，花费14天；评阅学术期刊论文10.6篇，花费14.3天；评审项目8.2项，花费12.1天。回答申请项目、接受项目中期检查和结题检查的问卷也是1316份。

统计发现，这些研究者平均每年花29.9天申请项目，花16.4天准备项目中期汇报检查，花20.3天准备项目的结题验收。部分研究人员认为，项目程序性时间花费过多是导致直接科研时间不足的重要因素。对项目程序性时间与申请/评审/结题时间多的交叉分析显示，高校研究人员中32%的认为课题申请花费时间过多、22.1%的认为项目结题花费时间过多、18.2%的认为中期检查花费时间过多，研究机构的研究人员中28%的认为课题申请花费时间过多、18.5%的认为项目结题花费时间过多、14.7%的认为中期检查花费时间过多。

（七）工作及科研时间的影响因素及评价

1．工作环境和工作条件

1310份问卷对自己实验室或办公室的满意程度做了回答，非常满意的占8%，比较满意的占58%，不太满意的占29%，非常不满意的占5%。这表明，目前我国科研人员从事科研活动的实验室条件大部分还是较好的。1304份问卷回答了对研究经费的满意度问题。4%认为研究足够，39%认为基本够，41%认为有些不够，16%认为极为不够。1310份问卷对利用所属机构的图书馆、数据库和网络设施获取资料的方便性做了回答。认为极方便和不太方便的均占15%，认为较方便的占69%，认为极不便的只占1%。由此可见，我国目前对于科学技术文献资料和信息基础设施建设基本上能满足我国科研活动的需要。

2．与同行的合作

1311份问卷回答了与多少位同行保持密切的问题。16%表示与1～2位同行保持密切联系，42%表示与3～5位同行保持密切联系，31%表示与5～10位同行保持密切联系，12%表示与10位以上同行保持密切联系。这些同行中既包括国内同行也包括国外同行，联系的方式包括经常参加同一个学术会议或者非正式讨论自己的研究进展。1307份问卷对寻找合作者难易程度问题给出了回答。认为寻找合作者极容易者占8%，较容易者占65%，较困难者占26%，极困难者占1%。

3．工作投入及产出

1312 份问卷回答了工作时间长短的合适程度问题，认为工作时间长短较合适的占 48%，时间过长不合适的占 44%，时间不够不合适的占 8%。1308 位被调查者对自己的工作量合适程度做了回答，42%认为目前的工作量较合适，56%认为工作量偏大不合适，只有 2%认为工作量偏小不合适。研究活动通常具有连续性，不能因下班而中断。在 1314 位被调查者中，反映经常加班的占 75%，有时加班的占 20%，偶尔加班的占 5%，几乎没有不加班的。由此可见，目前我国科研人员的工作时间还比较长。1293 位被调查者对时间投入与产出成果之间做了比较。时间投入产出成果数量与研究经费足够性的交叉分析显示（图 2），自认为时间投入有些不够的人员中，觉得对于自己的研究课题来说，研究经费也比较不足。

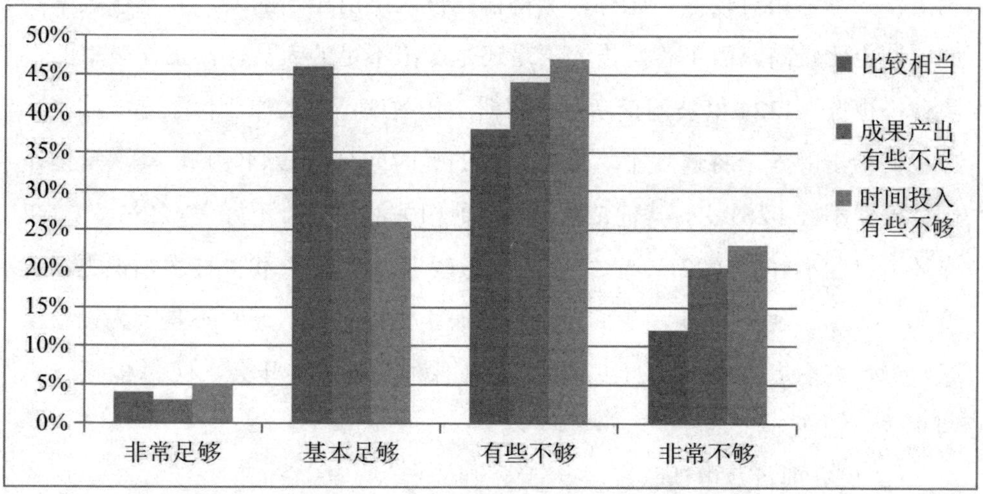

图 2 时间投入产出成果与研究经费足够性的交叉分析

1307 位被调查对象评价了自己的科研工作效率。7%的人评价自己的效率相当高，44%的人评价自己的效率比较高，38%的人选择了效率一般，9%的人自我评价比较低，只有 1%的人认为自己的科研工作效率非常低。科研工作效率与研究经费足够性的交叉分析显示（图 3），研究经费的充足与否与科研工作效率之间存在较强的关联性。研究经费越充足，工作效率越高。

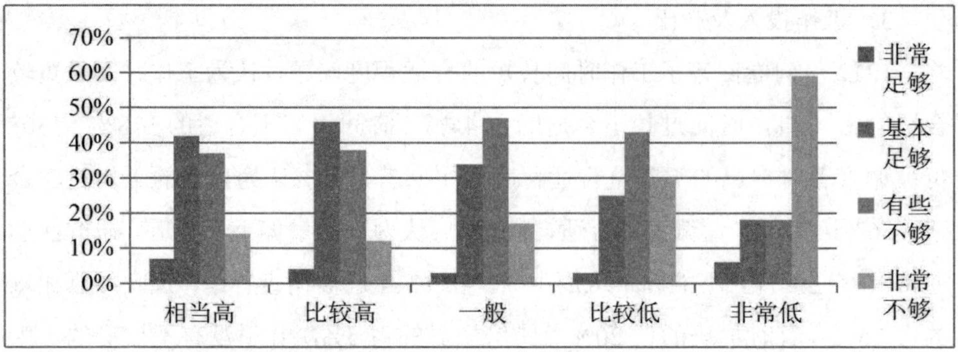

图3 科研工作效率与研究经费足够性的交叉分析

（样本量：工作效率相当高=94，比较高=564，一般=498，比较低=122，非常低=17）

科研工作效率与工作量的交叉分析显示，如果工作量合适，科研工作效率就比较高。如果工作量不合适，不管是偏大还是偏小，科研人员自我感觉的工作效率都相对较低。此外，觉得自己投入产出相当的人，其工作效率高的比例也比较高。而不管是投入不足还是产出不足的人员，其工作效率的自我评价也低。1324位被调查者对于科研工作效率不高的原因做了选择回答。在我们给出的6个备选项中，选择最多的是时间分散（44%），其次是工作硬件条件不好（26%），其他依次是“其他相关部门配合不好”（22%）、“工作环境氛围不好”（22%）、“个人事务较多（8%）”和“技术知识更新速度”（6%）。通过座谈，我们发现，科研工作被打断，通常不是因为设备出了故障，也不是实验材料不够，主要是被各种杂事——开会、应付检查、填写报表、评奖等打断。

4．研究项目及申请状况

对1298位被调查对象的统计显示，6%的人认为自己所属机构非常重视自己的研究方向和研究项目，54%的人认为所属机构比较重视，35%的人认为所属机构不太重视，5%的人认为所属机构很不重视。1253份问卷回答了对于向国家和部门申请研究项目的过程和结果满意程度的问题。其中，4%非常满意，30%比较满意，31%一般满意，27%不太满意，9%极不满意。研究项目完成数、项目申请过程和结果满意度的交叉分析显示，对项目申请非常满意的科研人员在过去 5 年中完成的各种项目显著多于那些对项目申请不满意的科研人员。1324 位被调查者对于申请研究项目困难的原因做了选择回答。认为原因是“有关的基金太少”的占 27%，认为是“可以申请的资金渠道太少”的占 41%，认为是“研究方向/申请的项目属于非共识方向”的占 15%，认为是“本单位竞争力较弱”的占 16%，认为是“项目评价不公”的占 37%，选择“不清楚”的占 16%。

5．研究项目及申请状况

对 1298 位被调查对象的统计显示，6%的人认为自己所属机构非常重视自己的研究方向和研究项目，54%的人认为所属机构比较重视，35%的人认为所属机构不太重视，5%的人认为所属机构很不重视。1253 份问卷回答了对于向国家和部门申请研究项目的过程和结果满意程度的问题。其中，4%非常满意，30%比较满意，31%一般满意，27%不太满意，9%极不满意。研究项目完成数、项目申请过程和结果满意度的交叉分析显示，对项目申请非常满意的科研人员在过去 5 年中完成的各种项目显著多于那些对项目申请不满意的科研人员。1324 位被调查者对于申请研究项目困难的原因做了选择回答。认为原因是“有关的基金太少”的占 27%，认为是“可以申请的资金渠道太少”的占 41%，认为是“研究方向/申请的项目属于非共识方向”的占 15%，认为是“本单位竞争力较弱”的占 16%，认为是“项目评价不公”的占 37%，选择“不清楚”的占 16%。

6．直接科研时间的足够与否及其原因

1242 位被调查者回答了自己直接科研时间是否够的问题，其中，觉得时间足够的占 11%，基本够的占 49%，有些不够的占 35%，非常不够的占 5%。直接科研活动时间与研究经费足够性的交叉分析显示，研究经费越充足，被调查对象认为直接科研时间充足的比例越高；研究经费不够的情况下，认为直接科研时间不够的比例也要高一些。493 位认为直接科研时间不足的被调查者，选择占据太多直接科研时间的外部原因分别是：66%认为是“项目申请和管理”，54%认为是“各种评奖和考核”，46%认为是“教学和培养研究生”，45%认为是“行政活动”，16%认为是“社会活动”。这些选项加起来超过100%，是因备选答案可多选。这493位人士还选择了直接科研时间不够的自身原因在于：66%的认为是“多重角色不可避免占用时间”，58%的认为是“项目立项、管理和运作过程太繁复”，54%的认为是“考核和评奖过于频繁”，24%的认为是“工作效率有待提高”，13%认为是“知识更新速度太快”，5%认为是“不善管理时间”，4%认为是“健康状况”。我们给出的这7个备选答案是可以多选的。这493位人士对我们给出的8项提高直接科研时间的可能措施也做了选择。这些选项可多选。有81%选择“资金支持”，72%选择“改善评价体系”，61%选择“简化项目程序”，49%选择“精简行政活动”，48%选择“科研和服务部门配合”，38%选择“研究人员遴选”，25%选择“加强时间管理”，20%选择“人才引进条件”。我们在问卷中给出了可以多选的6项增加直接科研时间的措施，1324位被调查者做了选择回答。51%选择“给青年更多的支持”，47%选择“增加项目金额”，45%选择“增加科研服务”，43%选择“减少统计报表”，35%选择“减少鉴定报奖”，4%选择“不清楚”。在开放的答案中，有人提出增加助手和研究生，有人提出减少会议、考核和事务性工作等，也有人提出管理方式和制度的改进，还有人提出良好的科研氛围，如鼓励自由探索，公正等。

7．合适的工作时间分配

应当把多少比例的时间用于直接科研呢？1217位被调查者中，认为应当拿出一半的工作时间用于直接科研的比例最高，占31%；认为直接科研时间应占工作时间2/5 和4/5的，都占21%；认为直接科研时间应占工作时间7/10的占11%；认为直接科研时间应占工作时间3/10的占9%；认为1/5及以下和90%及以上工作时间用于直接科研的都只占1%。可见，有近70%的科研人员认为至少应当有一半时间用于直接科研活动。

以上是直接科研时间的情况。如果把直接科研时间和间接科研时间相加，则可以看出科学家们对于全部科研时间应占工作时间比例的看法。1227份问卷反映了这一情况。在这些问卷中，希望科研时间占工作时间的4/5的比例最高，为 39%；希望科研时间占工作时间的 9/10 者，是 36%；希望科研时间占工作时间的 7/10 者，是 19%；希望科研时间占工作时间的 3/5 者，是 3%；希望全部时间都用来做科研者，占 2%；希望一半及以下时间用来从事科研者，只占 1%。可见，有超过 75%的人都希望科研时间要占全部工作时间的 4/5 及以上。

（八）结论

总结问卷调查的结果，辅之以集体座谈和个别访谈的内容，我们可以从一个侧面对我国科研人员的工作时间尤其是科研时间有一个概貌性的认识。

1．科研人员工作时间过长但直接科研时间比例不高

被调查的我国科学家中，有将近八成（76%）的被调查者每周工作时间超过了 40 小时，有近一半（44%）的人认为工作时间过长，超过一半的人认为工作量偏大。从绝对数字来看，这些科研人员平均每天工作 9.8 小时，每周工作 5.8 天，超过了法定工作时间。科研人员的工作时间较多，工作量较大，有 3/4 的科研人员会经常加班。但是，在成果产出上，有近一半的人认为成果产出不够；在工作效率方面，有一半的人认为自己的科研工作效率不高。

然而，他们的平均直接科研时间仅占一半略强，而且，有近一半的人用于直接科研活动的时间不超过工作时间的 50%，尤其是，有 20%的人只用了 30%及以下的时间在直接科研活动上，而 60%的人认为自己用于直接科研的时间已经足够。这反映出，大部分科研人员并没有对自己的直接科研时间状况感到不满意。从自己认为合适的时间分配比例来看，有近 70%的科研人员都认为应当至少有一半的时间用于直接科研活动。认为一半时间应该用于直接科研活动的比例最高。实际情况是，有将近一半的人用于直接科研活动的时间不超过工作时间的 50%。可见，科研人员认为为自己的工作投入了较多的时间，但是直接科研时间还是不足，还没有取得自己满意的科研成果，对自己的科研效率还不尽满意。在被调查的科研人员被问及较合适的工作时间分配比例时，有近 70%的人认为应当至少有一半的时间用于直接科研活动，而且调查的结果还表明，只有一半的人已经将 50%以上的工作时间用于直接科研活动。两者相比，这中间还有差距。既然直接科研时间实际上不多，那

么为什么多数人认为已经足够呢？

2．科研经费不足是导致直接科研时间不足的直接原因

调查显示，时间是否足够与经费是否充足有一定关系。稳定的资金支持被认为是保证足够的直接科研时间的最直接的措施。在调研和座谈中，我们常常也会听到这样的呼声。因为，如果资金得不到保证，就需要经常去申请经费，这显然就需要占用较多的时间。调查数据也表明，研究经费越充足，直接科研时间相对就越多。经费够时间不够的情况并不多见，有足够的经费却没有时间来直接从事科研活动的人是最少的。

认为时间足够的人多数参与项目少。认为自己的科研时间足够的人，70%的人平均每年完成项目不超过 1 个；有近 60%的人认为自己的科研时间基本够；而认为自己时间有些不够或非常不够的人中，这个比例是 51%和 40%。这就表明，对自己时间充足性的评价与完成项目数的多少成正相关。也就是说，认为自己时间足够的人多数是参与项目数量不多的人，而认为自己时间不够的人多数是参与项目数量较多的人。从逻辑上看，没有足够多的研究经费和项目，就不需要花很多时间来做研究，因为没有经费，很多研究活动就无法进行。这样一来，也就不会出现时间不够的情况了。

我国科研项目来源过于集中（自然科学基金、国家大型计划等），竞争性太强，这些项目往往集中在少数人那里，覆盖全体科研人员的经费根本没有。虽然国家对科研的整体投入在大幅度上升，但其覆盖面还不够大，科研人员投入直接科研活动的总体时间上升缓慢。此外，我国科研资助的渠道还不够多。有 32%的人对目前申请项目的过程和结果表示满意。25%的人不太满意，非常不满意的人为 9%。只有 60%表示能够接受目前申请项目的情况。在被问到申请困难的原因中，选择频次最高的就是“可以申请资金的渠道太少”。

3．占用直接科研活动时间多的主要是间接科研活动

有将近八成（76%）的被调查者每周工作时间超过了 40 小时，有近一半（44%）的人认为工作时间过长，超过一半的人认为工作量偏大。从绝对数字来看，这些科研人员平均每天工作 9.8 小时，每周工作 5.8 天。既然科研人

员普遍工作时间较长，而他们从事直接科研活动的时间的比例不高，那么，这些时间他们用来做什么了呢？占用时间最多的三项活动分别是“项目申请和管理”“应付各种考核和评奖”以及“教学和培养研究生”。这三项活动都属于我们所说的间接科研活动。这样看来，其他活动，比如社会与行政活动，并不是占用直接科研时间最多的。多数被调查对象申请和管理项目（包括申请、中期检查和结项）平均每年要花上整整一个月的时间。申请项目意味着获得研究经费，而研究经费对于科研活动来说是必需的。

但是，如果花了过多的时间在项目的申请和应付检查上，甚至将这些作为重点，显然就是本末倒置了。并且，这也违背了项目设置的本意。在调查座谈中，不少科研人员反映，通常一个研究主题要去多个地方（即发放项目的地方，如科技部、自然科学基金委等）申请，一个大型项目的申请（包括准备活动）有时候就需要一到两年的时间，而刚开始进入研究不久，又要开始应付检查，检查完之后又要开始考虑结项的准备工作。于是，很多时候不是考虑如何开展研究，而是考虑如何写材料和填表，应付申请和结项。

4. 目前的科研评价体系是导致间接科研活动时间过多的主要原因。

如此频繁的考核和评奖，问题又出在哪里呢？改善科研评价体系成为被选频次第二高的选项。目前的科研评价体系不够合理，导致考核和评奖过于频繁，因此占用时间过多。那么，这些不合理有可能是哪些方面呢？在座谈中，不少科研人员谈到，由于很多单位都实行指标化的考核，每年都要进行至少一次，需要填写各种统计报表。科学社会学早已发现，“对原创性的承认成为社会合法性的证明，它证明一个人已经成功地做到了对一个科学家最严格的角色要求。”但是在我国，评价已经不是对独创性的社会确认，而是对于论文数目、载文刊物的影响因子、课题数目和获取经费等的片面追求了。

如果一个科研人员不去申请奖励，就有可能影响他申请项目经费，如此一来，研究活动就无以为继了。将自己的研究成果集中，请专家来进行鉴定，从而得到鉴定结果，也成为很多科研人员使自己的研究工作得到认可的一种重要方式，但是，这种鉴定通常需要花费不少的时间。考核评价体系一旦过于看重量化指标，很多人将会把这些指标作为自己科研的目标。这样在数量上也许很快得到了提高，但是研究的质量却没有得到大的提升，这样产生的大量的 SCI 论文没有引用率，基本上也很少有人阅读。

5．影响科研时间投入和效率的主要是软环境

调查发现，科研人员对科研环境硬件条件、基础设施和人才储备情况基本是满意的。无论是对于实验室和办公室条件，还是对于单位图书馆、数据库和网络设施方面，多数被调查者都选择了较好的评价。可以说，在被调查者那里，这些条件已经不是制约科研时间投入的不利因素了。占用科学家直接科研时间的，主要是间接科研活动时间。究其原因，主要是“多重角色而不可避免占用时间”“项目立项、管理和运作过程太繁复”“考核和评奖过于频繁”等。要保证足够的直接科研时间，科研工作者需要的是“稳定的资金支持”“改善科研评价体系”和“简化项目申请和审核程序”等。

而且，在他们看来，“适当增加项目金额，减少项目数”“减少鉴定和报奖的次数和程序”“给青年研究人员更多的支持”“减少各种统计报表”“增加各种科研服务”等等，都会有助于增加直接科研活动时间。这些情况表明，影响科研时间投入的软环境的因素比较突出。

第五节　科研生态环境

一、高校教师学术生态的理想环境

（一）高校外部保持和谐的宏观环境

1．健康的自然环境

自然环境是环绕人们周围的各种自然因素的总和，如大气、水、植物、动物、土壤、岩石矿物、太阳辐射等。但自然环境不等同于自然界，它是自然界的一个特殊部分，是指那些直接和间接影响人类社会的自然条件的总和。健康的自然环境是指，各种要素能够和谐相处、良性循环，并能够给人的身心以正面影响的自然环境。常言道：“环境造就人”作为高校外部宏观环境

之一的自然环境对人的造就更是表现为深层次、潜移默化的陶冶。

一方面，健康的自然环境对处在这一地域中的人可以起到长期性的陶冶情操的作用。健康的自然环境必然需要人类精心设计和打造，因此，人们在与自然环境的交流中能够提高人们的审美情趣并在一定程度上缓解精神压力；另一方面，健康的自然环境能够使处于这一环境中的人的身体保持健康。人总是从自然环境中获得各种能量来维持各项生命体征，进而从事社会活动，健康的自然环境提供给人类健康的能量，新鲜的空气、纯净的水源、“绿色”的食物必然会有益于人类的健康自然。环境对人的正面影响，自然会波及高校教师这一群体，并使其从中受益，良好的身体和心理状态是高校教师学术工作的物质基础，因此，健康的自然环境是高校教师投身学术不可或缺重要条件，也是构成高校教师学术生态理想模式的重要因素之一。

2．融洽的社会环境

社会环境是人类生存及活动范围内的社会物质、精神条件的总和，包括整个社会经济文化体系，如生产力、生产关系、社会制度、社会意识和社会文化等。社会环境对人类文明的形成和发展进化起着重要作用，同时人类活动给予社会环境以深刻的影响。融洽的社会环境要求社会各生产部门之间能够相互衔接、密切合作；社会物质文明和精神文明齐头并进、同步发展；社会各个层面相互交织，能量顺畅流通。高校作为社会的一分子，及参与融洽社会环境的建设，又是融洽社会环境的受益者。

和谐的社会生态环境是高校教师学术可持续发展的重要保障，高校教师学术系统与环境的相互适应是实现高校教师学术生态平衡的基本前提和首要条件。它应该包括两方面内容：一是高校教师学术要为社会经济的发展提供高质量的科学技术和人才培养成果；二是社会各界要为高校教师的发展提供充分的条件保障，包括：社会环境是高校的外部宏观环境，它对高校的内部环境具有统领和渗透的作用，外部的融洽势必带来内部的融洽。高校教师在融洽的环境中工作、生活，也会将这种融洽内化到内心，进而指导日常的学术工作，过程决定着结果，因此高校教师的学术产出也必然会成为融洽环境的一员。

社会环境的融洽是高尚社会道德的体现，高尚的社会道德大环境不会允许高校教师学术道德的下降，这就会从根源上净化学术氛围，遏止学术腐败。物质资源的富足是社会融洽的先决条件，也是高校教师学术工作的基础，充分的物质资源能够为高校的建设和高校教师学术工作的进行提供保障，精密的实验器材、先进的科研设施等与学术密切相关的物资资源都依赖社会物质的富足。

（二）高校内部具备良好的微观环境

1．锐意创新的理念

自从地球上有了生命，特别是人类脱离了动物界以后，整个世界文化一直在创新中发展。学术创新是一种探索活动，指研究者以学术的内在逻辑为旨归，在某一领域内对某个或某些问题进行深入、细致、系统地研究，得出新颖、有价值的研究成果。简单得说，学术创新就是学术主体与学术现有水平在一定的环境和范围内相互作用，最终达成统一的过程。高校因该能够打造一种“百家争鸣”的学术氛围，倡导多元化的学术思想。春秋战国时代，社会处于大变革时期，产生了各种思想流派，如儒、法、道、墨等，他们著书讲学，互相论战，出现了学术上的繁荣景象，后世称为“百家争鸣”。

这一时期，是中国学术文化、思想道德发展的重要阶段，奠定了中国整个封建时代文化的基础。古人的智慧是我们今天发展学术的重要借鉴。

首先，要鼓励高校教师针对学术问题提出自己不同于他人的见解，对提出新观点和新思想的高校教师予以精神及物质方面的奖励。这样，一方面，可以提高学者学术工作的热情，使学术在多种思想的切磋和碰撞中擦出火花，得到长足的发展；另一方面，在学术百家争鸣的过程中，代表不同观点的高校教师能够相互取长补短，通过对他人思想的思考，或更加肯定自己的观点，或意识到本人所持观点的不足然后将其修正，又或者集百家之长，最终达成学术的高度融合，这些对于学术的进步起到高效的推动作用。

其次，鼓励学术创新，要从制度和体制上加以保障，这样才可以充分调动高校教师学术工作的积极性和创造性，促使其勇敢并踊跃地提出新的观点和理论供大家探讨。要意识到，学术创新是一个在探索中前进的曲折过程，任何创新思想在最初提出来的时候都是不成熟、不完善的，但正是这样才会有“百家争鸣”的余地和必要，才能有更加成熟和正确的学术的诞生；任何阶段性的成果虽然都不是绝对的真理，但却来之不易，因此对创新的肯定是鼓励新思想向真理迈进的重要动力。

此外，高校应该打造尊重学术创新的氛围，这对于推动高校教师学术进步、提高高校竞争力，具有重大意义。高校教师创新性学术成果的取得是一个艰辛而漫长的过程，创新性成果是在高校财力、物力、人力大量投入的基础上，由高校教师将社会需求经过自身智力的改造而形成的结晶。因此，只有认可和尊重创新成果，才能使高校教师获得实现自身价值的成就感，才能保护高校教师学术创新的积极性。

2．和谐的工作环境

学校环境由大到小依次包括学校环境、院系或研究所环境、学科或专业环境以及课题组环境学校四个方面。学校是由不同的学科专业等学术单位组成的学术群落，学术群落的环境就是学校环境。拥有良好社会声誉的高校会为该校的学术活动带来意想不到的利益，如：容易吸引学术人才，容易申报科研课题，容易得到社会认可，容易获取各界赞助等等，形成学术上的马太效应。高校中不同专业的学术研究人员按学科门类集合在一起形成不同的校内组织，这些组织就是高校中的院、系或研究所。

学院环境相对于学校环境来讲是高校中较为微观的环境，它受到学校环境的渗透，又会有自身的特色。学院中坚定的学术信念、严谨的治学态度、权威的学术水平、渊博的教师和学者等，都会通过人们之间的交流相互传承，使身处其中的高校教师得到同化，进而使良好的学术氛围得以维持。相对于学校和院、系、所来讲，学科和专业环境对高校教师学术活动的影响更为深刻和直接。在一所高校里，由于资源约束和需求约束，必然导致学科专业在地位和性质方面的差别。良好的学科和专业环境能够合理地划分重点学科、普通学科，科学的分配科研资金，善于发挥各个学科的优势，既能对高校教师的学术工作产生激励效果，又能提高高校教师学术成果产出的效率。课题组是学术个体最为微观的环境。

高校教师学术思想的碰撞、学术问题的探索、学术成果的形成等都会在课程组中展开。良好的课题组环境，包括和谐的人际关系、群策群力的合作精神、前仆后继的学术勇气等等。随着科学事业的发展和进步，科研工作所涉及的知识面越来越宽，其复杂程度也越来越大，单个学术人员的孤军奋战已经不能胜任学术工作的要求，在学术领域个人独立研究正让位于合作研究。只有课题组中充斥着融洽的气氛，才能集合所有高校教师的智力，更快、更好的取得学术成就。

3．充分的权利保障

为了提高高校教师从事学术工作的积极行和主动性，高校需要为教师提供充分的权利保障。首先，对高校教师物质权利的保障是基础，高校教师作为在现实社会的人，自身及其家庭需要消耗物质资料。这就要求给予不从事物质生产专以知识传递、创造为业的高校教师一定的物质保障，使得自己与家庭成员衣食无忧，从而能够全力以赴的从事科研、教学等学术活动；其次，对高校教师学术自由权利的保障是关键，高校教师是以知识传递、创造为职业的，他们选择何种方式研究何种领域都是以其专业知识为基础而确定的，他们最清楚自己的研究突破口在那里，自己的研究期限多长，他们的专业知识与道德良知使得他们在职业活动中有很高的自律性与公益性，不需要外界过多的干涉与规划。宽松自由的学术氛围才有助于教师迸发创造的激情，凭借自身专业知识向未知的领域开拓前进；此外，保障高校教师获得尊重的权利是杠杆。

高校教师的劳动造福全人类，惠及千秋万代，他们兢兢业业的工作应该得到尊重，尊重是撬动高校教师创造力的杠杆，广泛的尊重可以使高校教师在科研、教学活动中感受到更大的动力和更强的责任感，从而迸发工作的激情和创造的灵感，最终使高校教师学术工作事半功倍。

（三）高校教师拥有较高的综合素质

1．职业道德素质

高校教师的职业道德，是高校教师在科研工作中应遵守的行为准则。良好的高校教师职业道德主要包含三点：

第一，热爱人民科研事业。具有较高的责任感、使命感和科学的世界观、人生观、价值观，并能够以自己崇高的理想、高尚的思想品德、渊博的知识、大师的风范，激励高校生锐意进取、奋发图强。

第二，具有为人师表的人格魅力。遵循科研规律，拥有治学严谨、与时俱进、开拓创新、求真务实的治学态度和学术精神，并树立终身学习的思想，不断充实，不断进取，为学生树立学习和创新的榜样。

第三，勇于探索充满创新精神。能够在教学和科研中推陈出新，营造探索未知、追求更远的学术氛围，勇于创新是知识进步和学术进步的基本动力。

2．知识素质

知识是高校教师为师从教的基本条件，也是开展学术研究的前提条件。在理想的高校教师学术生态环境中，高校教师应具备的知识素质应包括两个方面：第一，广博的基础知识。科学技术的日新月异，学科发展呈现出相互渗透、相互交叉，综合化、立体化的趋势。高校教师具有广博精深的知识基础和文理渗透、理工结合、专管相通的才华，才能为专业知识的研究和进一步开发奠定雄厚的基础，使学术工作达到相当的深度和广度。第二，精深的专业知识。具有本学科系统而坚定的理论基础，具有较高的理论水准，能及时掌握本学科发展的前沿，为更深层次的学术研究做好铺垫，并不断更新和优化专业知识结构，具有稳定的研究方向。

3．能力素质

高校教师应该具备的理想的能力素质包括 5 个方面：

第一，表达能力。知识通过传递获得生命，对知识和学术成果的表达能力是高校教师必须具备的能力之一，包括书面表达和口头表达，对于高校教师学术工作来讲，表达的逻辑性、严谨性和感召性越强，越有利于学术成果的公布和交流，交流越通畅也就越容易产生新的创新思想。

第二，思维能力，包括逻辑思维能力、直觉思维能力和发散思维能力。高校教师是脑力劳动者，脑力劳动的核心是思维。教师只有具备了一定的逻辑思维、直觉思维和发散的思维能力，才能更快更好地探索和发现新的理论和现象，才能对问题做出及时、准确地判断，并提出恰当的、富有创见的解决方案。

第三，信息处理能力与学术更新能力。高校教师的信息处理能力，一是指接受、加工、处理信息的能力。二是善于利用信息进行预测判断，做出决策的能力。此外，信息化社会的到来，迫切要求高校教师具备较强的学术更新能力，即不断补充学术积累、拓展学术视野、更新学术理念的能力。一个优秀的高校教师除了以高质量的学术研究作为专业支撑外，还要对自己知识体系中的既成观念和思想进行系统的、经常性的反思，不断澄清知识的现实价值，以清除自我学术更新的障碍，唯有如此才能推进专业发展，并以深厚的底蕴保证高质量的学术研究。

第四，实践能力。高校和社会产、学、研一体化的发展趋势，强烈要求高校教师实践能力的提升。较强的实践能力，一方面有利于更好地发挥科研的社会功能，为社会政治、经济、文化等的发展培养所需的各种人才；另一方面也有利于拓展高校的社会服务职能，充分展现高校教师的智能优势，加速学术成果的转化，使高校教师能够以更为直接的方式投身社会建设，为社会发展与经济建设做出更大的贡献。

第五，语言运用能力与适应能力。“知识无国界”，学术成果只有通过了世界范围的审视，才能更加接近真理。随着我国开放脚步的加快，学术国际化的趋势越来越明显。语言是交流的媒介，学术的国际交流在层次上不断加深，在范围上不断拓展，因此，高校教师具有良好的语言学习和运用能力，是其参与学术国际交流的基本要求，也是学术成就获得国际认可的基本保障。

4. 身心素质

身心健康是高校教师从事教学、科研活动的最基本的素质。当今社会是一个充满竞争与压力的时代，现代文明加快了人们的生活节奏，进而使社会工作者的心理负担加重甚至超重。高校教师除了繁重的教学任务，还要从事学术研究、社会服务等工作，在这种“高压环境下”，高校教师只有具备了健康的身心素质，才能取得长足的发展。

首先，高校教师应该拥有健康的体质。健康的体魄，充沛的体力，是高校教师开拓科学领域、加强教学实践、创新学术成果以及适应外界环境各种变化的物质基础。只有保持身体健康，才能胜任长时间、高强度的教学、科研任务以及社会服务工作。

其次，高校教师还应具备良好的心理素质。随着社会主义市场经济体制的确立，竞争机制被引入到高校之中，教师面临着来自学校、同事、学生和家庭的多重压力，这就要求高校教师具有良好的抗压和自我调节能力。能够在失败和挫折面前冷静地分析原因，认真总结经验教训，以坚强的意志和顽强的毅力去克服困难，摆脱困境；能够在压力面前适时适宜地调试自己，善于控制自己的情绪，始终以一种平和、向上的心态面对环境的变化，只有这样才能在工作中充分发挥自己的才能与潜力，才能逐渐缓解压力，变被动为主动。

二、高校教师学术生态的不良现状

（一）学术的遗传与变异矛盾突出

遗传与变异是生物界对立统一的一对矛盾，是生物进化的动力，同样在学术界，学术的遗传和变异，即学术的因袭继承和创新发展，也是学术进化的动力。高校本应是一块探求真知的净土。

然而，近些年来，学术工作的科学态度和求实精神被一些人扭曲，导致学术的遗传与变异矛盾逐步凸显，表现为两个方面：

第一，学术剽窃。所谓学术剽窃，就是将对他人学术成果的继承，当成个人对相关学术的创新，是未经著作权人许可擅自抄录他人作品并以自己名义予以发表、使用，从而侵犯学术论文著作权的不法行为。学术剽窃的行为方式有多种，包括擅自发表他人论文、擅自修改他人论文、擅自进行网络传播、歪曲篡改论文内容、擅自增删署名等等，其中抄袭是学术剽窃的主要方式。从 2002 年的北大教授王铭铭《想象的异邦》，到原著名中国作协副主席叶辛酿成的“2005 文坛第一剽窃案”，到 2006 年中山高校两位教授被举报在申请国家863项目时，剽窃了他人的科研成果，再到2007年复旦高校自揭家丑向全校师生通报该校发生的三起学术剽窃事件，学术剽窃案件层出不穷，学术剽窃之风欲罢不能。

第二，学术的“近亲繁殖”。遗传学中有近亲繁殖（in-reading）与远缘杂交（out-crossing）两种截然不同的现象，近亲繁殖的后代不但亲本来的优势得不到遗传，亲体具有的劣势反而会更强烈地在子代身上显现，进而导致物种退化；而远缘杂交则会使后代集中亲代的优势，促使物种的进化，这是自然界中一切动物和植物共同的遗传特点之一。

所以，无论是在人类或是动植物繁殖中，近亲繁殖都是严格禁止的。于此相类似，学术界的“近亲繁殖”则主要是指学术工作者之间一脉相承的师承关系或学缘关系。一般认为，当一个学科、专业或学术研究团体的成员具有师承关系，或来自同一所学校甚至同一导师时；或更为严重地，整个学科和专业的成员都具有由师生渊源时，则这一学术研究群体，就属于“近亲繁殖”学术组织。学术界和生物界虽然界限分明，却也有不少相似之处，从一定意义上讲，为了学术的繁荣和创新，高校中学术“近亲繁殖”现象也是应该加以限制的。然而，据调查，目前在我国高校内部，教师的“近亲繁殖”现象十分严重，据2005年的一项调查显示，在全国高校教师中，“本校毕业任教本校”的占27.4%，本校本学科毕业任教本校本学科的占21.1%。这不但阻碍了学术思想的交流和传播，而且使得学术思想极易产生排外倾向，滋生学术腐败。

（二）高校教师学术生态体系失衡

在生态学中，一个稳定的科研系统表明科研系统的结构与功能、物质、能量和信息的输入输出都处于相对稳定的状态。当物质输入和输出急剧变化甚至超过自身调节范围时，就会引起科研系统结构和功能紊乱，使整个科研系统的平衡被打破，即出现失衡现象。我国高校教师学术生态失衡的表现主要有以下几个方面：

1．社会学术需求与高校学术成果供给失衡

科学技术是学术研究的结果，是人类对物质世界求得解释的产物，是社会需要的体现。现代社会令人咋舌的科技的发展，就其内容和方向，连同它们发展的速度，以及科学技术一体化而言，无不是社会需求不断得到满足的结果。因此，学术的发展离不开社会需求这一初始动力，学术应以服务于社会需求为根本目标，也就是说，学术只有通过“求是”达到“致用”的目的时，才能体现出其自身的价值。所以，高校作为学术的供给方，应该在了解社会需求的基础上组织实施教学、科研工作，以期达到社会学术需求和高校学术成果供给的平衡。在科技进步日新月异的现代社会，社会急需的学术是能极大推动人类社会物质和文明进步的学术，它更加注重学术的开拓性、创新性和实用性，对学术质量的要求胜过对学术数量的要求。

可是，一个时期以来，高校内许多教师所进行的学术研究，并非以满足社会需求、学术进步为目的，而是出于种种非学术目的，有的为了晋升专业技术职务，有的为了捞取学术资本，这使得高校教师的学术研究成了一种获取个人功利的手段。于是大量肤浅、重复、老生常谈的“学术”便随之而来，这直接导致高校教师学术工作的成果偏离了社会学术需求，一方面，大量的粗制滥造的学术成果的价值得不到社会承认；另一方面，社会所需要的学术无人探讨。在学术繁荣表面现象的背后却是社会需求的冷落和学术成果的供求失衡。

2．高校中学术权力和行政权力失衡

高校内部事务可以分为学术事务和行政事务。与此相对应，高校内部存在着两大并行的组织结构系统：行政组织系统和学术组织系统。这两大系统构成了高校组织结构的两维，并形成了各自的权利领域，即行政权力与学术权力。学术权力（Academic Power）是指在高校对学术活动的管理与统治权力，它涉及学术组织的层次、学术权力机构的模式结构及其对学术管理的影响力。

权力的主体是指高校从事教学、科研的人员，权力的客体是指学术活动和学术事务。行政权力（Administrative Power）是指高校依靠包括国家法律、政府意志、社会要求、学校规章制度等制定的强制性管理手段，是影响及支配高校内部成员和机构的一种权力形式。权力主体是指高校行政人员，客体是指高校内部成员和机构。高校中的两种权利各有其行使的范围，两种权利各司其职才能各显其能。但是，目前许多高校中学术权利和行政权力的界限却比较模糊，两种权利出现了错位。

一方面，行政权力对学术权力干涉过多。我国高校内部大都采取自上而下的行政管理方式，用行政管理的逻辑和方式来管理高校，按行政组织的方式对院校系进行权力分配，并赋予相应的行政级别。这使得高校里的学术组织也泛化为行政组织，而学术权力却缺乏必要的制度保障，导致学者影响决策的途径和方式受到限制，行政权力对学术事务干预过多，使基层的自主权受到限制，最终抑制基层创造性的自我发挥，阻碍高校学术的进步。

另一方面，学术权力的行使有失偏颇。学术权力的来源是学者的科学真理与专业知识，是以权力行使者所掌握的学术知识和具有的学术背景为基础的。然而，一些掌握学术权威的学者对此认识却不够到位，当学术研究中遇到异己的观点、不同的意见时，少数固执己见、学术素养较低的学术权力人便会变相的利用手中的学术权力压制和排挤异己，扰乱学术自由。此外，高校中许多学者同时肩负着学术权力和行政权力两项重任，有些人为了满足自己的利益，便打着学术的幌子暗地干涉行政工作，于是学术失范、学术越轨、学术腐败现象层出不穷。

3．高校学术组织结构和功能失衡

高校学术组织的结构是高校内部各种学术性机构的构成、排列与组合状况及其相互联系、相互作用的方式；高校学术组织的功能则是指高校学术组织在促进教学、科研和社会服务等学术生产中所起的作用和效果。组织结构是一个组织的核心，在组织的构成成分相同的情况下，不同的组织结构将产生不同的组织功能，成就不同的组织性质，使组织呈现出不同的形态。我国传统的高等学校学术组织结构是院、系制，在学院下设立系，同时负责人才培养和科学研究，而以教授个体为教学和研究的主体。

但随着现代科学技术的进步，学科之间的相互渗透越来越明显，逐步形成了学科之间交叉、融合的网状结构。而传统的高校学术组织，一方面，过分强调分工，忽视人员整合，不利于高素质人才的培养和科学研究的综合化；

另一方面，管理层次过多，信息交流低效，不利于学术人员对科技前沿信息的传达和掌握；此外，明显的科层结构使高校学术组织表现出僵化的特点，难以通过迅速调整自身状态来适应各方面的变化，这不符合现代科技发展的要求。

4．高校教师学术投入与学术产出失衡

高校教师学术投入是高校教师在进行学术研究工作过程中所耗费的人力、物力、财力等的总和；高校教师学术产出是高校教师通过一系列学术投入所取得的教学、科研成果及其价值。生态学认为，表征科研系统中种群健康发展的重要因子）种群数量和质量两者是辩证的、统一的：一定的种群数量是质量的基础，没有一定数量，质量就无从谈起；质量是关键，没有质量，再多的种群数量也没有任何意义。

首先，从课题完成时间看，国家社科基金的课题和省、市一级课题，统统都严格规定完成时间，逾期受罚。这种规定的实际结论是，能够在规定时间内完成的学术就是好学术，否则就不是好的学术，应该受到惩罚。结果，一部分人投机取巧、东拼西凑按时接受验收，结果得到肯定；另一部分人，勤勤恳恳、深入钻研，却延误了时间，结果受到惩罚。学术研究的投入与产出竟然荒唐到成反比的地步，显然，这是一种学术投入与产出的极大失衡。

其次，从论文发表数量看，绝大多数学校要求硕士毕业前必须发表一篇论文；博士毕业前至少要发三篇论文，至少一篇发在国际学术刊物或中文权威期刊上。此外，各高校教授职务评审的必备条件也规定了省级以上刊物论文、国内中文核心期刊论文、独立出版学术专著等等的必要数量。这种以成果数量的比拼来决定学术地位的评价方式，使得一些不负责任的高校教师为了急功近利，以凑够数量为目的，在学术工作中偷工减料，缩减必要的人力、财力、物力的投入。而信奉质量至上的教师，力求成果的价值，加大各项投入，最终却是“干好干坏一个样”，体现不出投入与产出的差别，这也是高校教师学术投入与产出的失衡。

5．高校教师教学与科研关系失衡

对于高校教师来讲，教学和科研同为其学术工作的重要组成部分。但随着科研地位的强化，许多高校认为，科研水平是高校办学水平和综合实力的反映，只有重视科研，多出、快出重大科研成果，才能为学校更多、更快地带来声誉，学术声誉又会为学校吸引更多的资源和机会，如学术声誉高的学校更易获得科研课题、经费资助等。这就使得重科研、轻教学的思想在高校中普遍存在。教师为了附和高校的理念，提高自己的工作业绩，获得他人与社会的认可，就极为重视科研工作的参与，而相对忽视了教学工作的价值。这样就导致了较严重的后果：少数教师不重视教学甚至忽视教学工作，专注于自身的发展与提高，过多地考虑论文发表和科研经费取得的数量，而在教学中却不思进取，教学工作的质量难以保障。

此外，近几年，大多数高校在评定职称和对教师进行奖励时，采用量化考核的办法，分别对科研工作量和教学工作量制定量化考核细则。由于教学和科研工作的性质不同，科研成果比教学成果容易用量化指标考评，导致教师的教学效果和科研成果，很难在价值评价上达到平衡，这样就容易使得科研成果的价值比重被夸大。这种导向使一些教师不得不在现实面前做出抉择，为了自身的发展和利益，可能会选择对教学工作敷衍了事，而将大量时间与精力投入科研，这样便会使得教学质量有所下降。同时，仅为早出成果、获评职称而浮躁地进行科研的行为，又偏离了科研的最初目的，最终也必将失去科研对教学的促进作用，对提高教师的学术水平也无益。

（三）高校教师学术竞争过度

高校教师都存在于高校教师学术科研系统之中，但高校教师学术资源的有限性和高校教师这一学术主体生态位的重叠，使得高校教师之间必须互相竞争以获取资源。在高校教师学术科研系统中，高校教师之间，甚至高校教师与学术环境之间本应具有一种积极合作、相互依存的关系。

如高校教师教学中，教学方法和教学手段的交流；科研工作中，跨学科攻关和多学科合作；建设重点学科时，对相关学科发展的关注等，这些都是高校教师之间共生互利的例证。但高校教师学术科研系统中资源的有限性、高校教师生态位的重叠性，使得高校教师必然会为谋求生存和发展而开展竞相争斗、相互排斥。所以，高校教师学术科研系统中高校教师之间普遍存在着竞争的关系。在文明的人类社会，竞争不可能完全套用生态学意义上你死我活、相互残杀的竞争，而应提倡以合作为前提的正当、合理的竞争，也就是说，虽然高校教师学术生态中各高校教师之间的利益存在差异，但它们的整体利益应是一致的。但目前我国却出现了高校教师之间学术过度竞争的局面。

马斯洛的需求层次理论告诉我们需要和动机是紧密联系在一起的，动机是在一定的需要基础上产生的。高校教师学术竞争的行为是高校教师谋求自身利益需要的一种方式，在竞争中取胜即意味着利益的取得。高校教师间适当的学术竞争能够提高教师的业务素质，并促进高校各个方面的发展。尽管如此，我们也应看到高校教师竞争过度的不良后果。首先，学术交流较为保守。高校教师的学术成果是其成就的载体，代表着高校教师的竞争力。然而，学术成果的取得需要高校教师垫付大量的心血和时间，将其公布于众是学术生命的延续却也给高校教师带来了风险。学无止境，学术不可能是完美的，取得较高成就的人无一不是站在巨人的肩膀上，将巨人的理论加以发展、完善，但名誉和利益上的胜利却只属于后来者。

于是，在激烈竞争的环境中，越来越多的高校教师不愿意去做默默无闻的巨人，不愿意为别人提供肩膀，在学术交流中知而不言或者言而不尽，这就导致学术交流流于形式、过于保守，在一定程度上阻碍学术的进步和发展；过于激烈的竞争和对在竞争中取胜的强烈渴望，使得部分急功近利的高校教师开始探求取得成功的捷径，寻找竞争评判的漏洞。于是，质量、价值和学术渐行渐远，人们开始追求数量、规模、效率，原来意义上的学术竞争随之变成了由数量堆砌成学数竞争。更有甚者，利用金钱和人际关系，将一些低级的抑或是剽窃来的文字刊发出来并冠以学术之名，严重扰乱了学术竞争的正常秩序。

（四）高校教师学术道德失范

学术道德失范是指学术人用不符合学术道德规范的手段来实现自己的文化目标（荣誉、职称或金钱等），即学术人或学术管理者在伦理方面违背学术规范的行为。近年来，学术界违反学术道德的事件日益增多，而高校则是学术失范的重灾区。高校教师学术道德失范主要表现出三个特点：

第一，浮躁性。学术研究本应是扎扎实实、潜心研究的过程，是逐步积累、循序渐进的过程，不可能一蹴而就。然而时下有些高校教师却急于求成，想走捷径。他们在缺乏经验积累、材料积累，缺乏扎实功底，缺乏深入调查研究的情况下，急于撰写论文或专著。因为胸中无墨，就只好东拼西凑，或者干脆照抄照搬了事。更有甚者声称已写了几百篇论文，几十本专著，可是认真翻看其作品，却难得发现有价值的东西，仅仅是重复劳动而已。

此外，这种浮躁性不仅存在于写作之中，还存在于各种学术评价之中，包括职称评审、科研立项评审、优秀作品评审、学术单位的等级评估等。在这些评审（评估）中，有些评委并不是按规定专心专意地查阅申报者的材料，客观地据其水平高低确定取舍；而仅仅是浮光掠影地翻阅材料，然后根据其关系的亲疏或个人的好恶来取舍。

第二，欺骗性。凡是虚假的东西，都需要蒙骗才能过关。抄袭的论文、著作，浮夸的实验（或调查）数据，虚假的文凭、学位，要社会予以认可，非蒙骗是不能达到目的的。于是有些高校教师便采用移花接木、东拼西凑、冒名顶替、秘密交易、暗箱操作等手段进行作弊，

第三，甚至做得天衣无缝，叫人难以识破。靠此手段，有些人轻而易举地评上了职称，有些人甚至当上了博导或某专业的学术带头人。

第三，投机性。学术研究本应该是以探求真理、寻找事物发展规律为出发点，以造福于人类社会为目的，离开了进取精神和献身精神，是难有作为的。然而高校学术道德失范者的动机并不是真正扎实地从事学术研究，而是以学术为名义搞投机，做交易，达到一本万利的目的。这部分人将原本应该花费在对真理和知识研究上的精力转移到对学术权利和学术风向的研究上，期望通过捷径达到自己升职、获奖的目的。高校教师学术道德失范的这三个特点相互联系，互为因果，对学术精神乃至社会文化的危害是极其深刻和严重的。

第五章　高校教师循证评价

第一节　循证管理理论

一、循证管理的起源

一般认为，管理科学化历程始于19 世纪末20 世纪初，一些管理实践者的相关探索，如美国人泰罗对如何提高工作效率的研究，法国人法约尔对组织管理活动的普遍性和独立规律的思考，标志着管理活动从经验管理向科学管理的演变。现在，一个多世纪过去了，管理理论经历了古典管理理论、行为科学和现代管理理论三个阶段，出现了社会系统学派、决策理论学派、管理过程学派、系统管理学派、经验主义学派、管理科学学派、经理角色学派、权变理论学派等诸多学派，形成了庞大的管理学知识体系（黄建速和黄群慧等，2005）。

然而，准确地说，这是管理理论研究的发展，并不完全等价于管理科学化的发展，因为，管理科学化最终要落实在管理实践中。一直以来管理科学化都没能很好地解决的一个问题，就是如何将管理研究得出的科学规律与基本原则真正应用于管理实践，以指导管理实践真正循着科学的轨道行进。

科学与实践之间的鸿沟由来已久且十分普遍，以至于人们对于这条鸿沟是否能够缩小已感到有些绝望。就管理科学而言，管理研究者与管理实践者似乎生活在两个相互隔离的世界中。许多组织的管理实践并没有按照已为管理科学研究所证明的、与员工生产率和企业财务绩效正相关的过程进行。很多企业的一些管理方式只是来自。

信念、恐惧、迷信和没有头脑的仿效。管理者常常用陈旧的知识、个人经验、专业技能、夸大的广告宣传、呆板的教条信念以及盲目的模仿来替代。实证依据。他们相信管理大师、咨询专家或成功企业家的管理理念，却从未深究这些理念背后的逻辑证据。造成这种现象的原因仍然是科学与实践的分离。在从科学管理思想诞生至今的一个多世纪里，虽然我们一直在努力将科学与实践联系起来，却始终苦于没有一个具有指导意义的愿景或模式。

然而，在过去的十多年里，医疗保健、科研、营销、心理等领域正努力以循证实践（evidence-based practice）的方式来解决这一问题。这些实践启发了一些具有社会责任感的顶尖管理学者，他们纷纷撰写富有创见的文章倡导。循证管理。（evidence-based management）。正如 Rousseau（2006）所说："在我看来，循证管理提供了我们所需的模式，它可以指导我们弥合科研与实践的鸿沟。"于是，循证管理成了管理领域倡导以循证实践促进管理科学化的新思潮。

二、循证管理实施程序

（一）确定管理实践中的问题

确定管理实践中的问题是循证管理的第一步。而提出的管理问题的意义及合理性直接关系到证据收集和评价。因此，提出的管理问题在整个循证过程中起着指导性作用。问题常常来源于管理实践，循证管理问题可以涉及管理实践活动的所有过程，如管理活动实施、效果和及危机预防的等方面。循证管理提出的问题，就其研究性质而言，大致划分成如下两种：

1．实践性问题

此类问题是管理实践人员在日常经常能够遇到，并需要立即着手解决的问题。如企业急需要采购一批原材料用于生产，必须即刻回答以下问题：（1）如何寻找供应商？（2）如何评价和选择供应商？（3）采购量是多少？但是对于此类问题，只能针对每个管理活动个体，采用个体化管理措施。因此，在实践中提出和回答此种循证管理的问题，管理实践人员个人实践经验特别重要。

2．研究性问题

此类问题是在管理实践领域内常遇到但不需立即解决的问题。如生产性企业内部中关于产品缺陷控制和原因的问题。此类问题适用于具有同类问题同种状况的企业或组织群体，而该类问题提出和回答需要许多管理实践人员共同的参与和长期的管理实践。随着科学研究的进展，原有的管理知识和管理经验已经不足以回答所有的管理实践问题，同时针对一个问题的答案也不是永恒不变的，新的研究结果常常否定以前的结论而使我们对一个管理实践问题的认识不断得到升华并不断接近真实。因此，只要管理实践人员抱着谨慎怀疑的态度，通过认真的观察，仔细的收集相关资料并分析管理对象的实际情况，就不难提出管理对象存在而且需要解决的有效的管理问题。

（二）系统的文献检索

循证管理强调证据。获取可信赖的科学证据是实施循证管理的关键。首先应将管理问题分成若干要素，针对问题选择合适的关键词及检索方式，如文献数据库、搜索引擎、电子期刊、重要网站等等，然后进行文献检索，准确判断检索结果的适用性，未得到满意结果，必要时应再次检索以获得国际、国内上有关的最新研究证据。

（三）严格评价文献

在循证管理中，证据的质量是循证根本。在管理实践中，各级管理者可以结合管理实践问题寻找最佳证据，但多数管理者在应用证据结果时并未严格评价证据的真实性、可靠性和实用性，这样一来就有可能被低质量的证据所误导。之所以要对证据进行严格评价，主要是因为：（1）证据来源复杂，质量良莠不齐。（2）企业或组织本身有其特殊性，滥用和乱用证据往往能够给管理实践带来不可估量后果。因此寻找最佳实践证据时应该采用科学的评价原则和方法对文献或研究证据进行分类和评估，从而获取可靠、真实、实用的最佳证据。

（四）证据的应用

在管理实践中，绝对找不到情况完全相同的管理对象。对于同一问题，即使同一企业和组织在不同时期所表现出来的现象和特征也是截然不同。同时，循证管理是研究证据、具有足够管理实践经验的人员和管理对象（企业或组织）三者的有机结合。因此，当收集的研究证据经科学评价后，不应盲目遵从研究的结果，而应将最佳证据与管理者的知识和经验结合。同时考虑到企业或组织的实际需求，来进行具体的实践管理决策，从而确保管理工作科学、高质量地完成。

（五）实践效果的动态评估与改进

效果评价是管理活动实践的最后一步，也是循证管理活动中检验证据效果的关键一步。循证管理、遵循证据，但绝不迷信证据。通过以上四步管理实践活动后，管理人员应对实践效果进行具体的分析和评价。评定管理方案，总结成功或不成功经验，取长补短，从而对管理手段进行改进，达到提高认识、丰富知识、提高管理质量的目的。同时，效果评价的另外一个目的是通过效果评价活动的个体研究。以提高相同或类似情况下最佳证据对本企业或组织的有效性及最佳性，从而大大提高重复出现同一现象的处理效率。

三、我国开展循证管理的思考

循证管理就是遵循最佳的科学依据进行管理的实践过程。随着循证管理的内涵和外延的不断丰富，管理理念将从主观管理向循证管理转变，管理模式将从传统的经验模式向循证实践的模式转变，从而提高了管理的科学性、针对性、有效性。循证管理适用于任何类型的组织管理，其目的是提高管理实践者的科学决策能力。

在国外，循证管理主要用于公共部门管理，如教育管理、图书馆管理，尤其是卫生保健部门的管理，目前国外学者正尝试将循证管理运用于营利性组织的管理。循证管理在困外的应用成果为其在我国的开展带来了丰富的经验，也为其在我国的推广打下了坚实的基础。尽管循证管理为我国提高管理水平提供了新的机会，但它在我国的开展过程中也面临一些挑战。

首先，是循证管理思想的认同感问题。循证管理产生和发展的时间较短，尤其是在管理领域，经验学说为大众所接受和认同，管理实践者，尤其是管理咨询人员还不了解或未接受这种有效的管理方式，证据在管理过程中很少受到重视。因此，在推进我国的循证管理实践过程中，应着眼于所有咨询机构、诊断师、咨询师、管理者都能学习和掌握循证的理念和方法，将循证管理的思想自觉地融入自己的日常工作和学习中，自觉地循证进行决策和管理实践。使管理者的每一个管理决策、每一项管理措施和手段，都必须有据可循，使其运作过程更加细致和规范。

其次，是关于有效证据的获取和利用。循证管理在世界，尤其是我国尚处于起步阶段。一方面，在我国开展循证管理，既缺乏高质量的证据，又缺乏查寻和评价最佳管理实践证据的条件和经费。由于国内的许多信息不够规范，质量不高，缺乏实践参考价值，而面对国外大量的研究文献，许多管理者缺乏必要的计算机应用技能和网络信息检索技术，以及语言上的障碍，在没有形成有效案例研究分享机制的条件下，不同国家和地区的管理者将难以分享这些成果。

另外，管理和决策的制定是一个复杂的过程，受到许多因素的影响，其中包括意识形态、政治和文化背景、传统的价值观念等。国外的许多证据的社会背景、人文环境与我们不同，在利用这些证据进行决策时，必须结合个人的经验，充分考虑我国的国情，这样才能避免管理决策的偏差。也正是鉴于上述原因，国内仅有少数管理实践人员在探索进行循证管理研究与实践。但是，随着因外循证管理研究领域的大规模开展，及循证管理的效果的展现，相信循证管理的理念和证据，终将在不久的将来为大家所采纳接受，并加以运用。

四、循证管理——弥合管理科研与实践鸿沟的新范式

按照 Rousseau（2006）的定义，循证管理是指将建立在最佳科学证据之上的科学管理原理转化为组织行为。通过循证管理，管理者成了专家，他们做出的组织决策是基于充分的社会科学和组织行为研究成果之上的。使专业决策从基于个人偏好和不系统的经验转变为基于最佳科学证据，这将成为一个时代的思潮。从这个定义中我们可以看出，循证管理的中心思想就是要把管理决策和管理活动牢牢地建立在科学依据之上，纳入科学原理的指导之下，

从而真正实现管理的科学化。

循证管理是一种决策范式，它将最佳研究证据与决策者的专门技术以及顾客的偏好整合起来，从而将实践导向更为理想的结果（Rousseau，2006）。循证管理有三个基本特征：

第一，它要求决策必须是基于真正的事实做出的。许多企业以及政府组织都置事实于不顾，相反，他们的行为依赖信仰、意识形态、随意的标杆，依赖他们的一厢情愿，依赖他们过去的经验以及他们似乎擅长的东西，总之，依赖所有的东西，就是不依据事实。

第二，循证管理意味着一种承诺，即听取事实真相、获取事实数据，并以此作为行动指南。

第三，循证管理意味着将组织视作尚未完善的原型，进而不断地试验与学习。所以，循证管理主要就是要培养一种正确的心智模式，一种学习与探询的心智模式。

具体来说，循证管理的思想实质表现在三个方面。

（一）关注事实

决策质量是可获得事实的函数，在制定管理与组织决策时，需要可靠、有效的信息（Rousseau，2006）。针对企业管理人员不以事实为决策依据，而盲目听信一些管理大师的管理传言的现象，Sherman（2002）批评道：我们都有资格表达自己的观点，但我们没有资格拥有自己的事实。也就是说，观点可以是主观的、个人的，而观点据以产生的事实则必须是客观的。

以经验、智慧或者个人资历为基础，来判断什么是可行的、什么是不可行的，这种做法是不可取的。我们在决策时首先要问的应该是，证据是什么？而不是，这是谁说的？因为几十年来的归因偏差研究显示，我们对于自己成功的原因很难做出无偏差的判断，通常将成功更多地归功于自己。在这一点上，管理大师也不能免俗。

现在有太多企业的经营理念都建立在一些有瑕疵的。最佳实践上，而这些所谓的最佳实践。所提供的却都是一些肤浅、不堪一击的错误信息。如果企业领导人根据这些可疑的信息来做决策，则无异于将自己的组织置于悬崖峭壁的边缘。企业不能只追赶潮流，盲目听信不实的管理传言，而应该根据事实证据，深思熟虑、充分质疑，以自己的智慧来实行循证管理，找出自己特有的最佳实践。

证据可分为大证据和小证据。大证据指的是派生于科学方法、关于因果联系的普适性知识（比如，具体的目标比一般或模糊的目标能促成更高的成就）。小证据具有局部性，指的是在特定环境下系统收集的可用以指导局部决策的数据。俗话说得好，事实是我们的朋友，就具体的问题积累相关信息的局部努力常常会使问题得到更有效的解决。虽然依靠科学原理进行决策的决策者更可能系统地收集事实依据，以便选择合适的行动路线，但是收集事实依据（小证据）并不必然导致决策者运用科学知识（大证据）来解释这些事实依据。但是，无论如何，对局部事实的系统关注能推动管理者去寻找能解释他们所观察到的现象的科学原理。

（二）关注执行

在高度竞争的环境中，好的执行与管理者做出的战略选择一样重要。循证医学盛行的医疗领域就是因为强调科学证据，所以在制定医疗管理的指导方针时，总是将社会科学和组织学有关执行的研究成果作为参照系。而在管理领域，科学研究发现的科学规律在管理实践中的应用状况却并不乐观，科学原理与方法得不到有效执行已经成为制约管理绩效的一大瓶颈，所以，以大量可获得的研究成果来指导有效的执行是循证管理的一个强烈诉求。

为什么一些被学者们认为具有技术功效的管理方法往往得不到执行呢？原因至少有三点：第一，管理人员将其工作设想为管理类事务而非技术创新，结果，他们可能选择技术非效率的干预，最终导致管理创新滞后于技术创新。第二，研究者通常只从技术的角度来论证管理工作，而忽视了社会情境对执行管理创新的重要影响。第三，危机、组织政治、竞争性创新源、政府管制以及制度因素常常会使技术优势变得暗淡。

在任何组织情境中，忽视权力与权威的作用以及政策制定者在决策时对各种因素进行权衡的必要性，都是天真幼稚的。所以，一方面，管理实践者要有科学的眼光和头脑，善于用科学证据来指导管理实践；另一方面，管理研究者也要想到，任何经济管理活动都是根植于社会环境之中的，会受到社会因素的影响。简言之，这里涉及管理科学知识的转移问题，本文将在后面详细讨论这一问题。

（三）关注学习

循证管理的一个必要条件就是管理者学习并接受科学证据。与医疗、科研、法律不同，管理并不是一种真正意义上的专门职业。管理者无须通过专门的管理科学知识学习和考试，无须取得执业资格证书，便可从事管理工作。因此，当没有管理学知识背景的人走上管理岗位以后，如何让他们加强学习就显得尤为重要。

既然管理者的决策对企业的命运具有重大影响，那么管理能力就是一种决定性的且通常是稀缺的资源。管理能力的提高是重视循证管理的必然结果。管理者需要真正的学习，而不是时尚或错误的结论。当管理者对支配组织和人的行为的原理有了系统的了解之后，他们所学到的知识就是有效的——可以在不同的时间重复使用，并且可以推广到不同的情境之中。这样，管理者所学到的知识就不太可能是错误的。

如果管理者缺乏有关自己的决策所产生的组织后果的必要信息，那么，他们就很可能由于感性认识的偏差和误解而误读经验。循证管理能导致有效的学习和持续的改善，而不是基于错误假设之上的充满波折的职业生涯。

这里所说的学习，既包括管理者的学习，也包括组织学习：

首先，要允许尝试一些或许能成功或许不能成功的事情，换句话说，必须容忍失败。今天能做到这一点的企业不多。

其次，必须安排反思的时间，鼓励事后检讨。这是一种评价对与错以便日后更有效率的方法。很多组织抱怨它们没有时间做这些，或是抱着事情过去了就过去了的态度，结果是它们不断地重复同样的错误。还有许多组织害怕检讨，因为在它们的组织文化里，批评某人没有做好某事，会危及批评者的职业生涯。结果，没有人讨论事实真相，改进的机会也因此而失去。所以，循证管理就是要将组织视作一个尚未完善的原型，进而不断地试验与学习（Pfeffer 和 Sutton，2006）。

综上所述，循证管理具有以下特征：（1）洞察专业实践的因果联系；（2）对影响理想结果的可测因素进行独立考察；（3）创造循证决策和科研参与的文化氛围；（4）通过组建信息共享团体来避免对某些具体实践方法的滥用、误用或是利用不充分的现象；（5）建立决策支持系统，促进那些已为科学证据所验证的实践的广泛应用，同时开发使决策更容易实施或完成的方法与技巧；（6）使个体、组织和制度因素都有利于促进知识的获取与应用（Rousseau，2006）。

五、知识转移——实现循证管理的关键因素

如前所述，循证管理思想来源于两个方面，一是一些有社会责任感的管理学者对管理科学化的思考与追问，二是医疗、科研、法律等领域循证实践的启发。然而，管理者无须通过严格的专业学习和考该便可从事管理工作，这就使得许多实际从事管理工作的管理者在受科研背景上就先天地缺乏管理科学知识的积淀。而在实际工作中，大多数管理者获取信息的首要途径是咨询其他管理者，其次是咨询管理顾问甚至新闻工作者，而阅读管理学术出版物的管理者少之又少。

在为管理者和决策者提供思想和建议方面，管理学术研究者的影响正日趋式微。管理科学知识与管理实践的鸿沟仍然普遍存在，管理科学知识向管理实践界的成功转移是循证管理得以实现的第一要素。

（一）管理科学知识缺乏转移的原因

一段时期以来，在为管理者和决策者提供思想和建议方面，管理学术研究者已经输给了管理咨询者甚至管理新闻工作者。在管理思想。市场上，学术研究者为什么会缺乏竞争力？究其原因，主要有这样几个方面。

1．管理实践的类质同构现象

根据 Guest 和 King（2004）的调查，对于管理者来说，最理想的证据是已经在同行业其他组织中得到验证的证据。假如管理者想要实施某种理念与做法，他们最可能想到的是到自己所在组织或同行业其他组织中与自己层次相当的管理者那里寻找证据。譬如，银行家对来自银行业的证据最感兴趣，零售商对来自零售业的证据最感兴趣。也就是说，类质同构（isomorphism）现象在这里大行其道（DiMaggio 和 Powell，1983），管理者总是向同类组织中的同类人员寻求创见。那么，接下来的一个合乎逻辑的问题就是，这些表面上的创新者又是从哪里得到好主意的呢？大多数的回答似乎是来自基于知识的判断。这样看来，关于最佳实践的信息来源，最受管理者推崇的还是本地来源。如此一来，实践界似乎无法激励管理者跨出。本地界限，将寻求知识的触角伸向有着更多科学发现的学术研究界了。

2．学术评判标准的偏颇

学术研究者以使用科学方法创造新知识为骄傲。也就是说，他们构造能够用基于数据的结果来证实或证伪的命题（Boudreau 和 Ramstad，2007）。对于学者来说，一个众所周知的评判标准，就是能否在由同行评定的 A 级期刊上发表既有理论支撑又含实证数据的客观陈述性论文。也就是说，学者们将重心放在了知识的创造而不是知识的扩散上。学者们总是假定，相关专业人员（包括管理咨询者和管理实践者）能够看到他们的研究成果，而将他们的科学发现付诸实践的重大意义对任何人来讲都是显而易见的。

3．知识传播方式的非效率

管理者需要的信息具有以下三个特点：（1）在他们碰到紧迫问题时能随时获取。也就是说，他们要求知识传播渠道具备方便性和即时性。显然，传统印刷媒介不可能满足这些要求。现在人们已经进入了一个虚拟沟通世界，因此，网络是最好的媒介（Proserpio 和 Gioia，2007）。（2）具有针对性和可操作性，能够为管理者提供针对其日常工作、具有新洞见的。分析问题的方法。（3）能够满足管理者的某种情感诉求。也就是说，能够强化管理者工作的价值，能为他们所面临的问题提供某种拯救或解决方案（Guest 和 King，2004）。因此也就不难理解，为什么管理者更愿意将管理大师作为他们寻求信息和帮助的目标，因为管理大师总是能在适当的时候，通过精彩的故事以及有效的市场营销方式来传播他们的思想（Abrahamson，1991）。学者们对他们所传播的思想也许很不以为然，但是，他们的思想具有新奇性、能够满足某些情感诉求、具有可觉察到的相关性并且已为盈利事实所验证，这就使得他们在管理思想市场上更具有竞争力。

（二）对管理科学知识缺乏转移的反思

所有的科学领域都面临着如何将科学知识转移给实际从业者的挑战。从 20 世纪 90 年代起，越来越多的管理学者开始关注这一问题，即学者的研究成果如何能被管理者应用到实际工作中。

Latham（2001）认为，学术界与实践界之间应该互相学习。也就是说，学术期刊上发表的研究成果应该能够对组织的工作产生影响，同时组织的工作也应该能够对应用科学家所从事的研究产生影响。但是，也有人持相反的观点，譬如 Hulin（2001）认为，科学研究的效用并不会因为从业者不了解研究成果而消失。为潜在的问题提供解决方案，不应该是强加给科学研究的条件。研究应该知会（inform）实践的理念充其量只会产生误导，将研究发现转化为能解决组织中问题的项目和干预措施，应该是从业者的使命，而不是研究者的事情。总之，行为科学研究不应该受到，研究应该知会实践这一要求的束缚。

然而，更多的学者则认同科学研究应该与实践相结合的观点。社会心理学家 KurtLewin 反对科学研究与实践的隔离，他认为这种隔离是人为设置的隔板。他有一句名言：没有无研究的行为，也没有无行为的研究。Argyris（1991）则直接倡导将科学应用于实践的变革。他断言，如果将是否能够提供可应用的知识作为评判理论的一个标准，那么理论的建构只会变得更加精确、强健，而不是相反。我相信为了生产这样的知识，每个研究项目在设计时都必须把实用性考虑进去，写文章时也必须把描述实践问题如何指导研究作为开头，而不是我们通常看到的只在文章结尾写上寥寥几句应付实践意义的话，对知识最合理的应用是将其付诸实践，使其通过应用转换为真实世界中的现实生产力，显示出其所宣称的高度外部效应。学者们应该始终如一地这样做。

Beer（2001）强调了 Argyris 所提建议的必要性。Beer 注意到，很少有管理学者对管理者将理论、概念与方法付诸实施所需的条件与过程做出具体的规定，而在选择研究方法时就考虑到应用问题的学者就更少。除非研究者愿意看到其研究成果因与决策不相关而被组织决策者抛弃，否则他们就必须承担起方便决策者把他们所生产与传播的知识付诸实践的责任。Beer 还引用 Churchman 和 Mitroff（1995）的观点指出，不应该对纯科学与应用科学做出区分，因为科学家有责任让科学服务于人类最为紧迫的现实问题。

（三）促进管理科学知识转移的途径

2007 年 10 月，美国《管理学报》（Academy of Management Journal）第 50 卷第 5 期就循证管理、科研与实践之间存在的鸿沟以及知识转移问题开设了一个专门的论坛，十几位专家学者就这些问题展开了广泛的讨论。学者们认为，循证管理是一项社会工程，缩小科研与实践之间的鸿沟、有效实现知识转移并最终实现循证管理，需要各方人士的共同努力，首先要从学术界自身做起。为此，学术界应该注意以下问题：

1. 提高学术研究对于从业者的相关性与实用性

（1）学术研究者应该了解从业者的兴趣与需要。譬如，研究者在设计科研项目、解释研究结果、指出研究结果的意义、检验研究结果的信度或效度时，应该寻求与从业者的显性互动（Cascio，2007；Cohen，2007；Latham，2007）；学者们应该主动为普及性刊物撰写文章，担任普及性期刊的编委，以了解从业者的兴趣以及影响企业与员工的潮流趋势（Latham ，2007 ；Saari ，2007）。

（2）与从业者进行更有效的沟通。学者们应该掌握。两种语言，即学术研究语言和与从业者交流的语言。研究者在与从业者进行有关定量数据的交流时，应该使用能使从业者感到轻松而不是畏惧的方法，因为从业者毕竟不熟悉实证研究的程序与文化（Saari，2007）。研究者应深入实践，听取从业者的想法，并对他们所关心的问题做出回应；从组织层面讲，学术团体应该与从业者团体建立正式的联系：这些都有助于促进循证管理的实现（Latham ，2007）。Rousseau（2007）更是建议进行循证管理合作。她建议在研究者与从业者之间建立以任务为中心的长期合作关系，甄别和传播循证管理知识，并催生研究与实践之间其他形式的联系，她将这种合作称为循证管理合作（evidence- based management collaboration ，EBMC），认为这种合作具有黏性（能吸引越来越多的参与者）、杠杆性（能催生许多其他相关的创举）和延展性（可适用于许多其他分支学科与管理情境）。

开展这种合作的目的，就是要用平易的语言总结那些得到了研究支持的实践规则，以用户友好的在线方式提供给实践者，并进行很好的维护与及时的更新，使这些实践规则的有效性及局限性信息都能得到共享。

（3）多研究一些更具原创性、更令从业者感兴趣或者更基础的问题。当今最顶级的研究往往是由现存研究空白或理论空白驱动的，而不是由实际需要驱动的，也不是由现实中令人困惑的经验现象驱动的。为了使学术研究更好地与实践耦合，学术研究者也应阅读学术文献以外的文献，结交学术圈子以外的朋友，更多地关注日常组织活动的特征（Daft、Griffin 和 Yates，1987；Levitt 和 Dubner，2005；Gruber，2007；Weick，2007）。

值得注意的是，将信息转化为行为需要程序性知识（procedural know ledge）。虽然某些类型的循证规则能够提供明确的有关如何做的信息，但通常程序性知识并不明确，需要通过干中学来获得。所以，使程序性知识变得明了是知识扩散面临的真正挑战（Rousseau，2007）。因为，对于陈述性知识，人们也许只有到认识了如何使用它时才能理解或接受它。帮助人们了解如何在实践中运用科学证据，有利于提高科学证据的适用性和适应性。所以，关键的问题是如何最有效地传播研究证据，以便让用户知道怎样才能取得想要的结果。如果循证管理的目标是实现从业者的专业化，那么，我们就应该关注从业者的行为，而不只是他们的知识。

（4）学术研究方法的多样化。使用更丰富、更深入细致的研究方法能激起管理者更大的兴趣（Bartunek、Rynes 和 Ireland，2006；Weick，2007）。此外，使用不同的研究方法能够从不同的角度解释一些用单一方法得出的令人困惑或者反直觉的研究发现。譬如，有时用定量研究方法得出的研究结果似乎有悖常理，而使用定性研究方法作为补充，则能使读者豁然开朗（Amy Edmondson，1996）。

2．直接研究科研成果转化与知识转移过程

知识在学者与实践者之间转移的过程应该是值得研究者深入探讨的（Cascio，2007；Latham，2007）。学者们比较擅长实证研究，那么不妨对如何促进科研成果在管理实践中的应用与扩散问题进行研究，建立。知识扩散理论。从而更好地了解知识扩散的场所与原因（Latham，2007）。当研究者发表与管理者现行实践或理念相悖的研究成果时，他首先要面对的就是被实践界拒绝的命运（Law ler，2007）。此外，大多数管理者会回避令人不快的信息，而搜索能给人带来希望、令人振奋的信息（Guest，2007），这一事实更可能使一些科研成果面临知识扩散方面的严峻挑战。所以，我们有必要更多地研究促进科研成果传播的方式，即能同时促使研究者和从业者的理念发生变化的方式。

3．扩大或修改出版渠道与程式

（1）学术界应该跟踪趋势，尽快地发表学术成果（Cascio，2007；Guest，2007）跟踪趋势，并不是要学术界去赶时髦。因为这样做就意味着去仿效实践界的那些被普遍视为有问题的行为（Abrahamson 和 Eisenman，2001；Latham，2007；Saari，2007）。然而，世界正在快速地变化，并且至少一部分基本驱动因素不仅对当今的管理实践，而且对现有的科研知识基础提出了挑战。因此，除了进一步提高自己对从业者需求的敏感性之外，研究者还应该关注更广泛的商业、人口以及地缘政治潮流和趋势。此外，学术研究成果应尽快发表，如果还是像有些渠道那样，需要一个很长的发表周期，那么，即使研究者及时跟踪到了有必要研究的新问题，等到研究成果发表时，从业者也可能已不再感兴趣（Abrahamson 和 Fairchild，1999）。

（2）期刊也许不是向从业者传播知识的最佳媒介。从业者通常只在需要解决某个特定问题时才会去寻找科学证据。在这种情况下，即使所有的信息都在期刊里，也需要花费相当大的工夫（与专门的技巧）才能找到，而且还需要对相关信息进行综合和挑选（Saari，2007）。因此，对于从业者来说，网站可能是更有效率的循证知识仓库。（Cohen，2007；Guest，2007；Ro usseau，2007）

（3）顶级期刊坚持所发表的论文既要有重大的实证贡献，又要有重大的理论创新，这种坚持导致学术研究与实践的相关性日益削弱。顶级管理学期刊有必要包容那些在实证方面意义深刻，但在理论方面不一定有创新的研究成果。坚持所有的实证性文章都必须有理论上的创新，也许过于苛刻（Hambrick，2007；Miller，2007）。

4．发挥科研的基础作用

管理科研本身往往就不是循证的。在企业管理专业本科课程、MBA 课程或者高级经理继续科研课程中，科学证据都不是学习的重点。很少有 MBA 学生在攻读学位期间接触专业性学术期刊，更不用说毕业以后了。商学院课程的核心不是科学证据，取而代之的是一般性技巧以及一些最流行的案例，因为这些刺激性强、表面相关的信息，可以激起学生的兴趣。因此，管理科研正在误入歧途。

造成这种现象的原因一方面是科研工作的急功近利，另一方面与商学院课程执教者中没有专业学位的人所占的比例日益增加有关。没有了科研为理解科学证据打下基础，或者得不到商学院科研的强化，循证管理最终何以立足？因此，我们应该以批评的眼光审视科研工作在造成管理者知识范围狭窄和科学证据运用不足方面的责任。

循证管理是一种新的决策范式，它将最佳研究证据与决策者的专门技术以及顾客的偏好整合起来，使专业决策从基于个人偏好和不系统的经验转变为基于最佳科学证据，从而将实践导向更为理想的结果，也为弥合理论与实践的鸿沟提供了一种有效的模式，它必将成为一股新的时代思潮。循证管理前景广阔，根据循证管理原则而做出的决策不仅质量更高，而且能够得到更好的实施，其结果将与组织的目标更加匹配。那些已经使用证据并能学会更好地使用证据的组织将更具竞争优势。关注证据的使用也有助于最终打破研究者、科研工作者与管理者之间的界限，创造一种具有多个反馈环的活跃的共同体。在这种共同体中，信息的收集、评估、扩散、应用、再评估以及共享将变得更加系统。同时，Rousseau 也告诫我们，循证管理方式与现存的习惯势力是有冲突的，必定会受到现实的挑战。

第二节　循证思维

一、循证思维起源

循证思维，最早源于“循证医学”。“循证医学”主张“慎重、准确和明智地应用所能获得的最好的研究依据来制定患者的诊疗措施。”“循证医学”的核心理念是以所能获得到的最佳证据为基石，以医生的个人专业技能和临床经验为支撑，以患者满意为宗旨。其所体现出来的证据的科学性、服务主体的职业专业性、对服务客体的尊重性以及折射出来的人文关怀和多方和谐，对相关行业和领域极具吸引力。也因此，循证逐渐演化成一种思维，不只适用于医学，也开始运用到心理学、管理学以及科研学等诸多领域。

二、高校科研的循证思维

科研理念是对科研本质及其价值的根本性判断和理性认识，是指向科研未来发展的精神范型和远见卓识。其特征有：其一科研理念应具有前瞻性，因为科研、特别是高等科研所培养的人才是面向未来的；其二科研理念应具有外在平衡性，与社会的政治经济文化相适应；其三科研理念应具有发展性，随科研目的、科研对象、市场需求而发展。顺应科研理念的三个特征，目前而言，循证思维是科研理念发展中的新范式。医生诊治的是病人的身体，教师科研的是学生的思想，科研行业和医生行业服务对象的同一性，使得教师的工作思维和医生的工作思维有诸多相似之处，因而。循证医学。顺理成章伸到科研实践领域，形成循证科研思维。循证科研思维就是科研者（高校教师）审慎地将最佳证据运用到科研实践的过程。具体来讲，循证科研思维是科研者（高校教师）在科研实践中根据受科研者真实需要，在受科研者的积极参与下，用可获得的各种最佳证据来代替有限的个人经验和盲目的模仿，摈弃主观的直觉式思维，使科研实践牢固建立在有效的证据之上。总结来看，循证科研思维体系包含三大要素。

（一）有效的证据

循证医学、管理学的研究和实践领域不仅强调“证据”是其核心要素，更强调多重证据观，循证科研思维中也不例外，尤其是高校教师在科研实践中也要重视证据来源是多方面性。从科研理论的指导层面来看，应该是国内外权威科研专家的理论研究和观点；从科研的内容来或科研资料的提供看，可以是权威的教材、论著、学科发展的前沿理论和观点；从科研管理者的指导思想看，应该是符合学科、课程及学生特点的科研政策和标准以及监督机制；从科研对象来看，可以是受科研者的需求和期望；从社会层面看，可以是市场的要求和需要，家长的期待，企业等组织的用人标准；还可以是科研规律和科研方法。其中每个证据都可以影响循证科研实践的效果，但只有统筹兼顾，科学整合，结合实际科研情境，加上科研者（高校教师）的个人经验判断，才能基于多元证据形成正确的科研决策。

（二）科研者（高校教师）的科研实践

科研者（高校教师）针对高校人才培养的目标，正确的科研政策导向，用人单位的人才需求要求，高校学生的特点，考虑他们的价值观、性格发展阶段、文化知识基础、能力素养及偏好等因素，根据能收集到的最佳证据，结合教师个人的科研学价值观、专业知识理论和教学经验采取科研实践决策并完成科研实践过程。相比传统科研实践模式，循证科研实践更科学化、理性化，更具有可实践性。

（三）高校学生的积极参与

循证科研思维下开展的科研实践活动具有以学生为主体，教师为服务者的角色意识，学生可以积极参与科研实践决策以及科研实践计划的制定，也可以参与到具体的各种科研实践活动中，比如从教材的选择、教学的内容和进度、教学的方法和思路、甚至作业的布置等方面，并应及时反馈科研实践结果，对科研决策以及科研实践过程进行及时修正。

（四）利益相关者的有效配合

基于循证思维的科研教学若想取得良好的教学效果需要多方力量共同努力，因此，除了高校教师和学生这两个直接主体，科研过程的研究者（科研理论的研究者和科研资料的提供者）、科研管理者（高校或其上级机构）、人才使用方（各用人单位）都应该作为循证科研思维的间接主体、合作者给予积极有效的配合。

三、循证思维对高校教师科学研究的影响

作为一种较新的、更为科学、理性的科研理念范式，循证科研思维无疑会对高校教师的科研教学产生新的影响，主要有：

（一）使高校教师的科研决策更为理性、科学

在知识经济时代，创新已成为科研进步的重要推动力，管理的主要对象从人转移到知识。而知识管理又必须以知识创新和管理创新为依托。科研管理同样面临挑战，需要创新。观念创新要求我们对科研、对管理的认识更加科学化、系统化，方法创新要求突破以前的管理模式，适应现代科研院所体制的改革需要。这项工作的难度不亚于科技本身的创新，科研管理工作的创新可以更大地激发科研人员的创造力，推动科研工作的科学化进程，促使形成、聚集代表中国科学水平的一流的科学家，营造由科技帅才为核心的科技活动的所需的良好的科研环境。

然而目前我国的科研管理系统效率还比较低，许多机构缺乏一套有效的责权利统一的管理体系，不能适应社会发展的需要。要建立一个完善的科研

管理体系，提高科研管理综合能力就成为瓶颈。随着我国综合国力的增强，科技投入力度逐年加大，科研项目的种类不断增多、资助强度不断加大。如何通过科学、有效的管理，利用有限的经费最大限度地提高科研投资效益，同样对科研管理者的科研管理综合能力提出了更高的要求。探索科研管理的科学规律，探索科研经济管理的客观规律，在我国综合国力不断提高的前提下，提高科研投入产出比。

随着科研经费拨款制度的改革，招标竞争机制的引入，科研机构和科研人员有了更多争取经费的渠道和公平竞争的机会。但是，如何保证重点、避免重复开题又成为科研管理者面临的新的挑战。具有大科技和全局观念，不仅仅从所在单位的小团体利益出发，对重复开题、一项目多投的现象从源头上制止，很大程度上依赖于科研管理综合能力的不断提高，才能具备识别敏锐的观察力、精确的判断力，从科研管理环节提高科技投入产出比。

决策是对将要开展的实践活动进行的预先筹划。高校教师教学决策是指教师为完成特定的教学目标和教学任务，根据自己的知识、经验和判断，通过对教学实践的预测、分析和反思而做出的选择。教师教学决策是将“为什么教、教谁、教什么、如何教”统一于一个体系统筹决策的过程。教师教学决策的核心是教师对教学体系中诸要素相关信息的搜集、判断。作为一个有主观能动性的个体，教师教学决策的科学性受制于其科研思维。而循证科研思维倡导以非主观化的态度进行科研教学，通过搜集关于科研教学的科学证据做出理性的科研教学决策，近而最大限度地避免“直觉”式的主观决策。具备循证思维的高校教师，将通过透彻分析教学目标和任务以及社会政治经济文化背景确定“为什么教”；通过科研学、心理学的规律认识所教学生的特点和学习期望；通过研究学科领域的权威教材、学科前沿理论、现实案例以及外部市场需求确定“教什么”；结合所教课程的特点及其在人才培养方案中的课程地位、学生的需求，自己的教学经验和教学风格确定“如何教”。

（二）　提升高校教师的专业素养和能力

传统的教学思维下教师为完成教学任务而主要研究教材，把教材涵盖的内容通过自己的教学经验和教学能力、借助一定的案例实例讲授给学生，通过考试验证教学效果。教学过程中从教材的选择、讲授内容、讲授方法和考试方式以教师为主导，在长期的教学过程中固化了教师的专业水平和能力，不能随学生以及社会需要及时进行调整。循证思维为高校教师科研教学研究和教学实践开展之间搭建了一座桥梁。循证思维要求高校教师在教学实践开展之前，必须进行所需证据的搜集与分析，通过选择分析教材以及对学科前沿理论信息的查找和收集使教师的专业知识底蕴更为扎实，并能逐渐形成自己的课程理论体系；学会对不同届学生成长背景、身心特点的分析，不断调整教学模式、教学方法使自身的教学技能得以适应性发展；通过对所教课程在人才培养方案中的地位分析，不仅厘清了本课程对所教专业学生的意义，也可以宏观把握本专业学生所应具备的专业技能，可以对人才培养方案的调整提出合理化建议，拓宽了教师的教学视野而不仅仅局限于自己的课程教学；通过对外部社会和市场需求的调查、了解，才能使自己树立培养学生以服务社会为终极目的的教学社会意义，提升自身的职业追求。通过教学证据的搜集与分析这一过程的历练，高校教师逐渐由被动应变的“教学人员”向主动创新的“科研专家”转变。

（三）提升教师的创新思维能力

当今时代，科技进步日新月异，国际竞争日趋激烈。国与国之间的竞争，归根到底是人才的竞争，是民族创新能力的竞争，而教育是培养人才和增强民族创新能力的基础。100 周年庆典大会时发表的重要讲话中指出：“我们要坚定不移地实施科教兴国战略，不断培养大批合格的有中国特色的社会主义的建设者，不断造就大批具有丰富创新能力的高素质人才，不断提高全民族的思想道德素质和科学文化素质。这是实现中华民族伟大复兴的必然要求，也是我国社会主义教育事业的历史任务。要完成这一历史任务，必须不断推进教育创新。”这个论断深刻阐明了教育创新的重要意义，高屋建瓴地论述了教育创新与贯彻落实科教兴国战略、提高人民素质、造就创造性人才和实现中华民族复兴伟业之间的内在关系。广大教师习江总书记讲话精神，就要积极服务和推进教育创新，努力提高自身综合素质和创新能力。创新能力是能够创造出具有社会价值的新理论和新事物的各种心理特点的综合，是指能独创性解决问题的能力。主要包括创造性思维与创造性想象，而以创造性思维为创造性心理的核心。创造性思维是人类思维的综合，是智力发展的高级表现形式。美国心理学家科勒斯涅克认为：“创造性思维是指发明或发现一种新方式用以处理某件事情或表达某种事物的思维过程。”它是依据研究对象所提供的各种信息，使人们的认识打破常规、寻求变异、探索多种解决问题新方法或新途径的思维方式。主要表现是求异性和多样性，物理教学应该完全能够在培养人才的创造性能。

第三节　循证证据

管理者往往要在任务和时间的高压下利用有限信息做出重要决策。许多管理者在决策时通常会参照两类依据：一是过时信息或者自身经验，二是管理“妙方”或者其他公司的“最佳实践”。这两类依据都可能导致错误决策。

而循证管理（Evidence-based management）则为寻找可靠的管理决策依据提供了新思路。循证管理的思想来源于 20 世纪 80 年代兴起的循证医学（Evidence-based medicine）和循证理论（Evidence-based theory），是循证理论在管理领域的应用和推广。循证管理具体是指将建立在最佳证据之上的管理原则转化为组织的管理实践的过程；其使管理决策从基于个人偏好和不系统的经验转变为基于最佳的科学证据。

近年来，循证理论及循证管理越来越受到管理领域学术界和实业界的关注。纵览以往相关文献发现，以往研究一般聚焦在推行循证实践（evidence-based practice）的障碍因素以及实现途径上；而明显欠缺对证据本身的内涵及测量的具体分析；另外，要在循证管理领域进行深入地实证研究，必须明确其中的核心概念——“证据（evidence）”的内涵及测量。同时，对证据内涵的明晰离不开对证据特征的探究，而证据强度（strength of evidence）是表征证据特征的重要概念，其在以往研究中被反复提及却相对缺少系统梳理和分析。鉴于此，本文基于以往文献，对证据的内涵、强度以及测量进行了系统总结和分析，从而为进一步地深入研究奠定基础。

一、证据的内涵

自20世纪80年代循证理论在临床决策领域的兴起，有关循证理论中证据研究已有近30年的历史，研究者对证据内涵的认识在不断延伸。概括这些认识和观点，可以发现关于证据的内涵主要存在三种观点：研究证据观、研究证据与个体经验证据结合观和多重证据观。

（一）研究证据观

英国流行病学家Cochrane（1972）最早阐述了研究证据观。他在其专著《疗效与效益：医疗保健中的随机对照试验》中首次提出将随机对照试验的研究结果作为临床决策的依据，并建议不断收集新的研究结果，从而为临床治疗实践提供可靠依据。该观点引起了学界对于研究证据尤其是随机对照试验的极大关注，也促成了研究证据观及循证医学的蓬勃发展。

循证医学作为概念本身是由加拿大麦克玛斯特高校（McMaster University）的临床流行病学家们正式提出的，作为医学实践的新范式，循证医学强调临床决策不应当过分强调直觉、无章可循的临床经验以及病理生理，而应当基于临床研究的证据。可见，循征医学从最初提出到内涵界定都非常强调研究证据。借鉴于循证理论在医学领域的发展，Hewison（1997）将它推广到了管理领域。针对医疗组织中的管理问题，他首次提出了循证管理的概念，即“管理者依照循证实践的原则来指导自身行动”；还进一步指出，医疗护理组织中的管理者在鼓励临床医生采取循证实践的同时，缺乏对自身管理实践的反思。后来，Stewart（1998）强调，管理者需要在组织内营造注重研究的氛围，鼓励质疑，培养对研究结果的兴趣，并尝试通过其找寻解决问题的方案。Young（2002）、Walshe 和 Rundall（2001）也都指出了在战略决策中使用研究证据的益处。Reay 等（2009）则明确概括道：在过去50多年中，利用研究证据指导管理实践已经渗透到管理的研究中。另外，循证管理协会也坚持研究证据观点。

循证管理协会是一个旨在缩小管理研究以及管理者决策之间鸿沟的组织，他们认为循证管理需要通过慎重地使用相关的最佳的科学证据以提高组织决策和实践质量。他们强调，研究证据虽然不是唯一依据，但却是最重要的。

由上可见，无论医学领域还是管理领域，许多学者都非常强调循征决策与循征管理的研究证据观点。这一观点强调实践者在决策中应该从基于个人偏好和不系统的经验转变为基于最佳的科学研究证据。

（二）研究证据与经验证据结合观

随着循证理论的发展，证据概念的外延也在不断延伸，研究证据不再是行动的唯一指南。循证理论中有关证据内涵的观点的一个重要分支，即是研究证据与经验证据相结合的观点。这一观点是由著名临床流行病学家 Sack ett（1996）率先提出。他指出，临床医生应当在实践中结合（体的临床经验以及由系统研究得到的最佳外部临床证据。其中，个体临床经验指的是临床医生自身通过临床实践经历所获得的熟练度和判断力。最佳的外部临床证据指的是与临床问题相关的研究，通常来自基础医学，尤其是以病人为导向的临床研究。鉴于此，证据的内涵已经由单一的研究证据扩展到了临床医生的个体经验。在管理领域，也有部分循征管理研究者更注重个体经验这一类证据，例如，Yates（1990）提倡使用更为有效的决策工具、技术，利用管理者的经验以及判断力来指导管理活动中的每项决策。显然，在循证管理中，使用研究证据就具体情境做出决策时，个体的经验判断、对研究证据的批判性评价都是关键的。正如我国学者吕力（2011）认为，循证管理的中心内容就是评价，由于研究证据通常不具有普适性，需要主观参与的评价，因此个体经验在循证管理中的证据占据了重要的地位。

然而，在循证理论的发展历程中，结合个体经验与研究证据来指导决策和实践的观点也受到了越来越多的质疑。在决策情境的高复杂性以及客户期望的独特性的双重压力下，多重证据观随之诞生。

（三）多重证据观

研究者们通过对循证理论的探究，对证据类型进行了进一步的扩充，使证据的内容逐渐拓宽至多重。多重证据观最早是由 Sackett（1997）在其专著《循证医学：如何实践和教育》中提出并加以阐述的。他将循证医学定义为"慎重、准确和明智地应用所能获得的最好研究依据来确定患者的治疗措施"，他具体提出，临床医生必须将他们的个体经验运用到评价病人所面临的问题上，并在决策时结合研究证据以及病人的偏好、价值观。其中，病人的偏好和价值观不仅仅指的是病人对生命和健康的观点、信念、期望以及目标，还包括个体对不同方案的利弊、成本、便利程度的权衡。根据这一观点，证据的种类再次得到扩充，临床决策不仅仅应当基于研究证据、个体经验，也应当基于相关利益者（病人）的偏好。在有关多重证据观的探究中，具有开拓性的是 Haynes 等（2002）的研究。他们提出一个循证临床决策的新模型，它基于病人所处的具体情境、病人的偏好以及最佳研究证据，而个体的临床经验作为核心贯穿于决策中。这就意味着，临床医生应当运用自身经验，获悉病人的个体信息，例如人口特征、病史等情境证据，并通过搜寻文献选择、记录评价最佳研究证据，最终获得符合病人期望的治疗方案。

可见，Haynes 等（2002）对证据的界定扩展至病人所处的具体情境。他们认为，病人所处的临床状态或者具体背景和情境对于临床决策是极其关键的，甚至占据了主导地位，具体的临床方案应当随着个体的不同而变化。而在管理学领域，研究者们提出了符合管理学学科特点的多重证据观。在这一观点下，不同研究者强调的证据类型也不尽相同。Pfeffer 和 Sutton（2006）强调的是局部情境证据。他们认为，管理者收集、分析组织的局部证据，在决策时更多地关注具体事实信息，而较少地强调对外部研究证据的使用。有些学者则强调紧密结合研究证据与局部情境证据，认为两者在循证管理中同等重要，缺一不可。例如，Rousseau（2006）提出，循证管理中的"最佳证据"可分为"大证据"和"小证据"。"大证据"指的是通过科学方法获得的有关因果联系的普适性知识，即系统性的科学研究证据。"小证据"是局部性质的、有关特定组织的事实性的证据，指的是在特定情境下，管理者系统收集的用以指导局部决策的数据。即管理者听取的事实真相、获取的事实数据。

随着美国学界对循证管理讨论的激烈化，Briner 等（2009）对循证管理的内涵进行了更加明确的界定，这使循证管理中“证据”的外沿也随之得到了延伸。他们提出了包含四个证据类型的多重证据观，即管理者的经验或判断、局部情境中的证据、对外部的最佳研究证据的系统评价以及可能会被这个决策所影响的人们的观点等四种证据。尤其强调恰当进行的系统综述（systematic review）能够明确总结与某个实践问题有关的已知信息和未知信息，这种研究证据是循证管理的基石。他们还强调循证是在管理者同时获得以上四种信息下才得以发生的。但至关重要的是，每一个证据元素的影响力大小将随着决策问题的不同而变化。在某些情况下，利益相关者或决策者的道德考虑可能比外部研究证据更重要。从而在决策中占据更大的权重。在其他情况下，由于可获得的局部证据很少，所以它对这项决策的影响相对较小。总之，在所有的案例中，应谨慎小心地确定对不同证据种类的重视程度。

从上述文献中可以看出，在近年的循证管理研究中，学者们对证据的界定范畴愈来愈广，由起初的仅仅包含“研究证据”延伸至包含“个体经验”“利益相关者的偏好”乃至“具体情境证据”，从而形成了证据的多重观。在证据内涵的不断扩展中，研究者及实践者面对的一个重要问题便是如何评价纷繁多样的证据，于是衍生出了对证据特征的探讨，这对于理解证据内涵具有重要的作用。由于证据强度是证据特征的一个重要表征，因此，有必要对有关证据强度的文献进行梳理。

二、证据强度

证据的特征与证据的内涵具有密切的关系，为了更好地理解证据内涵，必须理清表征证据特征的一个关键概念的含义，该概念为证据强度。证据强度指研究证据“接近真实的程度”“影响力的大小”和在实践中的适用性。

它体现了实践者对研究质量的判断、对研究结论真实性的自信程度，以及研究结论是否与其他研究者的研究结论或者与面向不同人群展开的研究结论相吻合。从对该概念的界定和陈述中，不难发现证据强度主要用来表征研究证据的特征。判断证据强度的标准包括：（1）内部效度，即研究本身的质量，具体是指该研究根据其特定的研究对象所得的结论是否有效；（2）外部效度（external validity），即研究结论能够推广到更广泛群体的程度，具体是指指导解决问题的可行性和可推广性；（3）连贯性或一致性（coherence or consistency），即在不同研究中所得结论的一致性。很多研究按照证据的强弱程度对研究证据进行划分。1979 年，加拿大定期体检特别工作组（Canadian Task Forceon the Periodic Health Examination，CTFPHE）首次对研究证据进行系统分级并提出推荐意见，由最强到最弱依次有三个水平。其中第一个等级是至少一项设计良好的随机对照试验。第二个等级是设计良好的队列或病例对照研究，尤其是来自多个中心或研究组；或者是比较了不同时间、地点的研究证据，或有重大结果的非对照研究。第三个是基于临床研究、描述性研究或专家委员会的报告，或权威专家的意见。

1986 年 Sackett 教授在该分级基础上又提出了证据的五个等级：第一个等级是具有肯定结论（较低错误概率）的大样本随机控制试验；第二个等级是具有不肯定结论（有中度乃至高度的错误风险）的小样本随机控制试验；第三个等级是非随机同期对照试验（Non randomized，con．Temporaneous controls）；第四个等级是非随机历史对照试验（Non randomized，historical controls）；第五个等级是无对照的病例系列（No controls，case-series only）。2004 年，包括 WHO 在内的 19 个国家和国际组织的 67 名专家组成 GRADE 工作组，又推出了国际统一的证据强度评级系统。在管理学领域，Reay 等（2009）依照 DA gostino 和 Kwan（1995）提出来的循证医学中证据的六等级思路，提出了循证管理中证据的六等级，即证据按照强度由强到弱一共有六个水平：第一个水平是大样本随机控制试验或者元分析（meta-analysis）结论；第二个水平是一个高质量的文献综述或系统综述（systematic review）结论；第三个水平是有比较的、多点的案例研究或者大样本的定量研究结论；第四个水平是小样本、单案例的定性或定量研究结论；第五个水平是描述性研究和自我报告的故事；最弱的第六个水平指权威意见机构或专家的观点，非基于数据的证据。

由上可见，研究证据具有强弱特征，根据强度可以将证据分为不同等级或者水平，高强度的研究证据在实践中往往具有更高可信度和更强的指导意义。

三、证据的测量

在科学研究中，对一个概念的清晰界定最终要落实到对该概念的测量上，因此，为了进一步明确证据的内涵，本部分将梳理和讨论证据的测量问题。证据量表的开发自 20 世纪 90 年代起便得到相关研究者的普遍关注。纵览以往文献可以发现，证据测量根据证据内涵的差异而有所不同，具体可以分为三类：基于研究证据的测量、基于研究证据和个体经验证据结合的测量、多重证据测量。

（一）基于研究证据的测量

对研究证据进行测量的量表受到研究者广泛而持久的关注。这些根据不同情境开发出的量表，在测量视角上也有所不同，具体涉及研究证据的运用能力视角、研究证据的运用障碍视角和研究证据的运用行为视角。就运用能力视角的研究证据测量而言，McColl 等（1998）在对基于研究证据的医疗决策的相关研究中，具体测量医生“对相关期刊、综述类等出版物以及数据库的意识和认可度”以及“进入相关数据库或者网络的能力”。Ffitsche 等（2002）也开发并验证了基于能力视角的研究证据量表。该量表测量了医生所掌握的有助于解读临床研究证据的基本知识、从临床难题中提取问题，并做出解决该问题的最佳设计的技能以及利用已发表研究文献中的定量信息处理各种具体问题的能力心。

这些量表都强调从运用研究证据的能力来对研究证据进行测量。就有关运用研究证据的障碍的测量而言，被普遍认可的是 Funk 等（1991）构建的研究运用障碍量表（Barriers to Research Utilization Questionnaire）。该量表包括29个项目，共分为四个维度：对研究证据的价值判断、搜索并采用研究证据的技巧和意识、研究质量以及研究证据在组织内的分享程度。该量表最早强调了研究证据的运用障碍视角。这份针对美国情境的量表在随后13年间被依次开发于适应不同的国家情境，其有效性被广泛验证。就研究证据的运用行为量表而言，较为成熟的是Johnston等（2003）开发的以高校生为研究对象的研究证据量表。该量表具体测量了高校生们通过教材、网络、文献以及特定专业数据库和特定专业期刊获取证据的行为频率。该量表已被运用于不同的研究对象，其可靠性和有效性均得到了验证。

（二）基于研究证据和个体经验证据结合的测量

随着证据内涵的发展，研究者开始逐渐重视个体经验的测量。Aarons（2004）较早关注了循征管理和实践中的个体经验证据及其测量问题。他开发了循证实践的态度量表（The Evidence-Based Practice Attitude Scale. EB. PAS），具体包括四个维度：循证实践的吸引力、外界强制使用循证实践的程度、对创新的接受度以及循证实践与传统实践的差异。在循征实践与传统实践差异维度中，他强调循证实践是基于研究证据的，而传统实践则是基于个体经验的，进而分别对其进行了测量。后来，Upton和Upton（2006）在开发和验证循证实践认知、态度和履行行为自我报告量表时，又再次强调和完善了研究证据与个体经验证据结合的测量。其中的履行行为维度考察了实践者搜索、记录研究证据的频率以及结合自身经验专长的频率。而Gerrish等（2007）构建了推进循证实践（Developing Evidence-Based Practice，DEBP）的障碍及途径量表，测量了有关研究证据和个体经验运用的发展条件及瓶颈，又一次强调了研究证据与个体经验证据的结合。在这类研究证据和个体经验证据结合的量表中，研究者们广泛认可的是Estabrooks（1998）开发的实践知识来源量表（Sources of Practice Knowledge Questions），它测量了护士护理实践的依据忙。这一量表相比以往量表，其不同之处在于：以往对证据的测量都局限于研究证据的运用程度，该量表首次测量了实践者对个体经验证据的使用程度。后来该测量被 Gerrish 等（2007）扩充后，又进行了信度、效度检验，其有关个体经验证据的测量项目被广泛引用。这类量表在证据测量中并非占据主流，因为证据的内涵在随后获得了迅猛地发展，许多研究者往往基于更宽范畴的多重证据观对其进行测量。

（三）多重证据测量

多重证据观下的证据一般从循证实践的流程视角进行测量。循证实践流程描述实践者运用不同证据的行为步骤，这样，量表开发者可以从流程角度测量实践者获取、利用不同证据的情况。然而，由于每个量表开发者所依照的循证实践流程不尽相同，这类量表在项目的具体表述上就会存在诸多差异。Rubin 和 Parrish（2010）开发了循证实践流程的评估量表（The EBP Process Assessment Scale），旨在调查和评估医生对参与循证实践流程的自我效能感、态度、熟悉度、倾向以及参与度。该量表列出的循证实践步骤包括：形成一个循证实践问题；搜寻有助于解答该问题的研究证据；批判性地评价该证据；将最佳证据与实践专长、实践情境以及顾客特质和偏好相结合，从而做出最佳决策；监控决策的实施。他们的检验结果也显示这一量表有良好的内部一致性信度、校标效度以及灵敏度。

从该量表所依据的流程可以发现，其测量了研究证据、经验判断、情境证据以及利益相关者偏好这四类证据。Nancy 和 Susan（2010）开发了循证实践信心量表（evidence-based practice confidence，EPIC），该量表评价了专业卫生保健人员达成循证实践的自我效能感。他们通过逐步地修订完善，获得了包括 11 个项目的自评量表，通过描述循证实践的步骤，从而让卫生保健人员为自己能够完成这些活动的自信程度打分。量表所考察的循证实践的步骤是由 Rappoh（2003）提出的，具体包括：识别一个临床问题、形成一个问题来引导文献搜索、有效地搜索相关文献、批判性地评价证据信度和效度、恰当地将证据应用于临床问题、理解病人的需要和偏好、在恰当的行动步骤中与病人合作决策、持续评价实践效果。可见，该量表的测量涵盖了证据的三大内容：研究证据、病人偏好以及个体经验，是多重证据观下的一个量表。

Tilson（2010）开发和评价了一个改编版的Fresno检测（FT）来测量医生掌握的有关循证实践的知识和技能。Fresno检测是一个普遍使用的测量循证实践知识和技能的方法，Tilson（2010）按照Dawes等（2005）描述的五步骤模型对原始的Fresno检测版本加以修订。原始的Fresno检测只评价了循证实践模型的第一至第三个步骤（提出问题，获取研究证据，评价研究证据），没有评价第四个步骤——将病人的观点以及临床经验与可得的研究证据结合起来。这份研究改编了原始丌中有关特定学科的内容，并添加了两个新问题来更全面地评测循证决策的流程。由此，这份量表测量的证据对象也在原始的丌量表上扩充至多重证据。纵览以往文献，对研究证据、个体经验证据、利益相关者偏好证据以及具体情境证据的测量均存在可靠、有效的量表。

虽然这些量表更多针对的是医学和教育学领域的相关研究问题，但其测量视角、测量维度和具体内容，都特别值得管理领域相关问题研究的借鉴。这是因为无论医学、教育学领域还是管理领域，循征决策、循征管理和循征实践都无外乎涉猎研究证据、个体经验证据、利益相关者偏好证据以及情境证据这样几大类。

第六章　高校教师循证思维培养的建议

基于高校不同届学生个性特点的发展变化和社会、市场对高校培养人才要求的变化，高校教师必须具有循证科研思维，但循证思维绝不是盲目收集、甚至制造出一批供教师科研决策使用的理论、规律等证据，不是要将高校教师推向完全绝对理性决策的道路，它实际上是一场发生在教师和学生中的心理革命。要培养高校教师的循证思维，必须做好以下几点。

第一节　通过倡导让高校教师提升循证思维意识

任何一种创新，在实践过程中都存在一定的阻力，其实施需要一定的时间过程，有时这个过程还比较漫长。作为一种全新的科研理念，对于循证思维，高校教师也会存在“排斥—接收—学习”的过程，要想打破高校教师的“排斥”心理，认识到循证思维对于自己科研教学的意义，就必须历经倡导阶段：

一、从宏观层面

高校管理者（校长）应首先认识到循证思维为高校教学提供了一种新的教学管理和实践范式，它所蕴含的循证分析会给予现行科研教学实践以极大的帮助，在目前的中国社会只有上层率先垂范，才能上行下效。高校管理者（校长）既是管理者，也是科研实践者，理应在自己的科研管理中首先践行循证思维，高校管理者（校长）的践行本身就是一种倡导。

二、重视对本校教师进行循证科研思维的前期宣传

聘请科研行业中的循证科研专家开展关于循证科研思维的讲座，让高校教师认识到循证科研思维是应用型科研阶段的必然选择。通过一个阶段的宣传，让高校教师认识到循证思维不仅仅是一种科研工具的演进，更是理念和文化的更新，从而树立循证思维意识。

三、证实循证科研思维的可操作性

高校可以抽取对循证科研思维感兴趣的教师组成循证科研思维研究小组，研究循证科研教学实践的流程和步骤，并进行循证科研实践的试点教学，试点教学的成功无疑会成为循证科研思维在全校内普及的最好宣传。

第二节　通过培养和再科研拓宽循证思维方向

循证科研思维的实施是一个艰难的过程，在这个艰难的过程中，培训和再科研是最有效的途径。通过培训和再科研，使高校教师具备多元证据的信息收集能力，证据研究和证据整合能力，各种证据源对于科研教学决策的权重意义，以及评估基于循证科研思维的教学效果的评价能力。

当然，作为具有极强学习能力的群体，通过循证科研思维的培训，高校教师作为独立的科研教学工作者，在本学科、课程领域的科研教学过程中，在循证思维意识的指引下，将逐渐具备随时阅读、搜集国内外本学科领域高质量科学研究成果的能力，宏观掌握评价教师教学质量指标的能力，学会研究教学科研规律、科研心理规律的能力，以及进行实证研究的能力（不同届学生的个性特点变化、不同阶段市场和社会对高校培养人才的要求），以这些专业的循证能力为基础，让循证思维从根本上发挥积极作用。

第三节　广泛开展与科研教学相关的“循证合作”

高校教师在科研教学过程中要认识到循证思维不仅仅是教师的个体行为，而是以教师为核心，其他多元主体为辅助的群体合作行为，因此，在科研教学过程中，高校教师应广泛开展与科研教学相关的多方面循证合作：

一、与本学科、课程领域的理论研究方合作

理论研究者和教学实践者之间要建立以满足教学任务需要为目的的常态

合作关系，催生研究与实践之间动态联系。比如，通过参加学术会议、课程研讨会、甚至拜访专家等办法尽早获悉本学科前沿理论，方能高屋建瓴；通过与教材编写的方的沟通交流，了解其教材制定的意图以及重点和难点，并对教学中的一些疑问及教材可能需要的修改意见、学生对于教材的期望反馈给出版社，形成科研教学所需理论信息的准确性、动态修正性才能保证科研教学的严谨性。

二、高校教师与学生的循证合作

循证科研思维认为，教学过程中教师——学生是循环型学习型组织，因而，循证科研教学不仅是教师的个人行为，师生都应在科研教学这个共同的平台上展开教学活动的“循证合作”，师生应各司其职，都应在其职责范围内承担起搜集科研教学需要的证据的责任，并在此基础上开展科研教学活动。

三、与社会、市场、用人单位的循证合作

既然是合作，必定是双向性的，在循证科研理念下，高校教师不仅要向外部社会、市场、用人单位循证，保证科研理念不落后于社会观念，所培养人才能使用人单位满意；外部社会，特别是用人单位也应和高校积极主动合作，尽早把自己对人才的需求、质量要求反馈给高校，甚至可以和高校进行“定单式”合作。

总之，在“循证合作”的教学框架下，课堂内外的所有利益相关者都参与到循证科研教学的过程中，从而有助于循证思维在科研教学中得到立体式地渗透。

第四节　建立健全循证教学效果的监督评价机制

对于高校教师而言，养成循证科研思维和提高循证能力只是循证教学的基础，但是， 真正由思维和能力为行为， 取得最佳的循证教学成果却不容

易事。一种新的科研思维的应用和推广需要有效的监督评价机制，因此：

一、进行全过程的循证教学监督

全过程的循证教学监督包括教学之前的教师准备阶段是否寻找最佳证据、具体的教学过程中师生是否以循证思维开展教学以及循证教学之后学生应有的反应和结果。只有进行全过程的教学监督，才能促使循证科研思维真正渗透到教学的每一阶段，保证良好的循证教学效果。

二、建立科学的循证教学效果的评价机制

科学的评价机制并不否认教师的教学自觉即在教学过程中教师会主动运用循证科研思维，而是为了更好的激励高校教师在教学过程中运用循证思维。科学的评价机制应体现在评价目的的明确性即循证思维是否运用，评价内容的多维性既要评教师也要评学生，评价主体的多元性既有领导、同行、学生也有来自社会的力量。只有如此科学的评价机制，才能真正保障循证科研思维真正落实在教学过程中。

第五节　实践指导作用

循证医学高校教师科研能力培养中发挥着重要的实践指导作用，主要表现在以下三个方面。建立一种科研思维方式开展循证医学思想下的教学实践，使高校教师建立了良好的辩证思维方式，建立了重证据的科学思维方法。

循证医学与传统临床医学最重要的区别在于它所应用的临床试验证据，都是采用科学的标准进行了严格的分析与评价，是真实的、有临床意义的、当代最佳的科学证据，而且随着科学的进步，证据亦不断地更新，永居前沿。由于现代流行病学和现代信息学在临床医学中的广泛应用，要求医生不仅要从病人主诉和症状体征中获取诊断、治疗信息，而且要从人群中、从全球范围内、从过去乃至将来获取疾病的诊断和治疗信息；在选择治疗方案和用药

时，必须考虑各个方面的因素，不能仅凭单一的指标来判断，临床治疗最终目的由单纯的症状控制转向对治疗转归与生存质量等远期疗效和预后指标的重视，如有效寿命、总死亡率、质量调整生命年、费用效果比等。循证医学所倡导的医学实践模式给传统辩证论思想赋予了新的内涵。

一、加深几种科研方法的运用

循证医学实践要求教师综合运用所学的医学、文献检索、统计学、临床流行病学、计算机知识及循证方法，掌握应用循证方法解决实际问题的能力。教师通过循证实践，对相关专业的知识重新进行了学习和巩固，把抽象的理论知识运用在具体的实践中，提高了其综合运用相关基础知识的能力。掌握文献检索的方法和技巧。循证医学证据的获得主要通过医学文献检索，并且要求“全”和“新”。在文献检索的实践过程中，学生通过选择国内外合适的数据库，制定检索词策略，判断检索结果，进一步熟悉和掌握了文献检索的方法和技巧，同时掌握了计算机以及文献管理相关软件的使用，如 Endnote 等，这为其以后的科研工作奠定了良好的基础。

文献检索是研究生进入科研阶段必须经过的头一关，培养研究生查阅资料的能力，有利于其把握本专业领域的发展趋势，同时为教师做好科研选题工作打下基础。掌握栝医学统计学枠和栝流行病学枠的方法。循证医学实践中，学生需要应用栝流行病学枠和栝医学统计学枠的方法对收集到的证据进行分类、分级以及对证据的真实性、重要性、适用性进行评价。评价文献时，需要对研究工作的全过程进行全面的评价，包括其研究目的，研究设计，研究对象的选择，测量指标的选择，结果的分析与表达，质量控制，研究结论等。通过结合自己的实践和研究方向进行循证实践，教师必须把抽象的原理与方法运用到具体的证据评价中来，这样既强化了教师综合运用统计学方法的能力，又提高了其甄别文献、驾驭文献的能力，这是提高科研能力必备的基础，掌握循证的方法。循证学分析证据的方法主要是系统评价。

系统评价是一种全新的文献综合方法，是指针对某一具体临床问题，系统、全面地收集现有已发表或未发表的研究，严格评价文献的原则与方法，筛选出符合质量标准的文献，进行定性或定量合成，得出可靠的综合结论。本质上讲，系统评价也是对研究文献的分析和总结，但与叙述性文献综述相比较，系统评价常集中于一个具体的问题，采用明确的检索策略和文献评价标准，利用定量的方法，对结论做出推断，并定期更新。

评价的全面性要求我们在准确认识评价值的基础之上，充分考虑评价目标的多样性。所有的其他要求都是建立在全面性的基础之上的，因为事物的不同方面各有长短才有评价的必要，全优全劣之间的选择仅通过直观判断就可以了。而全面性其实也是个相对的概念，只有结合了评价的目的才是有意义的。绝对的全面是不存在的，必须要以评价目的为基础划定范围。

所谓评价的准确性，首先要能准确地反映目标的被评价信息：评价方法的本质就是使原本复杂的信息简单直接化，但是要注意的是必须要以原本的信息为基础，转化后的信息要能够反应目标真实的差距而不产生扭曲。其次还应该有良好的可比性：评价的目的就是对比评价目标的优劣，如果对于不同评价目标所产生的结果没有可比性，那么评价也就没有意义了。最后还要求评价体系能够有效地杜绝人为的干扰：无论评价对象是什么，其本质其实是对人的评价。防止人为的不正当的方式在评价中获益，是所有评价体系必须考虑的问题。

从某种意义上说评价体系其实就是一个约束体系，约束着人们的行为向着希望的方向改变。评价工作不应该是单一的孤立的事件，不是为了评价而评价，其目的是为了让每一份的科研投入能有更高的产出。评价体系的建立应该以此为导向，把奖励和惩罚相结合，把投入与产出相结合，把当前科研能力最大化与培养有活力的未来科研队伍相结合。

二、科研设计与论文撰写的能力

选修循证并经过循证实践训练的教师，无论在课题的选择，还是在研究方案的设计上，都比较科学合理，能清晰地归纳科研思路，选择恰当的实验和统计方法，规划合理的技术路线；与之相反，没有经过循证系统实践的学生在科研选题与设计上，或显得有些紊乱，或缺乏创新性和实用性，或出现技术路线不确切，或统计设计不合理等。

循证管理是一种思维，也是一种方法，其直接的理论基础和方法来自现代流行病学、现代医学信息学和统计学，是三门学科的交叉和融合。而这种交叉和融合又孕育了一系列新的理论和方法，开拓了一系列新的领域，从而为科研提供了新的思路和方法。

科研论文是科研人员研究水平及其研究成果的集中体现，科研论文就像是科研人员学术能力的一张 X 光片。通过对科研人员发表的论文进行评价，基本上就可以洞悉该科研人员的学术水平。因此对科研人员论文绩效的评价成了各科研院所、高等院校和政府部门等组织团体对科研人员进行评价、考核、奖励、资源分配时必要的手段。对科研人员论文绩效的评价实际上可以分为两个层面，第一个层面是对论文质量的评价，第二个层面是怎样通过论文质量来对科研人员的论文绩效做出评价。

第七章 科研绩效评估概述

第一节 科研绩效评估的基本内涵

一、绩效与评估

（一）绩效

绩效（performance）是组织或个体在一定时间和条件下完成某项任务的业绩、效率和效益。“绩”反映的是任务完成的数量和质量，“效”反映的是任务完成的效率和效益。《牛津高阶英汉双解词典》对绩效的解释是“执行、履行、表现、行为、成就、工作情况”等，《现代汉语词典》将其解释为“成绩、成效”。

管理实践中，对绩效的解释是多种多样的。第一，绩效就是指完成工作任务，这主要适用对象是一线生产工人或体力劳动者；第二，绩效就是工作结果或产出，即人们常说的“产出/结果”导向，这是从考核的角度予以界定的，与能力考核、态度考核相对应；第三，绩效就是行为，该观点认为行为通常被认为是工作结果产生的原因之一，如Murphy就认为，绩效是与一个人工作的组织或组织单元的目标有关的一组行为；第四，绩效就是结果与行为的统一体，只关注其中的一个难免会有失偏颇，容易造成不公正和不公平；第五，绩效是做了什么（实际收益）和能做什么（预期收益）的结合，这实际上回答的是有效性的问题。

预期收益是给定投入条件下的理想产出，如同经济学中对生产函数的描述，通常由于各种原因实际收益与预期收益存在着一定的差异，通过对绩效的分析能够确定实际的目标达成度，进而可以为绩效改进指明方向。另外，绩效还可以分为个人绩效和组织绩效两个方面，二者的关系是，组织绩效建立在个人绩效实现的基础之上，但个人绩效的实现并不能保证组织就有绩效，只有当组织绩效按一定的逻辑关系一层层分解到每一个岗位或每一个人，且每一个人都达到了组织的要求时，组织绩效才能得以实现。总起来说，绩效不外乎是效率、效果、有效性的统称。效率，即投入产出之比，其计算公式是效率=有效产出/投入量，每一个组织或个人在一定的时期内、在给定的投入条件下的效率都能够测度出来，具有很大的客观性，而效果基本与效率同意，只是带有较强的主观色彩。有效性则是指目标达成度，当目标很明确时，有效性也能够准确的测量。由于不确定性和风险性的特征，科学研究的目标通常是很难明确的，这时单独判断某一个组织或个人的科研有效性就很困难。但是，如果将一些同类型的组织或个人放在一起进行比较，以效率最高的那个组织或个人为目标，则其他组织或个人的有效性显然就能够计算出来。数据包络分析方法实现的就是这一功能。

贝茨（Bates）和霍尔顿（Horton）指出："绩效是一个多维建构，观察和测量的角度不同，其结果也会不同"。公共管理学中，常用"3E"指标考察组织或个体的绩效，即经济、效率和效果。经济指标回答的是如何在不影响产出数量和质量的前提下做到投入成本的最小化的问题，考察的是投入与成本之间的关系。效率指标关注的是在既定的时间和预算条件下，组织或个人产生了何种结果，它考察的是投入与产出之间的关系，与经济学中效率同义。效果指标衡量的是活动的目标达成度，它关注的是实施管理以后公共服务的情况是否有所改善。效率与效果的区别在于，前者适用于一切能将投入和产出量化或货币化的场合，而后者则用于那些结果无法量化的场合。

（二）评估

评估是指主体对客体价值的测度、判断和认同的过程，是一种特殊的人类认识活动。它本身不能创造价值，但是能够为管理决策提供很多重要信息，具有鉴定、导向、调控、激励和预测等功能，因而广泛存在于社会的各个方面。评估包含评估目的、评估客体、评估主体、评估指标和评估方法等基本要素。与评估内涵相似的另一概念是评价，尽管有不少学者分析了它们的细微差别后得出了不能混用的结论，但作为价值判断的基本出发点是一致的。

因此，在评估实践中经常出现二者交叉使用的情况，如教育评估和教育评价、科研绩效评估和科研绩效评价等。本文不对二者做出严格的区分，使用约定俗成的称呼，如科技评价、科研绩效评估等。绩效评估就是对相关主体工作的业绩、效率进行的价值判断。

（三）科研绩效评估

综合绩效和评估的基本内涵，可以得出，科研绩效评估是指运用一定的评价方法，对某一科研组织或个人在一定时期内的科研投入、产出及结果做出客观的综合性的价值判断。对科研组织来说，这里所指的投入，不仅包括纯粹的可以准确计量的科研经费，还包括从事或服务于科研工作的科研人员以及开展科研工作所必要的物质条件等。

根据评估的对象，科研绩效评估可以分为三个层次：面向地区或行业的宏观科研绩效评估、面向科研机构或科研团队的中科研绩效评估和面向科研项目或个人的微观科研绩效评估。显然，所分析的研究型高校是属于中观层面的科研绩效评估。与科研绩效评估紧密相关的概念是科技评价。按照科技部颁布的《科学技术评价办法（试行）》的定义，科技评价是指受托方根据委托方明确的目的，按照规定的原则、程序和标准，运用科学、可行的方法对科学技术活动以及与科学技术活动相关的事项所进行的论证、评审、评议、评估、验收等活动。

由此可以看出，科研绩效评估只是科技评价的一部分，科技评价的范围比科研绩效评估要宽泛得多。科技评价的对象包括科技计划评价、科研项目评价、科技人才评价、科技期刊评价、科技成果评价、科技组织评价、科技政策评价、科技体制评价、科技发展战略评价、科技发展态势评价，以及科学技术对经济、政治、社会发展的影响等。

第二节　科研绩效评估的理论依据

一、管理控制理论

管理是一种普遍的社会活动，是管理主体在一定的环境下为了达到一定的目的，运用一定的职能和手段，对管理客体加以调节和控制的过程。管理目标、管理主体、管理客体、管理职能、管理方法以及管理环境等是所有管理活动的基本构成要素。在这几个要素中，管理目标是核心，一切管理活动都是围绕管理目标展开的，然而，管理目标的制定、实现都有赖于外部环境以及管理者主观能动性的发挥。实际管理过程中，尽管由于客体属性各异而导致的管理目标千差万别，但所有管理主体为了实现其目标都要开展一些基本的管理工作。这些基本的管理工作就是管理职能。对于管理职能，多年以来，不同的管理学家有着不同的认识。

现代管理理论的创始人、法国实业家法约尔早在 1916 年时就指出，管理是由计划、组织、指挥、协调以及控制等职能为要素组成的活动过程。1978 年诺贝尔经济学奖获得者西蒙更加注重管理的决策职能，他给管理所下的定义是“管理就是决策”。而美国著名管理学家孔茨则认为，“管理是设计并保持一种良好环境、使人们在群体状态下高效率地完成既定目标的过程。”周三多教授在总结了前人的研究成果后认为管理是“社会组织中，为了实现预期目标，以人为中心进行的协调活动。”显然，孔茨教授、周三多教授则更关注管理的协调职能。尽管管理学作为一门科学，已有近百年的历史，但关于管理的基本职能至今仍是众说纷纭。周三多教授在他的著作《管理学——原理与方法》中汇总了众多管理学家的研究成果，管理职能竟然达到 14 种之多。但无论如何，计划、组织、领导以及控制都是管理学家公认的管理的几个基本职能。

著名管理学家斯蒂芬·罗宾斯（Stephen Robbins）也说，管理就是计划、组织、领导和控制公司的实体、财务、人力及信息资源，以有效率和有效果的方法实现一组目标。对科研绩效进行评估就是科研管理工作中控制职能的具体体现。管理学中，控制是指监督、检查工作是否按照既定的计划、标准和方法进行，发现偏差，分析原因，进行纠正以保证组织目标实现的过程。之所以需要进行控制，是因为受外部环境以及组织内部结构等因素变化的影响，组织的行为有可能会偏离既定的目标和计划。

在大科学时代，科学研究常常是需要投入大量资金，同时又需要众多科研人员借助先进科研设备才能完成的系统的持续的过程。在此过程中，无论哪个环节出现一点问题，也许都会导致整个科研目标的前功尽弃。因此，科学研究同样需要进行控制。通过科研绩效评估，可以发现，投入的资金是否产生了理想的效果，人力、物力、财力的匹配是否合理，有关组织的科研活动是否达到了最佳状态，甚至还可以发现当初制定的目标是否科学等。因此，要发挥管理的控制职能，就首先需要对整个科研过程进行评估。

二、绩效管理理论

如前所述，绩效是组织或个体在一定时间和条件下完成某项任务的业绩、效率和效益。绩效这一概念最早起源于企业管理中的投资项目管理，后被广泛应用于企业的人力资源管理。20 世纪 70 年代后，在“新公共管理”理论的指导下，企业型政府成为发达国家政府改革的目标之一，绩效逐渐进入公共部门的视野，并得到高度重视。一般来说，绩效会随着时间、空间、环境、对象的变化同而呈现出一定的多样性、多维性和动态性。

因此，为了改善和提升组织或个人绩效，需要对绩效进行管理。所谓绩效管理，是指一种提高组织员工的绩效和开发团队、个体的潜能，使组织不断获得成功的管理思想和具有战略意义的、整合的管理方法。绩效管理是一个由绩效计划、绩效实施、绩效评估、绩效反馈和绩效改进等步骤组成的循环系统。这些步骤相互联系、相互促进，共同推动组织或个人绩效的不断改善和提升。其中，绩效计划是整个系统的起点和落脚点，绩效实施是实现计划目标的关键环节，绩效评估是整个绩效管理系统的核心，起着承上启下的作用。它是根据绩效计划所确定的目标和任务实施情况，对组织或个体在一定时期和一定条件下的绩效进行全面的考察。从而为绩效反馈提供客观依据，也为下一步绩效改进指明明确的方向。科学研究是一种创造性的劳动，科学研究的绩效是反映一个组织或个体在一定时期内的科研工作总体水平及其发展能力的指标，可以通过科研资源的投入、科研成果的产出以及科研管理水平的高低等因素体现出来。考察研究型高校的科研绩效，最根本的目的也就是为了加强它们的科研绩效管理，提高资源配置效率，制定科学合理的科研发展规划。

三、经济效率理论

任何社会、任何时代，资源稀缺都是一个客观存在的基本事实。如何提高资源使用效率以最大限度满足人类需要是经济学作为一门科学产生的根本原因。作为经济学中一个基本而又十分重要的概念，效率就是指业务活动中投入与产出或成本与收益之间的对比关系。人们总是希望以较少的投入获得较多的产出，或者在相同产出的条件下，投入尽可能的少。根据不同的研究目的，效率可以分为多种类型，如技术效率、规模效率、管理效率等。技术效率是指给定投入情况下生产系统获取最大产出的能力，经济学上通常用生产函数进行描述。

在西方经济学的发展史上，经济学家先后开发了多种类型的生产函数，常见的有线性齐次生产函数、柯布一道格拉斯生产函数（C-D 生产函数）、替代弹性不变生产函数（CES 生产函数）以及随机前沿生产函数等。规模效率是指生产系统是否在最合适的投资规模下进行生产，反映的是有投入要素的变化与相应产出变化之间的生产技术关系，与生产函数紧密相关，又称为规模收益、规模报酬。当规模效率为 1 时，称为规模有效，否则就是规模无效。规模无效又分为规模收益递增和规模收益递减两种情形。测度企业规模效率具有重要的现实意义，当处于规模收益递增时，企业还应该扩大生产规模，规模收益递减时，就应该缩小生产规模。管理效率是指由于实施了管理而增加的收益与管理成本之间的比较。生产技术是否得到充分发挥、资源配置是否合理、生产规模是否达到最佳都是管理者必须要思考的问题。因此，从这个角度来说，技术效率、规模效率等都是属于管理效率的一部分。

虽然从定义上看，效率并不等于绩效，但考察某一组织的绩效一定离不开效率，因此，经济学注重投入产出效率的思想仍是分析科研绩效的基本理论依据之一。大科学时代，项目式资助是科学研究的常态，一般都有比较明确的研究方向和目的，投入多少资金、人员、设备以及其他要素，预计能够产生什么样的成果，事先都有一个大致的判断。然而，由于各种因素的影响，科学研究过程中，能否做到投入尽可能地少、产出尽可能地多仍是一个值得探讨的问题。

第三节　科研绩效评估的目的与功能

一、科研绩效评估的目的

回应社会公众对政府日益增加的科研投入及其投资回报的质疑是科研绩效评估产生的最初动机。二战结束以后，随着科学技术的迅猛发展及其在经济、社会、国防等方面的影响逐步深入和扩大，许多国家尤其是发达国家加大了对科学研究的投入。与此同时，公众对投资回报的期望值也愈益提高。这就使政府和科研机构面临着巨大的压力：大量公共资金的资助是否花在了与解决公众切身利益有关的科学研究上？巨额的投入是否产出了高质量、高效益、高效率的科学研究？在此深刻的社会背景下，发达国家开始重视科研绩效的评价工作，20 世纪 60 年代，经济合作组织（OECD）的一些国家开始尝试对政府支持的一些科研活动的投入、产出、成果和影响力等方面进行评估。1993 年美国国会颁布的《政府绩效与结果法案》（Government Perforamce and Results Act，简称 GPRA）更是将绩效评估纳入法制化的轨道。虽然这不是一部关于科研绩效评估的专门法律，而且在科学研究领域还出现了反对的声音，但经过讨论，最终还是将科研绩效评价纳入该法案中来。

适应科研经费项目式资助的需要，是开展科研绩评估的又一重要原因。长期以来，政府对包括高校在内科研机构的资助是经常性资助。所谓经常性资助，又称机构式资助，是指政府将科研经费按年度一揽子拨付给公共研究机构或高校，它们可以按照自己认为合理的使用方式自由支配这类经费，并且不附加任何条件。为了提高研究机构的适应性和责任感，另外一种经费资助方式逐渐增多。这种资助方式就是项目式资助。项目式资助足以竞争为基础的单个项目资助方式，与机构式资助相对应。研究机构或研究人员需要通过竞争才能申请到相应的科研经费。如何确定资助对象？通过开展科研绩效评估是实现这一目标的重要手段。

英国高等教育基金会开展的科研绩效评估（Research Assessment Exercise，简称 RAE）就是这方面突出的例子。RAE 由英格兰高等教育基金委员会、苏格兰高等教育基金会、威尔士高等教育基金会以及北爱尔兰教育部共同组织，每 3～5 年为一个评估周期，首次评估开始于 1986 年。其目的是有选择的分配科研经费，以促进高质量的科学研究。RAE 评估的等级直接与拨款的多少挂钩，评估的等级高，拨款的等级也高，得到的经费就多，反之，则越少。

以 2001 年的评估为例，拨款等级与评价等级的关系是：以 3b 为一个单位，3a 为 1.5 个单位，4 是 2.25 个单位，5 是 3.375 个单位，5☆是 4.05 个单位，而等级 1 和 2 则没有经费。近年来，我国的众多科研项目也都是采取这种方式进行资助的，如“863 计划”“973 计划”、国家自然科学基金、国家社会科学基金、长江学者奖励计划等。研究型高校所获得的这些科研项目比一般高校要多得多。

开展科研绩效评估是加强科研管理工作，提高科研投资效率的必然要求。与以往的科学研究多是以好奇心为驱动不同，在当今信息大爆炸的时代，以问题为导向的科学研究正逐步成为知识生产的驱动器。这就意味着科学研究工作具有非常明确的方向性，制定什么样的科研计划、选择什么样的科研项目、计划多少投资、最终想要得到什么样的结果等都是投资者和管理者必须要思考的问题。通过科研绩效评估，可以发现科学研究工作中存在哪些不足，例如，当初制定的计划是否合理，既定投入条件下产出是否达到了最大，或者产出不变的条件下投资是否还可以减少，目标达成度怎样等。只有通过评估才能准确地发现这些问题，为进一步完善和改进提供客观依据。正如美国著名的教育评估专家斯塔费尔比姆指出的，“评价最重要的意图不是为了证明（prove），而是为了改进（improve）。”另外，科研绩效评估还是确定优先研究领域、实施科技奖励的重要手段。

二、科研绩效评估的功能

与其他评估活动一样，科研绩效评估一般也具有以下几种功能：

（一）导向与激励的功能

导向的功能是指科研绩效评估能够对科研组织提高科研水平起着引导的作用，激励功能是指通过对被考察对象之间的横向比较，给它们以一定的压力和动力，促使它们要提高科学水平、关注科研效率。因为绩效既注重效率又注重效果及影响的内涵表明，科研绩效评估不仅要考察决策单元投入产出的效率问题，还要关注被考察对象的产出质量及影响。这就要求各决策单元在科研活动中，一方面要注重效率，另一方面也要注重科研项目的层次，只有高水平的科研项目才有可能产生高水平的研究成果。近年来，申请国家自然科学基金、国家社会科学基金等高层次科研项目的竞争越来越激烈的事实充分说明了这一点。

（二）反馈与沟通的功能

开展科研绩效评估是实现高等学校科研工作主动适应社会经济发展需要，密切高等学校与社会联系的重要渠道。这就需要充分了解社会需要什么样的科学研究，以及高校科研工作的成果对社会经济发展的贡献等两方面的信息。评估过程实际上就是一个信息反馈过程，一个社会与学校沟通的过程。

（三）监督与决策的功能

科研绩效评估还是包括研究型高校在内的科研机构实现决策科学化、民主化的必要条件。不同于早期科学研究多具有随机性、偶然性的特点，在大科学时代，科学研究的目的性则更加明确。制定什么样的科研政策是一个以系统而可靠的信息为依据，以科学而综合的价值分析为基础，不断进行调节、控制和决策的过程。所有这些都与评估息息相关。科研绩效评估可以使决策者能够比较全面、系统、准确了解相关机构的科研水平、科研效率和效益，从而为科研项目的资助、科研政策的制定提供可靠的依据，督促相关的科研机构提高科研管理水平。

三、科研绩效评估指标体系的作用

设计科学合理的绩效指标体系的作用在于，一方面有利于得到客观、公正、科学的评估结论，另一方面，有利于加强科研绩效管理。指标体系是由多个相互联系、相互作用的指标，按照一定的层次结构组成的有机整体。科学合理的科研绩效指标体系建立的过程是一个对研究型高校科研活动进行全面分析的过程，是将对研究型高校科研活动总体性、概括性认识系统化、层次化、条理化的过程，因此，更容易挖掘科研活动中个要素之间的内在联系，为得到客观、公正、科学的评估结论创造条件。

与此同时，绩效评估是科研绩效管理的基础，而科学合理的科研绩效指标体系是实现管理目标的前提。通过指标的导向作用，可以促使决策者、管理者更加注重各种科研投入要素的质量以及它们之间的合理匹配，更加注重科研项目的层次及科研成果的质量，更加注重科研投入产出的效率、效果，甚至重新思考现有的科研政策是否有进一步调整与优化的必要。

四、高校科研项目绩效评估的特点

高校的定位不同决定其科研活动的目的，重点、方式等都不尽相同，因此这就决定了不同的高校，它们的科研项目绩效评估其绩效会具有不同的特点：

（一） 综合性评价

虽然由于各种原因，不同的研究领域、项目内容，科研方式等导致评估机制不能只有一种方式，而是应该综合考虑各种方法以及各种情况。

（二）科研工作者激励性

科研项目的直接主导者是科研工作者，对科研项目的绩效评估更主要的是对科研工作者的激励机制，他们的晋升与奖金直接与科研项目挂钩，学校的排名情况也直接与科研工作者的水平和科研项目的水平挂钩，因此不能脱离这个特点去研究绩效评估机制。

（三）科研项目绩效评估过程中的量化性

科研项目绩效评估的过程是人为因素主管把控的，因此必须引入量化指标，将每一种情况尽可能地用合适的指标来表示，最大化的减少人为的因素，例如论文研究的好坏必须有个标准，引入国际期刊发表率，核心期刊引用率等建立一个分值区间以便于不同项目的比较。此外，科研经费，专利发明，人才培养等方面都可以这样去量化指标，将这些科学的指标通过一系列模型得出科研项目的绩效水平。

第四节 高校科研活动的投入产出分析

尽管科学研究类型多样、特点各异，但都必须要投入一定的资源才有可能获得相应的科研成果，研究型高校的科学研究也不例外。从定量的角度来说，科学研究活动的投入要素主要包括科研经费、科研人力、科研平台以及科研项目等。实践中，这几个要素之间并非是一种简单的并列关系，而是非常复杂的相互影响、互为因果的交叉关系。

一、投入要素分析

（一）科研经费

在科学时代，由于科学目标的单一性和科研劳动的简单性，依靠科学家个人的努力和少量的经费就能实现知识生产的目标。而在如今的大科学时代，随着科学问题和科研目标日益深入和复杂，没有先进的科研仪器的支撑和巨额科研业务费的持续支持，是无法完成现代知识生产艰巨的任务的。

因此，在科研投入的这几个要素中，首先考虑的必然是科研经费。然而，科研经费本身并不能够产生科研成果，它只是科研活动中最基础的一个必要条件。只有有了大量的科研经费，才能吸引到大批高素质的科研人员，购买到先进的科学研究的仪器设备，营造良好的科研环境，从而为取得高水平的科学研究成果提供可能。根据教育部科学技术司编撰的《2008年高等学校科技统计资料汇编》，我国高等学校的科研经费主要包括以下五种：科研事业费、主管部门专项经费、其他政府部门专项经费、企事业单位委托经费以及各种收入转为科技经费。科研事业费是指学校上级主管部门从科学事业费、教育事业费通过切块和按项目戴帽下达，以及学校从教育事业费中安排的研究经费。主管部门专项经费是指按隶属关系确定的学校上级主管部门从科技三项费（新产品试制费、中间试验费、重大科研补助费极其专项费）、技术措施改造费、基建费和教育事业费中为学校安排的研究经费。其他政府部门专项经费是指非学校上级主管部门下拨的科研专项费用。

企事业单位委托经费是指学校从校外企事业单位获得的研究经费。一般是大学通过与企事业单位签订技术合同，为相关单位解决技术难题而获得的研究经费，具有非常明确的目的。多属于应用性研究和开发研究。各种收入转为科技经费是指学校从技术转让、咨询、服务、新产品出售等收入中提取用于科研活动的经费。

除了以上五种，研究型高校的科研经费还有一个重要来源，那就是社会捐赠中用于科学研究的经费。对于“按项目戴帽下达”的科研事业费是否属于投入要素的范畴是一个需要探讨的问题。首先，从项目资助的角度来说，它是科研产出的一种表现形式。当今社会，绝大多数的科研项目都是通过竞争的方式而确定资助对象的，显然，科研条件的优越程度、科研人员素质的高低等投入要素是决定是否获得科研项目的重要条件。因此，可以将之纳入科研产出的指标范围内。从我国的国家自然科学基金、国家社会科学基金、“973计划”“863计划”等重要的科研项目中可以看出，研究型高校所获得的这些项目尤其是重大项目占有绝对的数量。其次，从科研的具体产出形式来看，它又可以看作科研投入的一种。科研产出的具体表现形式有学术论文、学术著作、发明专利等多种类型。而这些具体形式的科研产出大多是科研人员在所获得项目的基础上研究而得到的。在实际的评估实践中，将这种科研经费作为投入指标或产出指标的情形都有。

（二）人力资源

实际从事或有潜力从事系统性科学和技术知识的产生、发展、传播和应用活动的人力资源就是科研活动的人员投入，既包括实际从事科技活动的劳动力，也包括可能从事科技活动的劳动力。根据这一概念，在高等学校，科研人员包括直接从事科学研究的研究人员和从事科研管理服务活动的人员两种类型。其中，直接从事科学研究工作的人员又可以分为三种类型，一类是教学科研兼顾的人员，一类是全职从事科学研究的人员，一类是在导师指导下开展科研工作的本科生、研究生，尤其是研究生中的博士生，它们既属于科研投入又属于科研产出。对于前两类人员又可以根据职称、学历等分为多种层次，在不同的统计资料或文献中有不同的反映。实践中，根据职称进行划分的情形居多。当前，在国家层面，高职称的科研人员中，有几类影响较大，成为各高校引进人才的重点对象，而这几类科研人员恰恰是研究型高校科研工作的中坚力量。他们是“两院”院士、长江学者（包括特聘教授、讲座教授和长江学者成就奖三个类别）、国家杰出青年基金获得者（简称“杰青”）、“千人计划”（海外高层次人才引进计划）入选者以及入围教育部“新世纪百千万人才工程”的年轻学术技术带头人等。他们或者是相关领域的权威专家，或者是冉冉升起的中青年杰出人才，在我国科技领域具有举足轻重的地位。以长江学者为例，截至 2006 年，有 24 位长江学者特聘教授当选为中国科学院院士、中国工程院院士；有 57 位长江学者特聘教授担任“973”计划首席科学家；有 30 位长江学者特聘教授取得的 39 项重大成果分别入选“中国十大科技进展新闻”“中国基础研究十大新闻”以及“中国高校十大科技进展”；有 175 项由长江学者特聘教授主持或作为主要完成人参加的科研成果获得了国家三大科技奖：70 位长江学者指导的 88 名博士研究生获得了“全国百篇优秀博士论文奖”。

在分析高等学校人力资源投入时，还有一个重要的科研群体需要关注，即科研团队。团队是由少数有互补技能、愿意为了共同的目的而相互承担责任的人组成的群体。把团队引入科学研究领域就称之为科研团队或科研创新团队。在当今科学技术快速发展的条件下，科学的分支化趋势和综合化趋势日益明显，传统的学科界限愈益模糊，学科的交叉性和渗透性已成为科学研究的必然趋势。这就要求科研人员具有的知识不仅要有深度，而且要有广度；不仅要具有解决单一问题的能力，而且要具有解决综合问题的能力；不仅需要独立研究，更需要团队合作。可以说，团队已经成为大科学时代开展科学研究的主要方式。

（三）科研平台

高水平的科学研究需要先进的研究平台做支撑。在自然科学研究领域，国家实验室、重点实验室、工程（技术）研究中心等是重要的科研平台。这几类平台中，国家实验室层次最高，能代表一个国家在某一领域科学研究的最高水平。我国的研究型高校中，只有少数几个拥有国家实验室，如中国科学技术高校的同步辐射国家实验室和合肥微尺度物质科学国家实验室（筹）、清华高校的信息科学与技术国家实验室（筹）、北京高校的分子科学国家实验室（筹）、华中科技高校的武汉光电国家实验室（筹）等。除此以外，绝大多数的研究型高校都拥有一定数量的重点实验室、工程（技术）研究中心等。

在社会科学研究领域，人文社会科学研究基地等是重要科研平台。人文社会科学重点研究基地是聚集和培养优秀学术人才，围绕国家发展战略，针对学科前沿和社会经济发展中的重大理论与实践问题，组织高水平研究的新型科研组织。在产出创新成果、形成学术交流开放平台、带动高校哲学社会科学发展创新等方面发挥着重要作用。1999 年～2006 年，教育部先后在全国 66 所高校建设了 151 个人文社会科学重点研究基地，取得了令人瞩目的成绩，共向中央、省部级单位提供咨询报告 3 万余份（2321 份直接被采纳，104 份获得中央领导批示）；开发新课程 1119 门（获国家级教学成果奖 133 项）；为社会各界提供短期培训 974 期，培训 10 多万人。拥有多少这些重要科研平台是衡量一所学校科研实力的重要指标。

（四）科研项目

科研项目可以从多个角度进行分类。

第一，从课题的来源来看，可以分为纵向课题和横向课题两类。纵向课题是指通过竞争等渠道所获得的上级科研管理部门批准的课题，横向课题是受企事业单位委托的课题。

第二，从课题的级别来看，有重点课题、重大课题、一般课题等，它们的差别主要在于资助经费的多少。

第三，从课题的研究对象来看，有自然科学研究的课题和社会科学研究的课题。当前，我国层次较高的一些纵向科研项目，在自然科学研究领域有国家自然科学基金重点项目、国家自然科学基金重大项目、国家杰出青年科学基金、国家自然科学基金项目、国家自然科学基金专项项目、863 计划课题、973 课题、国家科技支撑计划课题等；在社会科学研究领域有国家社科基金重点项目、国家社科基金项目、国家软科学研究计划重大项目、国家软科学研究计划项目、教育部哲学社会科学研究重大课题攻关项目、教育部人文社会科学研究项目、全国教育科学规划课题等。还有一些影响比较大的科研项目既包括自然科学研究也包括社会科学研究，如高等学校全国优秀博士学位论文作者专项资金、教育部新世纪优秀人才支持计划、霍英东教育基金会高等院校青年教师基金、教育部留学回国人员科研启动基金等。

二、产出要素分析

科学研究的产出有多种类型，依科研性质的不同而不同，主要包括学术著作、学术论文、专利以及成果获奖等多种类型。其中，成果获奖是由前面几种科研成果派生得出来指标，因为授奖的依据主要是研究成果水平的高低。在高等学校，科学研究还有一个重要的产出指标，即培养的人才。

（一）学术著作和学术论文

学术著作是基础研究成果的主要表现形式之一，可以分为专著、编著、译著、教材等类型。其中，专著是科研人员对自己研究领域的独到见解的系统阐述，最能反映科研人员的学术水平。学术论文是对某个科学领域中的学术问题进行研究后表述科学研究成果的理论文章，是各种科研成果的基本表现形式。学术论文可以分为多种类型，这里所指的是发表于各类期刊上的学术论文，它是当前职称晋升、课题申报、项目评估、科研评价的重要依据之一。学术论文水平的高低常常因学术期刊级别的不同而不同。当前，国际上，自然科学研究领域的SCI、EI、ISTP三大检索系统、社会科学研究领域的SSCI是公认的权威期刊。在国内，数据库CSCD、CSSCI收录的则分别是自然科学领域和社会科学领域影响较大的中文期刊。另外，北京大学图书馆编辑发布的《中文核心期刊要目总揽》也是影响较大的中文期刊数据库。该数据库期刊涵盖自然科学和社会科学领域，至今已发布了5版，最新的第五版是2008年发布的。

（二）专利授权与科研成果转化

专利是专利权的简称，是对发明人的发明创造经审查合格以后，由专利部门依据专利法授予发明人和设计人对该项发明创造享有的专有权，包括发明专利、实用新型专利和外观设计专利三种类型。根据我国的《专利法实施细则》，发明是指对产品、方法或者其改进所提出的新的技术方案：实用新型是指对产品的形状、构造或者其结合所提出的适于实用的新的技术方案；外观设计是指对产品的形状、图案、色彩或者其结合所做出的富有美感并适于工业上应用的新设计。专利是自然科学研究中应用研究、开发研究成果的重要形式，也是研究型高校科学研究实力和创造力的重要体现。科研成果转化是指为提高生产力水平，对科学研究与技术开发所产生的有实用价值和市场前景的科研成果进行后续试验、开发、应用、推广等活动。它有多种表现形式，如技术转让、技术开发、技术咨询、技术服务、技术入股以及学校自行将研究成果进行投资，兴办企业等。在教育部科学技术司每年编撰的《高等学校科技统计资料汇编》中，这一指标是以签订合同数和当年实际收入两种形式体现出来的。

（三）成果获奖

科研成果获奖也是科研产出的重要指标之一，是对科研人员、科研组织研究工作的肯定。在我国，自然科学研究领域奖励级别最高的是国家科学技术奖。该奖分为五类：国家最高科学技术奖、国家自然科学奖、国家技术发明奖、国家科学技术进步奖、中华人民共和国国际科学技术合作奖。在社会科学研究领域，层次较高的有国家“五个一工程”奖、国家图书奖等。另外，教育部于2009年3月通过了《高等学校科学研究优秀成果奖（人文社会科学）奖励办法》，专门奖励高等学校的那些在人文社会科学研究领域做出突出贡献的研究人员。奖项分为优秀成果著作奖、优秀成果论文奖和优秀成果研究报告奖三类，每三年评选一次，每个奖项都设特等奖、一等奖、二等奖和三等奖四种。

（四）人才培养

不同于其他科研机构，高等学校的科研工作还有一项重要的职能，那就是要通过科学研究培养国家、社会所需要的高级专门人才，研究型高校更是如此。因此，在分析研究型高校的科研产出时，培养的人才是一个不可或缺的组成部分。这里的人才主要是指它们所培养的毕业生，尤其是研究生中的博士生。这一产出可以用在校生数、毕业研究生数、获得全国优秀博士学位论文数等等指标衡量，后一指标能够充分反映它们的人才培养质量。

第八章　高校教师的科研评估的问题及原因探析

第一节　评估指导思想缺乏战略性

从根本上讲，高校科研绩效评估的指标应该与学校的战略目标相一致。但是，目前我国高校普遍存在定位不明确的问题，对学校的使命与发展方向不够清晰。因此，科研绩效评估的指标很难与学校的远景战略目标挂钩，难以充分发挥绩效评估的作用。此外，许多学校的科研绩效评估过分着重短期目标，忽略远景战略。应对日新月异的社会需求、日趋激烈的外部竞争，学校不仅要注意短期目标的实现，还必须制定长期目标及相应的评估指标，以提升学校可持续发展的竞争力。

第二节　评估方法和手段存在不足

一、评估重数量、轻质量，工作量的计算方法不合理

许多高校在高校教师绩效评估中都只采取量化的手段，只强调教师的业绩数量而忽视了其质量。这样导致一部分教师为了追求高的绩效水平，放弃了提高教学质量，用满负荷的教学课时数与学生人数来提高自己的绩效数量，对于进行科学研究型的教师也是过于注重教师们的成果数量，以发表的论文篇数、出版著作数量以及完成的项课题数来评估等。导致那些专心做学问的老师，因为数量上不去而在评聘、晋升中缺乏竞争力。过于注重量的评估，就容易导致急功近利，这样必然成为影响高校发展的重要因素。是当今高校科研评价中存在的最突出、最严重的问题。长期以来，高校学术评价及其激励机制一直存在唯数字化倾向，论文和著作的数量及科研经费的多少被当作衡量教师科研水平的尺度、职称评定的硬件、年度考核乃至岗位竞聘的重要

条件，甚至细分级别、规定研究时限。这种做法貌似科学，实则与科学研究的精神相悖，因为科学研究是一个厚积薄发、循序渐进的漫长过程，数量和时间的限制是违反创造性劳动规律的，不仅降低了科研成果的质量，还造成智力资源的巨大浪费。

其直接结果就是导致学术浮躁和急功近利，许多教师为了数量达标，不得不“为发表而科研”，为凑数而粗制滥造，致使许多堂而皇之地科学研究实质不过是低水平重复，制造出大量学术垃圾，也酿成了高校虚假的文化繁荣和虚伪的学术之风，形成“学术泡沫”效应。总之，科研评价中对数量化的过分追求最直接最致命的代价就是创新性的丧失和智力、人力、财力的巨大浪费，甚至异化为对职称、金钱、声望的追求。不以“创新”为终极目标的科研已经背离了科学研究的本质精神，这显然是一种危险的倾向。

当今高校科研评价不仅重数量而且重形式，即科研成果发表的刊物级别、获奖等级、字数多少、排名先后，科研课题的申报、论证、结题、鉴定等，均有严格的形式要求，近年来还形成了唯“核心”期刊和 SCI、IE 是从的现象。SCI(科学引文索引)是美国费城的一个私立科学信息研究所利用科学计量学方法，对世界范围内的科技期刊和自然科学基础研究论文进行评价的一种方法与工具。美国国家科学基金会的研究指出：对 SCI 的使用更适合于评价科研机构或大量科学家的集体，而不适合评价研究者个人，更不能将不可比的数据进行比较。而我国高等院校利用 SCI 评价的恰恰是研究者个人，而且在申报职称、博士学位点、重点学科、科研奖励中热衷于追求 SCI 的论文收录数。

对形式的过分追求会导致许多弊端，如大学教师更多地关注形式化的可以量化的指标，忽略学术精神、科学态度、学术品格的养成；为满足形式化的评估需要，一篇文章、一本书、一个实验乃至一个学科的精心包装已成为必要，动辄制造大部头的系列著作，且是“精品著作”，年内或数月完稿，其质量怎能保证，“精品”又何精之有？

科研评价数量化和形式化的要求实质上是一脉相承的，为此，我们不得不去反思科学研究的精神实质问题。真正的科学研究是人们对高深学问不断探究、不断创新从而不断提高人类实践能力的过程，文章、报告、专著等只是这一过程的体现形式。科学研究的精神实质是，在这一探索过程中形成的探究未知世界的能力，严谨求实、不畏权威的科学态度，坚忍不拔、勇于攀登的科学精神，宽松民主、淡泊明志的学术氛围等。爱因斯坦在评价居里夫人的科学成就时，更多地赞扬了她的科学精神。所以，科研评价对数量和形式过分追求的直接代价就是科学研究的精神实质的异化甚至沦落，是研究者求真、求善、求美的学术精神的失落及其独立的学术操守的丧失，继而导致急功近利、投机取巧等不良现象的产生。

二、重经济效益轻社会效益

当前，为解决办学经费的燃眉之急，许多高校把“财源”寄希望于科研经费，大学科研不得不违背科技发展和教育发展的规律在研究方向上做出某些偏斜，重横向课题，轻纵向课题。横向课题一般来说应用性强、见效快、收益高，理论水平和要求相对低于纵向课题，所以即便是某些以基础研究见长的学科专业也跃跃欲试。对研究者个人的经济利益的诱惑也使他们乐意从事“效益科研”。政策上的偏斜更形成了对科研评价的误导，使之重经济效益轻社会效益，进而导致科研资源配置的“马太效应”，使纵向研究所获得的科研经费越来越少，自身造血功能越来越低，处境越来越不利。不注意大学科研的长期目标，没有理论研究做支撑的大学科研，其代价和损失是潜在的却又是难以弥补的。

三、杂家评专家与权威崇拜

当今高校科研评价管理体制还存在条块分割、各自为政的特点，科技管理部门、人事组织部门、院系基层单位等各部门基于各自的评价目的做出相应的评估。这种评估体系所体现的是“一种简单的主管部门对于研究人员或其小组、院系的一对一的关系，但对于研究人员、小组及院系而言，则是一对多的关系，基层单位往往穷于应付。”多头评价体系，加之人为干扰因素较多、评价活动太多太滥，科研成果往往被评为“四不像”，以致无所适从；其次，科研评价往往由行政人员起主导作用，权力的过多介入同其他非学术影响因素一样容易导致科研评价结果的不公正；再次，从评价技术上看，高校科研评价缺乏规范的指标体系和统一的评价专家系统，在学界声望较高、同时又具有评价专业技能的同行专家人数较少。以上因素所导致的“杂家评专家”现象向科研评价体系的公正性和科学性提出严峻的挑战。

此外，高校科研评价还存在对“职称”和“权威”的盲目崇拜现象，职称的高低被当作科研课题申报的依据，也被当作遴选评审专家的依据，不利于中青年学术人才脱颖而出。

四、评估手段陈旧，重奖惩、忽视以人为本

当今高校教师评估大多是以奖惩为手段，以绩效评估分数的高低来决定教师的晋升、薪酬高低和职位聘用，而忽略了以人为本的管理思想。高校教师的丰富的专业学士和科研背景决定了他们在工作过程中是以最大化实现自我价值和发挥才干为目标，如果盲目地用奖惩手段来评估教师的绩效，缺乏对教师人格的尊重、能力的信任和个人发展的关心，就不能激发教师的工作热情和积极性，使得绩效评估起不到激励的作用，长远来看就不能促进教师的现实表现和未来发展的融合。

五、评估普遍存在重科研、轻教学的现象

高校是人才培养的摇篮，高校教师在承担科研任务的同时也承担着培养社会所需人才的重要职责，在传统高校人事管理体制下，教师只注重追求科研学术成果，忽视了对学生的培养和教学质量的提高，同时也忽视了对自身道德素质、思想政治水平等基本能力素质的培养。这导致高校教师道德水平降低，学术风气不正等现象的存在。高校教师的重要任务是对人才的培养，在人才培育过程中，高校教师的道德水准、世界观、价值观、政治理论水平等，直接影响到学生的成长。

导致高校教师重科研、轻教学的根本原因是现行的高校评价机制。对于大学而言，最大的“政绩”不是教学成绩，而是科研成绩，尤其要看得到了多少项国家级、省部级科研课题与项目，带来了多少万甚至多少亿的科研经费。正是在这种不合理的评价体系下，导致了高校科研功利化和教学荒废化的趋势。评价与考核机制，使不少教师将主要精力投入到科研工作中。尽管学校对教学工作也有相应的考评机制，但是，职称、课题经费等更具“含金量”和“附加值”的诱惑，往往导致老师们在“教学与科研的天平”上，向科研一边倾斜。

北京高校教师小曹说：“老师们都知道，想晋升职称、申报课题或者跳槽到更高水平的学校，就必须被学术界认可。这只能靠做好学术研究和发表更多著作，不然，课教得再好也不行。”在他看来，教学凭的是良心，而科研则更多的是受外部压力，在压力之下，难免会有人顾此失彼。

“注重教学并不是说，教师只负责好课堂这一亩三分地就够了。”卢晓东介绍说，教师必须通过交流，了解学生特点及其学习状况，这样才能因材施教，在交流中启发学生、指导学生。在欧美的一流大学里，任课教师不仅要精心备课、认真讲课，课后还必须对学生进行学业指导。有些大学甚至规定，任课教师每周必须安排出 3 个小时左右的“office hour”（办公室时间），在办公室等待学生来访，为学生提供指导。而在我国，虽然不少高校要求教师课后指导学生，但很少有时间、次数的硬性规定。因为科研收益大，许多教师在科研上投入时间、精力“多多益善”，教学上的投入就少了，从这个角度看，我们确实有些“重科研、轻教学”了。

古语说，“试玉要烧三日满，辨才须待七年期。”高校人才培养的效果，在短时间内很难全面检验，“一般说来，某一时期高等教育培养人才的效果，10 年，甚至二三十年后才能有客观、全面的展示。”卢晓东介绍说。正因为此，如果等到“重科研、轻教学”的效果出现时，再纠正已经晚了。

事实上，国家也意识到了高校“重科研、轻教学”倾向，从 2007 年开始，教育部、财政部启动了“高校本科教学质量与教学改革工程”，提出“引导各级政府和高等学校把教育资源配置、学校工作着力点集中到强化教学环节、提高教育质量上来。”也许正如张红伟所说，“教学和科研如何平衡，是全世界大学面临的永恒问题。经常是，被忽视的部分得到重视后，又压过了另一部分。但正是在这样周期性的矛盾发现和纠正中，大学朝着更好的方向发展。”

六、评估结果缺乏真实性与有用性

由于国内各高校教师的绩效考核机制不够完善，尚未在全国范围内形成一致的参照标准，尤其是监督机制的缺失，使得许多高校教师的绩效考核项目重复设置，同一内容被反复地利用。此外，一些并无多大实际学术价值和应用价值的科研项目，出于权利影响大于学术地位的原因，也被作为绩效评估的指标。使得评估结果却乏真实性和有用性，与其最初的目的相违背，失去了评估的意义。更有一些高校教师以此为恃，通过调换工作或档案转借的方式，用同一个评估项目参加不同的考核，谋取利益，加剧了学术腐败，造成了学术上的浮躁气息。

七、评估结果封闭性，得不到有效反馈

评估指标与标准的制定应该与学校的自身特点和学校的战略发展目标相结合，这样才能将个人的发展与组织的发展相结合，但有的高校在制定设计过程中，在广泛征求教师意见、开展深层次调研上所下的功夫不够，学校管理部门和管理人员与教师缺乏有效的沟通。有时学校领导和职能部门做了大量工作，但效果欠佳，不能得到预期效果。这样势必造成指标层次偏低或偏高、评估标准不能反映实际工作状况等情况。绩效评估之后需要进行绩效沟通，来促进教师的自我管理。缺少反馈的评估是没有任何意义的，绩效考核的结果应及时反馈给教师。而现实的情况是，绝大多数学校对绩效考评的反馈工作做的不细致。甚至有的学校根本就没有把评估结果反馈给教师，每年都评估，表格收走了，就没动静了，结果被评估的教师也不知道自己的具体情况，慢慢地就把评估工作看淡了，甚至不关注了，如果评估的结果不能促使

学校整体绩效的提高，那么评估便是在内部制造“工作”，导致考评失去了意义。

第三节 高校教师科研评价制度不合理

一、只看重科研成果数量而不重视其质量和科学意义

高水平的科技创新成果绝对不是低质量成果的简单累加，仅仅追求数量上的增加，不仅不能取得创新型成果，反而会造成大量科技资源的浪费，甚至导致学术浮躁和学术造假。

我国 SCI（科学引文索引）论文的数量已居世界第五，但 1994 年～2004 年十年间每篇文章的平均索引率却排在第 120 位之后。在全国政协“落实国家中长期科学和技术发展规划纲要”专题协商会上，全国政协常委、中国科学院院士陈佳洱说：“一个人一辈子能做成一两件了不起的事就很不容易了。科技创新重在质量，不能盲目追求论文数量。”我国不少科研院所和高校在人才评价中只看重科研成果数量而不注重其质量和科学意义，导致科研人员急功近利，为获奖和晋升而搞“短、平、快”，成果得不到转化，甚至还催生种种学术造假行为。

因此，必须改革以“量”为核心的评估体系，否则，因其所引发的浮躁学风和“科技泡沫”将阻碍高校科技创新的实现。教师工作的性质与特点决定了教师绩效评估应该用定性分析与定量分析相结合的方法。而当今许多高校对教师的评估只注重绩效的结果，完成任务的情况，而忽视了教师的工作过程。这样过于看重结果的评估趋势会使得教师为了得到好的绩效结果而只注重追究工作任务的完成量，只关注眼前的利益，忽视了自身的成长过程与长远发展目标。至于教师在教学工作、项目研究中是否用心投入，是否兢兢业业地工作，都缺乏平时考察。

不同学科的教师在不同科研项目上所需投入的时间与精力是不同的，评估者应该针对教师的差异性而制定不同的评估周期，这样才能使得评估结果更加真实、准确。绩效评估本来是为了促进教师专业发展和提高教学效能，

但在“重结果、轻过程”的评估思路下， 阻碍了教师专业发展与教学效能的提高。如何使绩效评估过程中做到结果与过程并重，将两种绩效都纳入评估的范畴，发挥评估的激励与发展功能，这是绩效评估过程中迫切需要解决的问题。许多高校在高校教师绩效评估中都只采取量化的手段，只强调教师的业绩数量而忽视了其质量。这样导致一部分教师为了追求高的绩效水平，放弃了提高教学质量，用满负荷的教学课时数与学生人数来提高自己的绩效数量，对于进行科学研究型的教师也是过于注重教师们的成果数量，以发表的论文篇数、出版著作数量以及完成的项课题数来评估等。导致那些专心做学问的老师，因为数量上不去而在评聘、晋升中缺乏竞争力。过于注重量的评估，就容易导致急功近利，这样必然成为影响高校发展的重要因素。

二、只看重成果产出速度而不遵循科学研究的规律

科学研究不是一蹴而就的事情，尤其是一些基础学科的创新，需要长时间的积累和探索，并经过缜密的科学论证和实验验证。目前高校教师评价机制中存在着一定的导致“急功近利”的问题，如一些高校的评价考核制度规定，考核的周期往往都在两三年内，有些学校甚至以年度考核为主，在两三年内甚至一年中就必须取得一定数量的高水平成果，否则，教师就面临着考核不合格，或者违反工作合同的尴尬境遇在这种评价体系下的教师们在压力或利益驱使下，往往选择去做一些简单的重复劳动或缺少创新的研究不仅违背科学研究的规律，也浪费了宝贵的“学术创新黄金期”。

三、只看重应用研究而忽视基础研究

当今，基础研究已成为关系国家战略的重要研究，综合国力的竞争已明显前移到基础研究方面。探索、揭示未知规律，提高原始创新能力本来就是基础研究的使命，基础研究的积累越深厚、水平越高，集成创新的水平就越高，成果也越先进。基础研究越繁荣，对引进的技术所依据的科学原理认识得越深刻消化吸收能力就越强，才越能“棋高一着”，实现跨越和再创新。

我国在源头上的知识积累和创新严重滞后于社会经济快速发展的步伐，其原因除了我国在基础研究上的投入远低于国际平均水平外，缺乏制度的推动和保障也是一个重要的因素，其中与教师切身利益密切相关的评价机制对基础研究的忽视有着不可推卸的责任。

四、只看重科研成果而不重视成果转化

“科学技术是第一生产力。”如果科学技术的创新不能推动生产力的进步，那这样的科技创新还有实际意义吗？据统计，目前高校的科研成果闲置浪费情况比较严重，只有不到10%的科研成果或专利转化为现实生产力。当然，科技成果的转化需要方方面面的条件，但其中重要的一条就是科研成果本身转化成现实生产力的可能性和可行性。当前，一些高校对科技成果转化的重视程度和投入力度不够，体现在教师的评价体系中往往就是对教师取得成果的转化缺少明确的导向和足够的重视，这一方面使得一些教师在进行研究时没有去考虑研究的实际价值，仅仅是为了项目、论文的数量而研究，为了研究而研究；另一方面，一些有实际应用价值的科技成果没有得到进一步的开发利用，实现成果转化，造成成果的严重浪费。

第四节　评估指导思想功利化

在中国多数高校教师科研绩效评估的过程中，行政化倾向表现比较严重，单纯地把教师科研评估简单归结为发表文章、申请项目的数量，把评估变成行政管理的手段和工具。这种主观认识上的偏颇导致评估过程重数量轻实质，也使很多教师为了评估去写文章和拉项目，使评估丧失了其本身的意义。

推行高校教师科研“工作定额制”的最终目的是为了促进科研水平的提高，更好地为社会发展服务。科研评估的宗旨是必须有利于科研水平的提高，有利于为科研人员创造良好的科研环境和科研条件，有利于科研资源的优化配置。但是在我国多数高校教师科研绩效评估的过程中，行政化倾向表现比

较严重，单纯地把教师科研评估简单归结为发表文章、申请项目的数量，把评估变成行政管理的手段和工具。这种主观认识上的偏颇导致评估过程重数量轻实质，也使很多教师为了评估去写文章和拉项目，使评估丧失了其本身的意义。

有报道曾指出华中某高校自从新的教师科研评估评估方案后，科研经费翻翻，超过十亿等等。不可否认这种评估方式对教师的科研积极性有一定的促进作用。但是将重大科研项目等定量指标作为职称或晋升的门槛，作为教师工资和福利的发放标准，作为高校学术地位和科研实力的重要指标，甚至是导师能否招研究生或招多少研究生的标准，这就会引发一系列的问题。比如有些教师为了争取更多的科研经费，更高级别的项目，不择手段竭尽全力地去争取。在申报材料中和申报过程中，夸大其词，移花接木，甚至弄虚作假。这种评估过程中的功利化思想已经严重影响到我国高校科研水平的提高。

第五节　现行评估体制行政化

绩效评估理论认为，绩效评估指标体系的设计必须符合组织的发展目标，才能改善组织成员的绩效水平，促进组织的长远发展。这就要求学校根据自己的不同发展阶段不同时期的总体战略目标及具体的客观环境有针对性地设计绩效评估指标体系，但是中国许多高校做不到这一点。原因在于，中国高校的管理体制主要是沿袭行政管理的体制，高校现行的领导体制是书记领导下的校长负责制。从新中国成立以来，高校是被作为政府机关的附属单位来管理，政府的科研行政体系深入到高校内部，高校自身也形成了行政模式来组织和运转，这就形成了中国高校行政主导的管理体制。

这种由行政主导缺乏教师参与的教师科研绩效评估，在评估标准和评估政策的制定上表现出追求效益和效率的最大化。绩效评估理论认为，绩效评估指标体系的设计必须符合组织的发展目标，才能改善组织成员的绩效水平，促进组织的长远发展。这就要求学校根据自己的不同发展阶段不同时期的总体战略目标及具体的客观环境有针对性地设计绩效评估指标体系。但是我国许多高校做不到这一点。原因在于，我国高校的管理体制主要是沿袭行政管理的体制，高校现行的领导体制是书记领导下的校长负责制。从新中国成立以来高校是被作为政府机关的附属单位来管理，政府的科研行政体系深入到高校内部，高校自身也形成了行政模式来组织和运转，这就形成了我国高校行政主导的管理体制。这种由行政主导缺乏教师参与的教师科研绩效评估，在评估标准和评估政策的制定上表现出追求效益和效率的最大化。而绩效评估要真正有效，评估结果应该和人事制度结合在一起运用，如果绩效评估的结果不能切实地作为教师进一步培养、晋升或淘汰的依据，那么，绩效评估的激励、竞争和行为引导的作用会变得徒有其名。

但是目前高校的财政、人事、运营机制受到行政权力干预太多，没有太多的自主权。同时在执行科研主管部门制定的规章制度过程中，由于缺乏相应的监督机制，加上信息不对称，就会产生委托代理问题和机会主义行为。在这样的制度下制定出来的绩效评估指标无异于空中楼阁，没有多大用处。评估过程是评估者与被评估者的互动，需要双方的相互信任和配合，没有被评估者的配合，绩效评估不可能真正发挥作用。而高校教师历来崇尚学术自由，他们从事学术研究的动力主要来源于对研究对象的好奇心和热诚，而不是外部压力或功利主义的考虑，这就决定了真正的学术和行政约束的不兼容。而目前高校许多评估工作都是由行政系统确定，掺杂了大量的行政色彩，很多时候行政权力的色彩大于学术权力的力量，在学术性活动中起主导作用。高校行政权力本身缺乏追求效率的内在驱动机制，但管起教师来则持效率化取向，用效率化的衡量尺度来要求教师的工作。而效率化往往是与急功近利连在一起的，为了取得高效率，采取的措施必然是诸如目标管理、资源分配方面的竞争、频繁的定量评估等。

这必然导致教师急于在短期内快而多的出成果，而科学研究并非一朝一夕就能出成果，它是一个长期积累的过程，这势必造成学术浮躁、弄虚作假等不良现象的发生。一些高校的所谓评估制度经常弄得教师怨声载道便是证明。现行体制上的行政化倾向使得广大教师民主参与学术管理的学术权力缺乏必要的制度保障。目前高校学术管理主要由行政机构，例如科研处来负责。高校的学术评估制度大多先是人事处依据党和政府的法律、法规、政策和本校的实际，并参照其他学校的成熟经验进行初步的制度设计之后，发往教务处、科研处及各院系征求意见和建议，修改补充后，报校长办公会讨论，最后由校党委决策，人事处负责执行并实施监控。这种由行政机构主导的政策制定过程，教师民主参与学术事务管理的学术权力没有得到应有的充分尊重，他们始终处于被管理对象的地位，而不是政策主体的地位。

教师作为学术人员对学术评估制度的构建有着当然的发言权。缺少教师的充分参与，缺少专家的周密论证，这种评估制度自然漏洞百出，不符合科学研究活动的规律，以此来评估广大教师必然导致科研活动变质。

第六节　评估忽视学科差异性

一、学科差异性的内涵

作为相对独立的知识体系，学科具有特定的知识范畴。基于高校学科的高深知识性，作为知识专业化的必然结果和选择，不同知识领域之间的边界逐步确立，即使在同一知识领域内，基于知识生产的不断分化和发展，不同子领域之间也存在差异性。同时，由于社会外在现实因素的影响，不同的知识领域在总的知识体系中占据着不同的等级和地位。基于知识的学术差异性与基于现实的社会差异性构成了学科差异性的内涵。从知识逻辑的纬度看，知识属性的不同是形成学科学术差异性的认识论基础。而从现实逻辑的纬度看，不同学科在声望评价、资源及权力占有之间存在地位的不同形成了学科社会功能的差异性。因为“根据不同主体的评价，学科间有的学科可以得到更多的认可，或能得到更多的资源，而另一些学科则在公共认可和资源竞争方面，处于相对不利的地位。”

（一）学科的学术差异性

学科的学术差异性主要是指不同学科领域知识专门化、规范化和理论化程度的不同，“一个专门化知识领域之所以称为学科，通常是因为它有自己确定的知识体系、方法体系、学术评价体系、典范的培养体系与工作体系。”

因此，学科专门化的程度反映了学科知识边界确立的情况，体现了该学科是否获得了相对独立的学科地位。在高校内部，那些具有明确知识边界并获得了公认的学科地位的“学科”更易赢得稳定的学术地位和专门化的研究领域；相比之下，那些学科知识边界不太清晰的“学科”，则往往被认为是“非独立性学科”，由于没有专门而独有的学术领地和话语体系，在这些学科领域从事教学和研究活动的学术人员常常深感学科合法化的危机。

其次，学科的规范化主要是针对学科的研究范式而言的，如果一门学科在一定时期内具有一种公认的研究范式，那么，这就标志着该学科是一门规范化的学科。“规范和标准建立的目的，其实主要是为了便于对知识的系统性和逻辑性进行整理、加工和深化，同时也是为了满足共同体内部沟通和理解的需要。”

最后，理论化差异性主要是指一门学科内知识系统化、抽象化程度的不同。从高校发展的历史来看，高校是旨在传播与研究理论知识的组织，并不是一个传播和研究技术的机构。所以，无论是古典高校时期的博雅科研、自由科研目标，还是近代高校对“纯科学”的推崇，都反映了高校组织对学科理论化水平的重视。时至今日，尽管科学技术的应用价值和功能有目共睹，即使基础科学的发展也越来越倚重于科学器械与技术的改进和发明，但是学科理论化水平的提升仍是高校学术发展的源泉，这也是基础科学领域原创性研究之所以备受关注的根本原因。

同时，学科的学术差异性也反映在知识生产分工的差异性。如同其他领域的生产一样，知识生产也是有分工的，知识的互补因此成为客观现象。从知识发展的角度看，基于知识生产分工的差异性，知识的内在互补性呈现出空间上的互补性和时间上的互补性。所谓时间上的互补性，是指“在‘经历过的’事件与‘将要经历的’事件之间的互补性”，可以表现为一种理论代替另一种理论；所谓空间上的互补性，是指“‘经历过的’事件与‘将要经历的’事件互不替代、共同存在的知识状态。”

因此，知识在时间上的互补性，使得同一领域的知识不得不分出优劣等级，优胜劣汰；而空间上的互补性，使得知识很难分出优劣等级，优胜劣汰。前者体现了知识的累积性进化过程，而后者则体现了知识的非累积性。即以自然科学为代表的“硬学科”知识呈现出时间互补性，而以人文社会科学为代表的“软学科”知识则呈现出空间互补性。从这个角度来看，由于人文社会科学知识体系概念框架较弱，比较松散，人们在理解知识的过程中，往往出现更多的意义，降低了知识占有者的权威性。所以，在人文社会科学领域更容易形成多种学说、学派并存的局面。

（二）学科的社会差异性

学科的社会差异性又被称为“学科的社会功能差异性”，主要是指学科在国家系统和高校系统中因发挥作用的不同而享有不同的社会地位，是国家和高校对学科价值的预设。从国家系统的角度看，不同国家对高校科研经费的资助体现了某些学科发展的“优先性”原则。“各个国家对不同学科有差别的支持力度，不完全是学科之间自由竞争的结果，也不完全来自学科研究成本的差异，其中还渗透着各国政府有意识的权力干预。”现实中各个国家都结合本国不同时期政治、经济和文化发展之必需，划定了重点的学科研究领域。

从高校系统的角度看，学科社会功能的差异性与高校的发展定位相关。研究型高校与教学型高校具有不同的发展使命，为实现不同的组织使命，各个高校在资源配置方面，往往具有明显的选择性。毫无疑问，以发展学术和知识创新为使命的研究型高校，在科研经费等学术资源的分配中，会明显支持能够实现其组织使命的优异的研究中心、实验室、跨学科研究基地、平台等学术组织机构。在具有较大发展潜力的学科研究领域，则会极力争取外来财政资助，对其进行大力扶持。

因此，从这个意义上说，不少高校开展重点学科建设的动力在于谋求组织发展升格，以便获得更多的学术资源，赢得具有竞争性的学术地位。从高校学术组织结构的嬗变历程来看，事实上也反映了以学科为基础的学术组织为获取更多的学术资源而进行的诸多努力，反映了学科之间在经费、人才和管理投入上所进行的竞争。所以，资源配置、关系重组、权力占有是形成高校内部冲突与竞争的根源。学科之间的竞争以及相应的学术组织结构的变革都反映了高校内部各类学科对获取生存和发展空间的重视程度，以及所属学科社会功能的差异性。简言之，学术差异性决定了不同学科领域内研究范式、研究成果的不同，需要采用基于学科差异的学术评价制度；而社会功能差异性则决定了“优势学科”与“弱势学科”分化的必然结果。

二、 忽视科研活动自身的规律性

完善的科研评价机制的终极追求和最高境界，就是追求科研评价活动能够成为科研事业发展的助动器，形成科研评价活动与科研活动之间的互动机制。我国高校教师科研评价活动在许多领域忽视了科研自身活动的发展规律性，甚至局部领域还和科研事业发展相冲突，科研评价机制也远远不够完善。科研活动的基本规律可以表现为遵循不同科研类型活动的规律以及科研成果的规律性，忽视科研活动规律主要表现为：

（一）忽视科研类别的差异性

科学研究按其性质可分为三大类：基础研究、应用研究和技术开发研究三种类型。基础研究是以认识自然现象，揭示客观规律为主要目的，以创新探索知识为目标而进行的实验性或理论性研究的活动，强调其学术价值，其成果表现形式主要为科学论文和学术专著，因此对基础研究成果的评价实质是对其产生的科学论文和学术专著进行评价。应用研究是针对具体的实用目标，提供新产品、新技术、新方法和新流程的研究。应用研究成果主要以应用前景为评价标准，即强调其技术性。其表现形式以技术论文、技术专著和专利为主，但一般情况下，应用研究专利形式比论文形式更能体现其技术特征。

技术开发研究是指将某些应用研究在试验、试制、设计阶段所做出的成果。进一步进行中间试验、定型设计、试生产。技术开发研究成果主要以经济价值和社会价值为评价标准，即强调其实用性。基础研究往往科研周期长，科研成功率和优质率低，其研究成果虽在学术上有不同价值，却很难预料将来是否能通过技术应用获得经济利益。

但从社会进步的长远观点来看，基础研究的成果可能会对人类社会的发展带来革命性的改变。应用研究则有明显的价值取向和相应的实用动机，研究以解决社会实践中的实际问题为目的，研究成果往往有很高的实用价值和较高的经济效益。而技术开发有非常明确的目标，把基础研究和应用研究的知识成果应用于技术领域，能获得直接的经济效益。很明显，基础研究属于科学发展的范畴，技术开发属于技术发展的范畴，应用研究则分科学发展和技术发展两个范畴。

基础研究、应用研究、技术开发的科研性质是不同的，基础研究关注科学的前沿问题，以发现自然界的各种规律性为目标技术研究关注国计民生，以提高社会财富和福利，直接促进国民经济和社会发展为目标。基础研究具有一定的探索性和长期性、持续性、系统性的特点。因此，对一个项目或一个人才都不能轻易地在一个较短的时间内，就对其的科研工作、能力、学术水平等进行评价。但是，现有的科研评价管理体系没有或很少考虑科研类型的差异性，不分基础研究、应用研究还是技术开发研究都按照统一标准进行评价是不科学的。

（二）忽视科研活动劳动成果的周期性和潜在性

科研成果即科研人员通过对一个问题的认识和研究，采用不同形式所表达出来的结果。其表现形式有发表论文、出版著作、编写教材、成果推广应用、获得经济效益和社会效益、获奖、取得专利等都是科研成果的表现形式。由于教师的科研成果属于知识性产品，是复杂智力劳动的结晶，具有周期长等特点，高校教师在科研方面取得的业绩成果的价值不能立刻显现，往往需要较长的一段时间。目前，高校普遍把核心期刊（包括重要期刊、权威期刊）评价机制作为科研量化管理评价的基础，对高校教师和科研工作者的科研成果进行评价，从总体看，核心期刊发表的论文的学术质量要高一些，学术价值和影响相对大一些。

这种科研量化评价方式在一定程度上可以激励和敦促科研主体注重科研的质量和档次，抑制重数量而轻质量的不良现象。但是，科研成果的多样性和科研类型的差异性，要求对科研活动的总体价值进行评价，如社会科学研究评价需要时间的沉淀和历史的评价，基础研究周期很长，不易出成果，相当的基础研究甚至最终以失败为结果。那么，对暂时没有论文和失败的研究型科研如何考核？是全盘否定，或是横加指责？显然，单纯以核心期刊量化评价机制对科研成果进行评价是有局限的，也是片面的。

第七节　评价目的、制度偏离

我国高校绝大多数是由政府主办的，政府对学校的评价政策就决定了高校内部评价制度的价值取向。目前，我国政府的评价政策明显偏向于科研。比如，在确定一所高校是否是“重点”时，主要是根据学校的办学层次和成果的“高、精、尖”来进行评判的；用 SCI 文章数目来衡量学术水平；对高校进行排名，评价指标首要的就是科研成果，其次是学科门类、专业排名、人才培养、研究生规模等。在这样的政策引导下，自然会形成高校重科研轻教学的评价制度。

我国高校评价政策的形成与高校内的评价制度的形成一样具有经济利益的原因，如信号作用与交易费用等，不再赘述。但是评价政策的形成还有深刻的历史原因，也就是说，政策形成的过程中存在着路径依赖。正如王义遒教授所指出的，由于我国长期处于短缺经济状态，穷国办大科研，国家为解决急需的问题，快速取得成就，出标志性成果，常对高校采取“头疼医头、脚疼医脚”式的重点投入。这包括实行重点学科、重点实验室、人才培养基地，以及“211 工程”“985 工程”等举措。这些举措在短缺经济时代是不可避免的，也能收到立竿见影的效果，却是非制度化、规范化的。由于学校办学经费总处在入不敷出的状态，为了争取到这些难得的额外投入，学校就会想方设法去迎合政策的要求，甚至导致了许多不良之风，如有些高校存在盲目“拔高”、升级和攀比现象，刚升大专就要升本科，刚升本科就要申办硕士点，刚有硕士点又急忙筹办博士点，一般高校与“211 高校”攀比，“211 高校”与“985 高校”攀比。这些高校把主要精力放在“拔高”“申高”上，自然就忽视了学校的常规性、基础性工作，这种办学目的也会影响到相应的评价制度。

从一般意义上来说，开展高校教师科研评价的最终目的是为了提高教师科研的总体水平，发展科学，促进科研和教学，培养人才更好地为社会科技发展服务。也就是说，无论采取何种评价方法，科研评价必须有利于提高科研水平，有利于为科研人员创造良好的科研环境和科研条件，有利于科研资源的优化配置。然而，在我国高校教师科研评价的过程中，由于行政化趋势严重，对高校教师的科研评价主要着重于绩效考核层面，就是将教师科研评价简单等同于绩效考核，把教师科研考核的合格与不合格简单的归为写了多少文章、申请了多少项目，使评价成为行政管理的手段和工具。由于这种主观认识上的偏失导致了评价结果重数量轻实质，教师为了考核疲于写文章、拿项目，使评价失于了真正的意义。有报道曾指出华中某高校自从实施新的教师科研考核评价方案后，科研经费翻翻，超过十亿等等。不可否认，这种评价方式对教师的积极性有一定程度的促进作用。

但是，将重大科研项目或基金作为职称或院士的门槛，作为教师的工资和效益的发放标准，作为高校学术地位和科研实力的指标，甚至是导师能否招研究生或招多少研究生的前提，同样也引起了一系列的问题。为了争取更多的科研经费，更高级别的项目和奖项，从个人到机构、主管部门到各级政府，无不竭尽全力争取。在申报材料中和申报过程中，似是而非，夸大其词，移花接木，以至弄虚作假，几乎都能得到上级的支持或默许。各种形式的公关和“私关”不断推陈出新，即便公关、“私关”费等于科研经费的总额，申请人照样获益，因为还有地方政府或单位的“配套经费”及争到项目后的种种好处。这种评价制度已直接影响到我国高校科研水平的提高。

第九章　优化高校教师科研评估的对策选择

第一节　建立健全高校教师科研评价制度

一、以提高科研绩效为目标，定性与定量相结合

1983 年，荷兰在高校引入了“条件性资助”系统，旨在提高高校科研效率及其与社会经济发展的关联程度。根据这一安排，对高校教学和科研的资助进行了区分。科研岗位根据产出的质量进行资助。政府要求高校制订中期科研计划，阐述自己具有优势及应优先资助的领域。同时，政府也确定了国家的目标，以便在一些关键领域组织科研攻关。荷兰评估的主要目标是帮助高校管理者制订发展战略，提高高校科研的效率、生产力和与社会经济发展的关联程度，而不是为了分配公共资源。由于这个原因，荷兰对高校科研的评价不是同时进行的，一般在 4～6 年内进行一轮评价。

目前，我国高校在科研评价方法上主要有同行评议、成果计数和文献计量等方法。由于同行专家最能了解研究工作的水平和价值，同行评议的结果从理论上讲具有很强的真实性。因此，同行评议为世界科学界所普遍认同。但是随着科学技术研究领域的不断拓展，研究领域越来越专业化，不同领域间的差距也越来越大。在组成一个具有相同研究背景的专家评价小组时，可供选择的专家往往有限。

因此，同行评议在实际操作过程中不可避免地存在着局限性，如评价主观性太强，存在无法堵塞人情关系网，同行有趋同的科学思想和研究范式，不利于支持创新，且有难以克服的“马太效应”。而成果计数、文献计量等这种定量评价方法在提高评价效率、避免评价过程中某些人为因素的干扰等方面具有重要的作用。

由于定量评价便于计算测量，许多高校科研评价多采用量化评价。但过于强调量化指标会导致评价重视科研成果数量、级别的多少而忽视真实质量。

无论是运用定性评价还是定量评价，评价方法本身是没有对错之分。高校对教师科研工作制定的快出成果的行政措施和规定，在一定程度上造成的不良影响，只是由于片面理解定性、定量评价原则，背离科学发展规律的结果。科研业绩的量化确实为管理工作带来了很多好处，但它不是万能的，有局限性的。

因此，在科研成果评价和管理中坚持把定量评价和定性评价结合起来，既不能过分强调评价指标的作用，夸大评价结果分值的意义，也不能完全否定科研量化管理的相对公正性。高校科研管理人员应积极探索多种形式的科研评价方法，不断完善和改进，并且要依靠专家，充分发挥学术委员会和同行专家在科研业绩评价中的积极作用等。因此，高校进行教师科研评价时应各有侧重，采用定性与定量相结合的方法，既重数量又重质量。根据文理科差异性，制定与研究性质相适应的评价标准体系人文和理工两类学科具有不可比性，制定计分方案时应充分考虑二者的差异，尽可能做到顾及学科特点，根据具体情况制定出相应的评价指标。对于理工类的科研成果，基础研究成果主要表现为科学论文、专利等形式，较适于利用 SCI 进行评价；而应用研究成果价值主要体现在应用前景上。

对于人文社会科学类的科研成果，主要有学术性评价和管理性评价两种：学术性评价着眼于成果的创新点及其在学科中的作用和意义的判断，同时考虑到成果的社会效益和经济效益；而管理性评价则着眼于成果的外部表现特征如成果形式、发表刊物、鉴定级别、转载引用情况等，并从中归纳出一些量化指标。高校应根据自身学科特点和发展需要，从科学和创新的规律出发，减少科研评价的环节，减少数量和形式的硬性要求，适当延长评价周期，使评价工作与科研本身的规律和特点相适应。因此，对于从事基础研究的教师应从其在国内外有影响的学术期刊上发表的代表性论文及被引用情况应作为评价的重要参考指标，着力创造宽松、自由研究的学术氛围；对从事应用研究的教师应从科研项目、科研经费和成果转让产生的经济效益等方面评价其科研成果，提高科研成果的应用转化率。

二、注重创新质量的评价

我们要在教师评价体系中突出科技创新的重要地位，并确定有效的指标，以重点考核创新成果的质量。科技成果的质量是指科技成果适合一定用途、满足一定需要的特性。任何一项科技成果都应满足一定需要，这是市场经济发展和科研体制改革的必然要求，这也是科技成果转化为现实生产力的首要条件。科技成果的质量的简要可以概括为先进性、适用性、经济性等三方面。其中先进性是体现科技创新的根本所在。

创新可分为原始创新、集成创新、二次创新三个层次，它们的层级差异正是创新质量差异的重要体现。由于不同层级的创新在科技创新中的作用不同，因而在确定评价指标及其权重时，必须反映出创新的质量差异。尤其是原始创新，已成为当今世界各国综合国力竞争力的重要基础，成为高新技术发展的关键，成为创新人才成长的摇篮。因此，我们在制定教师评价体系时，要从先进性、适用性、经济性以及创新的层级上对科技成果进行客观反映。

三、突出成果转化

国内外关于测度成果转化的方法不统一，也不成熟。科技成果转化是一项复杂的科技经济活动，是不可能用单一指标测度的，必须要有一套比较准确的指标体系。从实用的角度看，指标的设置应考虑以下原则：一是要对科技成果转化的规模及其过程进行规范化描述；二是要从科技成果转化的产出结果及其对经济发展的贡献的角度进行动态评价；三是以投入、产出为主线设计统计指标体系，可对成果转化投入活动和产出情况设置评价指标。

以往教师评价体系中要么没有关注成果转化，或者仅仅是从成果转化的直接经济效益进行简单的度量。国外有很多高校科研机构都会跟企业鉴定科研合同，一般主要是三大类：提供资金援助、转让科研设备和设立有企业支付薪金的教学式研究职位。美国、德国高校的医学、药理学和化学系一般都设有若干个有企业承担费用的教学研究职位，如哈佛高校、麻省理工学院。

还有高校教授去公司咨询、授课或做学术报告，直接参加企业科研。为使成果转化的测度统计指标更能准确地反映成果转化的真实情况，便于管理部门对成果转化进行宏观指导，我们应该设置一套较为完整的成果转化测度统计评价指标体系，根据一些研究部门的探索和实践，科技成果转化测度指标可用科技成果转化率、研究开发产投比和对经济增长的贡献率三项指标进行综合描述。

四、完善科研激励机制

在高校的科研绩效考评时，要改变目前“一刀切”的现状，充分尊重、承认教师的科研劳动成果，体现实事求是、按劳分配原则，从物质和精神角度使教师的劳动得到应有的报酬，使其劳动价值为学校和社会所认可。要有意识地引导教师的科研向着学校的中长期目标发展，从而起到提高科研水平，创造办学特色，促成学科优势的形成。此外，高校教师在开展科研工作时，一方面要有勇于创新、敢为人先的拼搏精神，另一方面必须有很强的社会责任感，因为他们不仅承担科研重任，而且还承担着教书育人的社会责任。在科研工作和物质利益密切相关的今天，更要注重高校教师科学道德的建设。高校可聘请相关学科的校内外专家组成学术规范专家界定小组，具体负责对违反学术规范的不道德现象和行为进行界定。

对违反科学道德、学术道德的行为，一经查实要视具体情况给予批评科研，实行撤销项目、给予行政处分、取消任职资格，甚至解聘等相应的处理和处罚。对严重违反学术道德、影响极其恶劣的行为，在充分了解事实真相的基础上，应通过媒体进行客观公正的批评。触犯法律的应依法追究有关当事人的法律责任。科研工作是高校教师聘任和考核的重要条件之一，不同岗位的教师有不同的科研工作量职责要求。只有建立健全科研工作管理制度，有效建立必要的激励机制，加大对科研成果的奖励力度，真正实现按劳分配和多劳多得，增强教师的科研意识，充分发挥正确的导向作用，在校内形成良好的科研氛围。

五、开放、透明化评价过程

日本的教师科研评价具有开放性和透明性。1997 年的《评价指南》明确规定了评价者应该精通该领域，具有足够的评价能力，而且能够站在公正的立场上进行评价。对于社会关注的研究课题，评价人员中还可以吸收反映公共意见的人士。实际操作中主要是在因特网上征求一般意见。在一些评价中，还广泛吸收外国专家作为评价人员。日本把评价过程、评价的有关内容和结果公布于众，评价结果基本上采用在因特网上发布和向记者发布的形式。

近 20 年来，英国建立了欧洲最先进的研究评价系统。早在 1986 年，英国就进行了第一次高校科研评估（Research Assessment Exercise，RAE），并在 1989 年、1992 年、1996 年和 2001 年分别进行了多次相似的高校科研评估。RAE 对研究的定义很宽泛，因此没有把基础研究和应用研究分开进行评估。评估组织者要求评估小组对所有研究一视同仁，只看研究的质量。英国高校科研评估具有如下特点：

1．英国高校教师科研评估是由中介组织负责组织的同行评估。

2．评估组织过程和结果公布都较好地体现了透明性。在开展评估之前，评估机构要公布指导高校提交评估材料的详细说明书，且各个评估小组必须事先向大众公布评估标准和方法，接受社会各界的质询和监督。

3．从评估方法看，主要采用定性与定量相结合，以定性评估为主的方法，在一定程度上避免了科研评估中重视数量而忽视质量的倾向性。

4．从评估指标看，英国高校教师科研评估主要从研究成果、研究环境、受尊重程度等方面展开，并根据各个学科领域的特点，对这些指标赋予不同权重。

我国在对高校教师科研评价业绩核定和管理工作中，也应及时面向全校师生和管理部门发布科研业绩统计信息和评价结果，避免因不公正的评价过程与不公正地对待评价结果所带来的影响，力求做到公平与公正，开放、透明化评价过程。

六、制定适合不同需求的科学的评价周期

只有给教授、学者营造一个“支持创新、宽容失败”的宽松学术氛围，才能避免学术浮躁行为的出现。因此，应该考虑用国外的“终身教授制”代替目前的考评机制，给教授学者一个自由的学术环境，让他们潜心做研究。这种做法虽然不能避免养“懒汉”的情况，但确实是给出了学术研究一个更大的自由空间，而这样才能出更多的科研成果。目前，已有部分高校开始尝试这项改革。

第二节 尊重学科差异性，建立合理的学术评价机制

学术评价是对学术活动及其产出和影响进行价值判断的认识活动。由前所述，学科间在知识属性、知识范式等方面的差异性，导致了不同学科的学术成果以及学术成果本身性质的差异性，如果无视学术成果之间的差异性，坚持用某一类学术成果的评价标准去评价所有的学术成果，必然对其他学术成果造成不公正的判断。由于中国高校目前正处于体制转型和合并重组的过渡时期，学术评价的规范化制度建设和信息基础相对薄弱，对学术评价定量化以及忽视学科差异的诟病引起了广泛的共鸣。尊重学科差异性，建立合理的学术评价机制，显得迫切而重要。

一、坚持学术性为高校学术评价的根本价值导向

高校是学术性的社会组织，追求真理、发现知识、创新知识是高校安身立命之本。尽管服务社会的高校职能的出现，把高校从社会的边缘带到了社会的中心位置，但是高校学术发展的根本目的是追求学术性，这也是高校学术评价的逻辑起点和最终依据。无论是学术评价的目的、学术评价的标准和制度设计都必须以学术性为根本价值导向，把促进学术创新、提高教师积极性、优化学术资源作为高校学术评价的最终依归。

二、构建一套多元化的学术评价制度

从学术差异性上来说，高校的学术成果可以划分为人文社会科学成果和自然科学成果，由于不同学科之间学术规范和研究范式的不同，应该建立适用于不同学科的学术评价标准。这种不同不仅体现在不同学科门类之间，而且也体现在不同学科门类中的不同研究领域之间。从学科的社会差异性上说，高校的学术成果存在较大的功能差异性。基础研究的理论成果和应用技术的实用成果不能采用统一的学术评价标准。

对于前者而言，应以产生原创性成果、教师的创新潜力以及宽容失败等为原则建立评价标准；对于后者而言，应以技术的集成和创新水平以及直接和间接的经济效益和社会效益为原则建立评价标准。对于高校在职称评审中过分强调量化的学术评价标准，必须采取适宜的措施予以遏制和改善，通过制度化、规范化的制度设计尽可能消解量化评价标准对高校不同学科学术发展的消极影响。

因此，进行学术评价时，要采用量化管理与质性分析相结合的手段，“由于学科的差异实在太大，各学科宜采用适合于本学科分析的量化标准。即使对于被收论文数、学术期刊的影响因子和论文被引用的频次等，也要尽量区分学科，甚至二级和三级学科，而且宜在学科内比较，少搞甚至不搞跨学科比较。”同时，即使是在同一学科领域内，也要关注公益性研究与私益性研究的差异，对这两类研究要采用不同的学术评价机制，而不是强调统一要求。

三、重视学术权力的彰显，坚持专家、同行参与学术评价

以学科为基础的学术组织，是一个专业组织，是一个“学科共同体”，在这个共同体中，所有成员遵循统一的学科范式、行为准则和要求。所以，基层学术组织和教师参与评价，可以真正实现分科评价的价值和意义。同时，学术评价应充分体现学者共同体的专业标准。

因此，要给予高校基层学术组织更多的学术评价自决权和自治权、学术

资源分配权，建立健全校内评审和校外专家评审相结合的同行评议制度，从制度上保证具体的学术评价操作由学术权力实施。

四、坚持发展性评价

不同学科门类之间以及同一学科门类中的不同研究领域之间学术性差异性和社会差异性的存在，客观体现了学术评价受到时间和空间的双重制约和影响。因此，学术评价应有时滞性。再者，学术评价的根本目的在于促进高校学术的发展，发展性评价是一种以促进学术发展为目的，面向未来的、形成性学术评价制度。其主要特征是强调评价主体的多元化、重视过程评价、要求评价者和被评价者具有共同的价值取向。这种发展性评价切合了学术评价时滞性的需求，有利于确保学术评价目标的实现。

不同学科和其学术研究有其自身特殊的规律性，不能采用统一的科研量化评估体系和标准对所有学科研究进行评估。如理工类学科的科研大多为应用技术研究，科研成果转化率高，直接经济效益高，申请发明专利多，评估指标易于量化；而社会科学学科的研究评估涉及价值判断、历史判断和性质判断，需要时间的沉淀和历史的评估，不能用单一的量化标准进行评估。不同学科的学术研究都具有各自的独特性，以同一种评估标准来统一评估不同学科的研究成果，难以实现评估的客观、公平和公正。因此，不能简单地要求从事应用学科研究的学者像从事基础学科研究的学者那样发表很多论文，也不能要求从事基础学科研究的学者像从事应用学科研究的学者那样有多少科研成果的转化和产生多少经济效益。

第三节　评估体系设计中评估方法的选择

一、常用的评估方法

绩效评价的方法按其评价的形式可以分为两种——定量考核和定性考核两种方式。

（一）定量考核方式

定量考核是以统计数据作为基础，把统计数据作为主要考核信息，通过建立考核的数学模型，以数学的手段，求得考核结果，并最终以数量表示出来。定量考核法又包含数学模型法和专家评分法两种。绩效考核中可应用的数学模型主要有三种：层次分析法、关联矩阵法和模糊评价法。专家评分法也是目前定量考核中常用的方法，专家评分法主要有以下四种计算方法：加法考核法、连积考核法、和数相乘考核法以及加权考核法。

（二）定性考核方法。

定性考核法也被称为专家考核法，是利用专家的知识和经验对考核对象做出判断和评价，与定量考核方法以客观数据位主要查考对象不同，定性考核方法是以主观因素占主导地位，其判断结果往往也是模糊的，因而很难做出精确的判定结果，但是随着模糊数学的发展，专家的评价思维过程进一步定量化，使得定性考核技术的科学性增强，也更容易被人们所接受。目前定性考核的方法主要有德尔菲法和综合评分法等。

二、绩效评价方法比较分析

前文所列举的绩效评价方法，各有其特点和不同的应用场合以及各自的优缺点，根据不同的需要进行具体的选择，以下略做分析。

（一）层次分析法

美国运筹学家 A ·L ·Saaty 在 20 世纪 70 年代提出了层次分析法（Analytic Hierarchy Process，简称 AHP），这个方法是对方案的多指标系统进行分析的一种层次化、结构化的决策方法，它将决策者对复杂系统的决策思维过程模型化和数量化。应用层次分析法，决策者可以通过将复杂问题分解为若干层次和若干因素，在各因素之间进行简单的比较和计算，就可以得出不同方案的权重，为决策者选择最佳的方案提供依据。层次分析法将与决策有关的元素分解成目标、准则和方案等层次，在此基础之上进行定性和定量分析，这种方法是建立在对复杂的决策问题的本质、影响因素及其内在关联等进行深入分析的基础上，利用定量信息使决策的思维过程数学化，从而为多目标、多准则或无结构特性的复杂决策问题提供简便的决策手段。层次分析法大致可以分作四个步骤进行。

1．建立层次结构模型

在深入分析实际问题的基础上，将有关的各个因素按照不同属性自上而下地分解成若干的层次，同一层的各因素从属于上一层的因素，或者对上层因素有影响，同时又支配下一层的因素或受到下层因素的反作用。最上层是目标层，通常只有一个因素，最下层通常为解决方案或对象层，中间可以有一个或多个层次，通常为准则层或指标层。

2．构造成对比较矩阵

从层次结构模型的第二层开始，对从属于上一层的每个因素的同一层各个因素，使用成对比较法构造成对比较矩阵，下层采用相同的方法进行。

3．计算权向量并验证其一致性

对于每一个成对比较矩阵计算其最大特征根及对应的特征向量，而后利用一致性指标、随机一致性指标和一致性比率进行一致性检验，若通过检验，特征向量即为权向量，若无法通过，则需重新构造成对比较矩阵。

4．计算组合权向量并检验其组合一致性

计算最下层对目标的组合权向量，并根据公式做组合一致性检验，如果通过检验，则可以按照组合权向量表示的结果进行决策，否则就需要重新考虑模型或重新构造一致性比率较大的成对比较矩阵。

（二）关联矩阵法

关联矩阵法（Relational Matrix Analysis，简称 RMA），关联矩阵法是常用的综合评价方法，它主要是用矩阵形式来表示各个替代方案的相关评价指标及其重要度与该方案关于具体指标的价值评定量之间的关系。

应用关联矩阵法首先需要确定各评价指标的相对重要度（权重），并根据评价主体所给定的评价指标的评价尺度，确定各方案关于评价指标的价值评定量。关联矩阵法是因其整个程序如同一个矩阵排列而得名。关联矩阵法是对多目标系统方案从多个因素出发综合评定优劣程度的方法，是一种定量与定性相结合的评价方法，它用矩阵形式来表示各替代方案有关评价指标的评价值，然后计算各方案评价值的加权和，再通过分析比较，确定评价值加权和最大的方案即为最优方案。

关联矩阵法的过程主要如下：首先根据不同类型的评价对象，确定不同的指标模块（一级指标），然后将指标模块进行分解，并获得二级指标（甚至可能包括三级指标），在这些指标的基础之上，建立起具有层次结构的评估体系。从这个角度而言，关联矩阵法与其他的因素评分法的方式基本相同，而其不同之处在于确定指标的同时要赋予相应的权重，也就是对其各评估因素，要依据其对于被评估对象的重要程度，有差异的进行对待，从而使得其定性指标的量化更加具有科学性。关联矩阵法的基本出发点是建立评价及分析的层次结构，在权重的确定上，关联矩阵法比较简单，具有较强的可操作性。关联矩阵法根据具体评价系统，采用矩阵形式确定系统评价指标体系及其相应的权重，然后对评价系统的各个方案计算其综合评价值——各评价项目评价值的加权和。

（三）模糊评价法

模糊评价法是一种基于模糊数学的综合评价方法。模糊评价法根据模糊数学的隶属度理论，把定性评价转化为定量评价，也就是使用模糊数学对受到多种因素制约的事物或对象做出一个总体的评价。模糊评价法结果清晰、系统性强，能较好地解决模糊的和难以量化的问题，适合解决各种非确定性的问题。模糊评价法可以结合集对分析理论新兴学科，它是一种用联系数统一处理模糊、随机、中介等不确定性系统的理论方法，也称“联系数学”。模糊集对理论是将模糊逻辑理论用于集对分析，结合从两个集合的同一性、差异性和对立性三个方面来研究系统的不确定性。在处理不确定性问题时较为客观，运算也比较简单。模糊评价法首先要建立评价因素，为便于权重分配和评议，可以按评价因素的属性将评价因素分成若干类，把每一类都视为单一评价因素，称为第一级评价因素，第一级评价因素之下，可以设置下属的第二级评价因素，以此类推第二级评价因素下，可以设置下属的第三级评价因素。而后要确立评价因素的值和权重，第一级评价因素的权重之和为 1，每一个评价因素的下一级评价因素的权重之和为 1。加权后的平均评价值之和，也就是综合评价值，可以用于评价系统。

（四）德尔菲法

德尔菲法（Delplli Method）是在 20 世纪 40 年代由 O・赫尔姆和 N・达尔克首先提出的，经过 T・J・戈尔登和兰德公司的进一步发展完善而成，又名专家意见法。德尔菲法采用匿名发表意见的方式，即专家之间不互相讨论，不发生横向联系，只能与调查人员发生联系，通过多轮次调查，反复征询、归纳、修改，最后汇总成专家的看法，并作为预测的结果。在实际应用中通过通常可以划分三个类型：经典型德尔菲法（classical）、策略型德尔菲法（policy）和决策型德尔菲法（decision Delph）。德尔菲法能充分发挥各位专家的作用，尤其是能把各位专家意见的分歧点表达出来，取各家之长，避各家之短，集思广益，准确性高。同时，德尔菲法又能避免专家会议法的缺点——权威人士的意见影响他人的意见，或者有些专家不愿意发表与其他人不同的意见，甚至是出于自尊心而不愿意修改自己原来不全面的意见。当然德尔菲法的过程比较复杂，花费时间长，可以说是该法的一个缺点。

（五）FHW 方法

FHW（模糊、灰色、物元空间）方法是贺仲雄教授创立的一种决策、评价方法，是对德尔菲法的改进和发展，融合了德尔菲法、BS 法（头脑风暴法）和 KT 法的优点。采用了模糊数学、灰色系统理论和物元分析等学科的思路，使模糊评价、物源分析与灰色分析相结合，把定性的因素定量化，计算出一系列相关指标，能够定量处理联想思维。

（六）综合评分法

综合评分法，这种方法一般是用于评价指标无法用统一的状况下，进行定量分析和综合评价。

综合评分法先分别按不同指标的评价标准对各评价指标进行评分，然后采用加权相加的方法，求得总分。具体方法是：先确定评价项目，即进行评价的具体指标。而后制定评价等级和标准，先制定出各项评价指标统一的评价等级，然后制定出每项评价指标的等级标准，这项标准，一般是定性与定量相结合，也可能是定量为主，也可以是定性为主。接着根据指标和等级评出分数值。最后根据数据进行处理和评价。

（七）数据包络分析法

数据包络分析（Data Envelopment Analysis，简称 DEA），20 世纪 70 年代末，由著名的运筹学家 A・Charnes，W・W・Cooper 和 E・Rhodes 首先提出了一个被称为数据包络分析的方法，他们的第一个模型被命名为 CCR（C2R）模型，从生产函数角度看，这一模型是用来研究具有多个输入和多个输出的十分理想而且卓有成效的方法。

1984 年 R.D.Banker，A・Chames 和 W・W・Cooper 给出了名为 BCC 的模型。1985 年 Charnes，Cooper・和 B・Golany，L・Seiford，J・Stutz 给出了 CCGSS（C2GS2）模型，CCGSS（C2GS2）模型方法的原理主要是通过保持决策单元（DMU．Decision Making Units）的输入或者输出不变，借助于数学规划和统计数据确定相对有效的生产前沿面，将各个决策单元投影到 DEA 的生产前沿面上，并通过比较决策单元偏离 DEA 前沿面的程度来评价它们的相对有效性。根据对各 DMU 观察的数据，判断 DMU 是否为 DEA 有效。1986 年 Charnes，Cooper 和魏权龄利用 Chames，Cooper 和 K・Kortanek 于 1962 年首先提出的半无限规划理论，研究了具有无穷多个决策单元的情况，提出了一个新的数据包络模型叫 CW 模型。1987 年 Chames，Cooper，魏权龄和黄志民又得到了称为锥比率的数据包络模型——CCWH 模型，这一模型可以用来处理具有过多的输入及输出的情况，而且锥的选取可以体现决策者的“偏好”。灵活的应用这一模型，可以将 CCR 模型中确定出的 DEA 有效决策单元进行分类或排队等待，这些模型以及新的模型正在被不断地进行完善和进一步发展。

每一种评估方法都有其自身的优点和缺点，如排序法可避免过分宽大或过分严格现象，但在被评估人员的绩效都优秀的情况下，容易使被评估人员产生不平衡心理。因此，一定要根据评估目的、对象等具体情况的不同，选择最有效的评估方法。定性评估和定量评估都是绩效评估中的方式，定性评估是运用综合分析的形式，对被评估人员的各项评估因素进行概括性的，判断其性质的描述。定量评估是运用数据形式，对被评估对象的各项评估因素进行量化，获取评估结果。在确定评估指标及其权重的过程中都要用到定性和定量相结合的方法。在确定评估的指标时就要通过不断的观察、分析、比较，从“质”的方面来考虑哪些指标适合做评估的指标。在确定评估指标的权重的时候，也要采用定量的方式来决定。在具体的操作的过程中，主要采用层次分析法。在确定各指标的权重的时候采用层次分析法，建立评估对象的综合评估指标体系，通过指标之间的两两比较确定各自的相对重要程度，以此来确定各评估指标权重，下面我们详细说明。

我们从各种评估方法的比较可以看出，目标管理法比较适合高等学校教师的绩效评估。目标管理法是使管理活动围绕和服务于目标中心，以分解和执行目标为手段，以圆满实现目标为宗旨的一种管理方法。这是一种有效的绩效评估方式，目的在于通过各级、各种目标的制定、评估鉴定、实现，激发全体成员的愿望和热情，发现自己为组织实现目标而工作的价值和责任，从中得到满足感，更好地为实现组织的总目标做出自己的贡献。目标管理法是从西方引进的管理模式，是一种较为先进、全面的绩效评估系统。从人力资源开发与管理的角度看，设置岗位标准偏重于管理，而忽视了开发；内部承包的方式虽然兼顾了开发与管理两个方面，但其深度和效度不够。目标管理在这两方面基本上能够满足人力资源开发与管理的要求，但也并非是完美无缺的，仍需进一步完善。在学校实行目标管理法来进行高校教师绩效评估的具体操作方法如下：

首先，明确学校的总体战略目标。无论是总体战略目标还是具体目标，必须是明确的、可行的、有挑战性的、具体的和可以验证和计量的。学校战略目标一般分为教学目标和科研目标。

其次，分解学校的最高战略目标。学校的最高战略目标确定后，就必须结合本高校办学实力、办学特色、办学规模、发展方向、政策环境、学校外部环境等因素将总发展目标的信息传达给各个院系，院系再根据教师为总目标所负的责任和义务将院系目标分解到每位教师。院系的每位老师，都要在学校总体战略目标和院系目标的导向下，知晓各自工作的具体职责和标准并制定达成目标的具体计划，同时制定执行计划中的绩效评估标准。接下来的环节是绩效评估。在目标管理的过程中，对照设定的目标和绩效评估标准，分阶段对教师完成任务的情况做出具体的评估。

最后，检查调整。通过绩效评估，教师找出自己实际工作绩效与预定目标之间的差距，紧接着就必须分析这些差距的原因，并且通过调整自己的工作方法等手段，致力于缩小乃至消除上述差距，努力达到自己的目标，同时也促成院系乃至学校总体目标的实现。

三、评估体系构建的原则

（一）科学性原则

科研项目绩效评估指标体系的设计应符合科研活动本身的性质、特点和运行过程，即要求能够真实、准确、反映高校科研活动的客观规律。一方面要求各指标的解释和定义规范化、标准化，力求符合高校科管理的需要，结果具有可测性。

（二）系统性原则

系统性原则是指指标体系应尽可能从各个角度反映对象的全貌，防止以偏概全。要根据研究目的构造完整、可行、实用、有序的指标体系，从而使科研项目绩效评估指标体系能有效地描述科研的真实产出绩效以及科研对社会经济产生的效益影响等。同时也要力求抓住重点，防止因小失大。因此要求在开始设置指标体系时，应运用系统分析的方法，同时结合专家调查，要从全局出发，建立完整的评估指标体系。同时，指标体系的建立要从总体上考虑各评估指标之间的联系。在指标体系中，指标之间的联系形成了一个多层次的立体网络，只有协调指标之间的各种联系，尽可能减少指标间信息的交叉重叠，保持各项指标相互独立以及同一层次的指标不应存在包含与被包含的关系，才能保证指标体系的有效与稳定，保证其功能的充分发挥。

（三）通用可比性原则

评估指标的选取必须反映评估对象所共同具有的属性。由于不同类型、不同学科的科研产出都具有自己的特殊性，要从这些特殊性中抽象出能反映其共同特征的指标，做到质的一致。质的一致是可比的前提与基础。指标的可比性还体现在指标的量化处理上，因为质的差别是可以通过量的差异来确定的，因此末级指标一定要量化。另外，在同一指标中不同类型、不同层次的量不能简单相加，必须经过当量处理。

（四）目标导向性原则

指标体系确立的合理与否，直接关系到科研项目绩效评估工作的取向，指标体系中的每一个指标都应该具有导向作用，都应结合国家当前的科技政策和高校发展目标，有目的地引导科研人员紧紧围绕国家和高校的发展目标进行科学研究活动。通过引入竞争手段，激发科研人员的科研积极性。同时也可以通过体系评估使科研人员找差距，达到提高科研效率的作用。

第四节　加强学术道德和学术自由建设

一、加强学术道德建设和学术自由建设的历史

自改革开放和市场经济体制改革以来，扩大高校自主权一直是我国高等教育体制改革的主题。经过三十多年的努力，可以说，与改革之前相比，我国大学在《高等教育法》规定的七项办学自主权方面都有了不同程度的扩大，办学自主性显著提高。然而，扩大办学自主权的结果却并未如预期的那样，带来大学教师地位的提升和大学学术形象的改善，反倒是大学行政级别泛化现象越演越烈，官本位主义越来越严重，以至于大学行政化问题成为近年来最受社会关注的大问题。2010 年 2 月 27 日温家宝总理与网友在线交流时指

出“教育行政化的倾向需要改变，最好大学不要设立行政级别”，这更引发了媒体和学界对大学如何“去行政化”的热议。行政化问题其实在中国大学由来已久，而在最近的凸现，乃至成为全国性的热点话题并非偶然，从学理上解释，可以说是中国高等教育市场化改革进程中大学自治与学术自由趋向分离而出现不协调发展的一种反映，与前一阶段我国高等教育改革思路以及改革重点次序的选择密切相关。

如前所述，大学自治权致力于维护大学的集体自由，而非集体成员的个人自由，它关注的是作为法人团体的大学与外部其他社会组织的关系。所以，改革开放以来，围绕“扩大高校自主权”而展开的大学外部权力关系调整一直被视为关乎高等教育改革全局的“重头戏”，诸如“转变政府职能”“理顺政府、社会与高校三者之间的关系”“逐步确立高校的法人地位”等成为改革的强势话语，而以学术自由权的落实为旨向的大学内部权力该如何合理布局的问题则被边缘化了。

经过多年的改革，大学之外的权力格局发生了较大的变化，政府垄断高等教育的局面已被打破：这一方面体现在教育权力在中央政府、地方政府与高校之间逐级下放，另一方面则是教育权力由国家向市场、社会的结构分化。大学成为政府下放的权力和分化的社会权力的双重承接体。然而，在计划经济体制下形成的以党政为重心的大学内部管理体制，并没有随着外部环境的变化及时进行相应的改革，大学内部既没有建立起代表学术权威的教授会组织，也没有形成基层教师群体利益表达的民主化的制度渠道，这样，扩大的办学自主权，实际落入了本已十分强大的以党政为中心的大学行政管理层的手中，导致行政权力的过度膨胀。不断膨胀的行政权力产生的惯性就是开始过多干预学术事务，各种行政命令、指示、规定等等成为左右学术发展方向的“指挥棒”，大学官本位治理结构凸现，基层学术组织的学术自由氛围不仅没有随着扩大的自主权而有所改善，反倒是大学行政级别泛化，学术浮躁之风日盛，校园人热衷于对权力的追逐，替代了原本在大学中应有的对学问的追求。

至此我们可以看出，大学行政化问题的提出并非空穴来风，而是之前以"外向型"思维模式主导的高等教育体制改革的必然结果。这种外向型改革模式在认识上的错误来源，就是把大学自治简单地等同于学术自由，即认为大学只要有了自主权，就会自然而然地按照学术规律办学。而这恰恰是我们前面提到的，对于市场环境中大学自治与学术自由可能产生的分离趋势认识不足的表现。

在我国，高等教育体制改革是在市场经济体制改革的大背景下进行的。市场所引发的整个社会资源配置方式的改变和政府职能转变，在消解部分社会矛盾的基础上为大学冲破政府单一控制和扩大自主权提供了现实资源。但是，由外部市场而非内在学术要求所促发的高等教育体制改革，在实践中的展开就是过于关注大学所受的外部控制对其获得自主权的重要性，而忽视了大学内在的学术逻辑对落实大学自主权的根本性意义。尤其是随着市场对高等教育领域的不断介入，我国大学发展的外部环境与西方大学出现了一些趋同倾向：如去中心与分权、高等教育大众化、不断加重的教育财政负担和日益激烈的市场竞争等等。这些相似的问题更强化了我们的外向型思维，而遮蔽了中国大学内向型改革的紧迫性。不可否认，政府放权（deregulation）和扩大院校层次权力是目前以美国为代表的西方市场化大学发展的主流趋势。暂且不论西方学术界对于市场条件下基于行业而非学术理由进行扩张的大学自治权的顾虑，可以确定的是，这种改革模式一旦套用在中国大学身上就会产生严重缺陷。

因为，从历史上看，中西方以扩大办学自主权为主题的高等教育改革，并不在同一起跑线上。如前所述，西方大学自治与学术自由在产生疏离之前，已经经历了由分离到统一的融合过程，这不仅体现在两者基于学术理由而在理念上达成自觉统一，更重要的是，这一理念通过教授治校的组织模式早已内化为西方现代大学制度的一部分，所以，当市场化大潮来袭时，学术权力对不断扩张的行政权力形成了监督和制衡，从而可能克服市场带来的利益驱动，以保证扩大的自治权不至于偏离学术发展的轨道。美国在大学市场化过程中，之所以能够做到自主与责任的同行，关键在于它对传统学术自由理念的坚守。虽直到1915年美国大学教授协会成立时，教授治校的理念和体制才逐渐被美国社会接受，然而今天，“教授治校却成为美国大学民主治校的一大特色甚至比欧陆大学更凸显其作用。”这正是美国大学在功利主义驱动的市场化改革中能够平衡社会需求和学术自由的“法宝”。而正在学习美国市场化经验的欧洲大学，所要解决的问题则是，“象牙塔”式的大学如何打破被学术权威垄断的传统，从而不断走向开放的市场和社会。从这个意义上说，欧洲大学扩大自主权的改革是对权力过于集中的“底部沉重式”的教授型大学的一种纠偏。

与美国和欧洲大学都不同，中国大学在高校自主权改革之前，承载着学术权力的大学制度建构基本处于缺失状态。在这种状况下，如果盲目套用西方大学为适应市场和社会而单纯扩大自主权的外向型改革模式，结果是缺乏自律的学术精神和学术监督机制的大学“在极力摆脱政府单一控制的同时，又落入市场经济的陷阱”， 从而产生大学滥用自主权的局面。比如，近年来由媒体不断披露出来的大学乱收费、乱设专业、乱招生的“三乱”现象，学术泡沫、学术造假等等问题。大学行政化实际也是自治权滥用的一种表现，其结果是中国高等教育内部一个既得利益集团形成和强大， 继而引发不断扩大的教育和学术腐败问题。所以，在当前形势下，如果不转换改革的视角，即致力于体现着学术自由精神的现代大学制度的建构和完善，而只是一味地强调通过政府放权和市场分权来扩大大学的自主性，那么，不仅无法使大学“去行政化”，反而会加重大学的行政化倾向。而且，“这种变革越是晚到，将越是积重难返，从而对中国高等教育事业造成更深重的伤害。”

正如在市场中的企业必须按照经济规律办事才能盈利一样，以知识为本质规定性的大学也必须尊重学术生产的规律才能繁荣。教育部部长袁贵仁在《国家中长期教育改革和发展规划纲要》征求意见新闻发布会上指出：大学行政化管理倾向有两个问题，一是政府对学校管理的行政化倾向；二是学校内部管理的行政化倾向。从学校内部着眼，“去行政化”的思路是：“建立起一套新的适合学校特点的管理制度和配套政策，然后逐步取消行政级别和行政化管理的倾向。”为此，要“充分发挥学术委员会在学科建设、学术评价、学术发展中的重要作用， 探索教授治学的有效途径，充分发挥教授在教学、学术研究和学校管理中的作用，加强教职工代表大会、学生代表大会建设，发挥群众团体的作用。”这反映了国家决策层对大学本质认识的改变，而包涵这些内容的《国家中长期教育改革和发展规划纲要（2010～2020）》的正式出台，无疑为改革视角的转换以及改革重心的转移提供了政策支持。“去行政化”改革的结果必然是对体现大学学术性质的中国现代大学制度的探索和构建，而与之相应的学术自由和教授治校则顺理成章地成为未来中国高等教育体制改革的主题。

二、学术道德建设

学术道德是指学者在进行研究的过程中应遵循的道德规范和行为准则。随着社会经济的发展，人性的功利性受到极大的挑战，学术道德规范受到极大的冲击。要想从根本上加强学术道德建设必须从两个方面着手：一是研究者个人思想道德观的提高，二是学术道德机制的建立和监督。研究者个人思想道德观的提高依赖于教师个人价值观和道德观的完善，要树立“求真崇善”的科学研究真谛。受社会上急功近利思想影响，学术研究领域也不可避免的沾染上浮躁的治学风气，研究者往往只关注自身的短期利益，而不愿考虑研究的长期发展。对眼前利益的追逐，使研究者丧失了学术道德的约束，违背了学术研究的真谛，跨越了道德底线。

作为培养人才和学术研究的主要阵地，高校应该加强学术道德规范的培训，不仅让研究者对学术腐败、学术不端、学术失范的具体内容有所了解，知道什么是合理借鉴，什么是抄袭、剽窃，有效地避免学术腐败的法产生，而且要让研究者明白一旦违反学术道德底线，他们将要付出沉重代价，直接影响自身前途。“我们必须采取综合措施，建立长效机制，形成良好学术道德和学术风气，克服学术浮躁，查处学术不端行为。”

学术道德机制的建立和监督。中科院院士朱清时教授曾说过“学术道德建设跟不上，世界一流大学、高水平大学建设就是空中楼阁。”研究型大学的学术道德建设直接关系到大学能否快速发展，能否达到学校的整体建设目标的一个关键因素。湖南大学为了进一步推进高水平大学建设进程，建立民主、科学、高效的管理体系，体现“学术权力与行政权力的相对独立、相互支撑、相互制约”的思想，不断提高人才培养质量，科学研究水平和服务社会的能力，依据《中华人民共和国高等教育法》规定，成立了湖南大学学术委员会。它是对学校有关学术事项评议、审议、论证和决策的最高学术权力机构。湖南大学学术委员会设校学术委员会、学部学术委员会、学院学术委员会三级常设机构，委员均由学院组织推荐，全校教授选举产生，按年度对委员进行考核。每个学院一般至少拥有一名校学术委员会委员席位。学术委员会充分照顾到各个学部的实际情况，设立了法学部、文学部、理学部、工学部Ⅰ、工学部Ⅱ、经济学部、管理学部等 7 个学部学术委员会，每届任期是 3 年。为了保证学术研究活动不受行政事务的干预，章程规定，学校领导和职能部门负责人担任各级学术委员会委员职务均不超过 20%。学术委员会的职责包括八个方面的内容：（1）专业建设；（2）学位点建设；（3）学科建设；（4）学位评定；（5）教学质量与监督；（6）学术评价；（7）学风与学术道德建设；（8）其他相关事宜。期望不久将来，湖南大学能像北京大学一样制定一份《湖南大学教师学术道德规范》，更好地推动湖南大学的学术道德建设。

三、学术自由建设

学术自由一词源于德语的 akademische freiheit，是指学术界自由地进行学术活动的自由。学术自由作为大学的灵魂思想和核心理念，是世界一流大学得以立足和发展的根基。学术自由体现在两个方面，一是教学的自由，二是学习的自由。教师可以充分自由地传授自己认为有用和正确的知识；对自己感兴趣的研究领域也享有选择的自由。学术自由作为一种学术活动的伦理原则自 1670 年，德国学斯宾诺莎提出“探讨的自由”这一主张后，随着启蒙运动的发展，越来越被社会所接受和推崇。“自由教育”理论奠基人，牛津大学创始人之一纽曼在他的专著《大学的理想》中谈到，大学既是探索普遍学问的场所，也是传授普遍知识的场所，在这个场所中，各学派的人地位平等，他们的观点没有高下之分，只能服从真理的标准。这充分体现了大学活力的源泉和创新的动力正是来源于学术自由地理念。

这一思想传到中国后，得到蔡元培先生的传播和倡导，并于 20 世纪 20～30 年代首先在北京大学实行“循思想自由原则，取兼容并包主义。”之后根据这一思想提出“兼容并包”的学术思想。大部分科学研究都在大学完成，只有在大学充分体现学术自由，才能找到大学真正的本质，才能真正找到与社会的对接。目前，教育部政策司正在试点制定有关大学的学校章程，目的是使行政权力和学术权力相对独立，相互制衡的治理格局，建立新型大学的管理模式和运行机制。湖南大学作为第一批试点学校，正积极准备制定《湖南大学章程》，章程将是中国大学“去行政化”的试金石，以此推动国家现代大学体制改革的序幕。湖大试点的目标是通过建立和完善学院、学部、学院、学术委员会等组织，分离学术管理与行政管理的责权，建立科学的学术评价制度和考核评价制度。恪守学术道德 促进学风建设学风和学术道德在是一切科研和教学工作的前提和基石，直接影响了高等教育的培养质量。然而，由于各种原因，在当下高校中存在“学术造假”现象，学风和学术道德问题日益突出。这是学校教育、社会环境、学生自身素质多方面影响的结果。加强高校学风和学术道德建设，要从德育维度出发，加强高校师生自身修养，净化学术风气。

学术问题，说到底，是关乎民族国家兴衰的大问题。这点早在 20 世纪初，梁启超先生就慧眼别具。在他看来，中国当有“新学术”，而且唯独有了“新学术”，才可能有“新器物”“新道德”“新政治”“新世界”。梁先生这话，可以说把学术的重要价值说透了。他的话对于当时救亡图存的中国知识界，具有重要的指引和启迪意义。即使到了今天，他的话也没有过时，仍然值得我们深思。他对学术重要性的这种认识，是极为深刻的洞见。就是说，学术绝非是逍遥于世外桃源之事，也绝非是居于“象牙之塔”自我欣赏之事。学术问题，实在是关乎民族国家兴衰的大问题。这是因为，所有学术研究的终极目的，都在于直接或间接地为一个民族或国家提供发展的新理念，民族和国家真正发展的动力和后劲，只能取决于其文化、学术的平均水平如何。而文化、学术水平则集中体现在一个国家所拥有的人才身上。例如，二战后，两个在战争中遭到毁灭性打击的战败国——日本和西德，经过不长时间，就奇迹般地在经济文化等各方面重新走在世界的前列。而它们其所以能走在世界前列，就是因为它们具有众多高水平的人才，从而能在得到一定外力支援的条件下，使其民族和国家得到快速发展，这已经是世界所公认的事情。

近年来，高校中出现了一些败坏学风的现象，主要表现在“学风浮躁”和“学术腐败”。学风浮躁主要指治学不扎实，不实事求是，不认真研究，急功近利。这也是学术界当前存在的主要问题。浮躁是腐败的土壤，虽然学术浮躁不等于学术腐败，但容易滋生腐败。因此，学风浮躁及学术腐败都应引起高校及社会的高度重视。

学风浮躁的产生，首先与人自身的道德修养有关，众所周知，社会关系的变化必然引起道德变化，目前我国所进行的经济体制改革，必然带来道德生活的深刻变化，致使道德生活中出现很多新情况、新问题。如整个社会浮躁风气盛行，假冒伪劣产品大量泛滥，这必然也反映到学术界。部分高校学生和学术工作者放松了道德修养，甚至为了暂时的利益，急功近利，不顾科学研究自身的规律，急切的出研究成果，论文剽窃，诚信单薄，导致道德底线下滑。

学术腐败，是指一切通过不正当手段获得荣誉和利益的学术堕落行为，主要是一个学术体制与学术道德问题。在学术管理活动中，必须以学术权为主导：正常和健康的权力运行机制，应该是行政权力受学术权力支配，行政权力服务于学术权力，行政权力的运行符合学术权力的要求并为实现学术权力的意志提供行政保障。然而，在某些高校，行政权力代替了学术权力，尽管也没有专门的学术管理机构，如学术委员会等，但进入这些机构的人员，大多是行政机构的负责人，如校级领导，不论学术水平和学术影响如何，都是学术委员会主任或成员。学术委员会的只能与决策权往往被行政权力所取代。这种学术管理违规现象，本来就属于权力腐败。权力腐败必然导致学术的腐败。

严格管理是学风建设的前提，抓好制度建设，健全教学法规，并严格执行，是保证教学系统正常运行的必要条件，也是督促师生养成良好习惯、形成良好学风的重要手段。特别是在教学秩序、考试管理等环节上，必须严格管理，决不放松。严格管理，必须严格要求，使学生学有目标，根据培养目标和市场经济飞速发展的需要，明确对学生提出学习上必须达到“质”和“量”的要求，达不到就要被淘汰。当然，严格要求不能是高不可攀的，重要的是体现在“理”上，不能以“管”代“理”。要晓之以理，以理服人。否则，高不可攀的要求不仅等于虚设，甚至起反作用。因为，如果大多数学生努力无望，失去信心，那么树立良好学风也无从说起。

严格管理必须健全科学的规章制度。学校是人群密集的地方，如果没有一定的制度约束，任凭自由主义泛滥，那么，正常教学制度不能维持，建设良好学风只是一句空话。

严格管理必须把好考试关。目前评价学生是否达到规定要求的主要依据仍然是考试成绩，因此把好考试关成了学风建设中严格管理的关键环节。把好考试关，关键把好考试要求、试题水平、考场纪律关，杜绝作弊，严格评分，防止随意性。为严格管理，许多学校都制定了考试工作系列措施，这些对于稳定教学秩序、推动学风建设具有重要作用。

除了强调严格管理外，还应重视学生的主体地位。在学风建设中要引导学生自我教育、自我管理、自我服务、自我约束，促进学生自我发展，尽早成才由于学术自由权的发生与大学密切相关，而中世纪的大学自治又是塑造学术自由观念的重要传统资源之一，因此，学术自由和大学自治往往被当作一对相互促进的概念，一同视为现代大学的普遍精神和价值诉求。然而，从理论上说，大学自治与学术自由并非含义相同的概念。正如布鲁贝克在《高等教育哲学》一书中所指出的："所论述的学术自治的各方面中，学术自由应该加以专门论述，不仅因为它不同于学术自治，而且还因为两个概念在一些重要问题上相互冲突。"从实践来看，学术自由与大学自治在西方大学发展史上也不总是一致的，而大致经历了从分离到统一，再到逐渐疏离的三个阶段。从对学术自由与大学自治的历史考察中来解读两者的关系，尤其是思考其对当前及未来中国高等教育改革的启示与借鉴意义，应该是一个很有价值的课题。

第五节　改革高校科研体制

改革体制就是要克服现有体制中的弊端，建立适合于高校科研团队发展的各种制度与政策，以增强高校科研团队内部活力，提高高校科研团队学术产出，造就高校科研团队领军人才，使管理体制、激励体制和人才体制适应高校科研团队建设的需要。

一、改革管理体制以增强内部活力

高校科研制度安排缺乏灵活性，科研运行机制缺乏有效性，是高校科研团队内部活性不足的主要原因之一。改革管理体制是增强高校科研团队内部活力的重要对策。

（一）增强高校科研团队内部管理活力

改革传统的管理体制，实行高校科研团队目标管理，是增强高校科研团队内部管理活力的有效措施。实行目标管理不是政府和高校给科研团队确定目标，也不是科研团队给团队成员规定目标，而是要加强沟通与协商，增强目标的引导性、自主性。政府和高校要采取措施，培养高校科研团队负责人的管理能力，加强与科研团队沟通。团队负责人要把提高团队内部管理水平和完成科研目标结合起来，把科研团队围绕整体目标进行集体攻关和给予团队成员自由研究有机结合起来，以增强团队目标管理活力和成员个性管理活力。

（二）增强成员个性管理活力

高校科研团队成员在知识和能力上优势互补，是科研团队的一个重要特征，不同的团队成员，其知识和能力个性不同。增强高校科研团队内部管理活力，需要增强团队成员个性管理活力，即在高校科研团队目标管理过程中，以人为本，尊重成员个性，做到扬长避短、因人适用，用人所长、因才适用。“扬长避短、因人适用”就是在高校科研团队目标管理过程中，充分地考虑具有不同智力倾向的个人特性，不是简单提倡个人去适应科研岗位，而是顾及到科研岗位特点，扬长避短、因人适用。在团队科研任务分工中充分考虑到团队成员的意愿和特点，尽可能使科研任务与该成员的特点、特长相一致，使其科研工作得心应手，以调动科研积极性。对科研团队的每个成员，使用时先要了解其特长，观察其个性，根据不同特长、不同性格考虑分配不同的任务。任务，这种研究主要是查资料、进行理论思考；任务，这种研究需要外出调查、取得实际资料。对性格内向的成员可分配理论性研究比较强的对性格外向的成员可分配实证性研究比较强的。

另外，如果科研团队内部分成若干小组，分组时，适当考虑到年龄上搭配、性格上互补，既可取得良好的合作效果，也有利于青年人才的成长。“用人所长、因才适用”就是在高校科研团队目标管理过程中，根据科研团队成员的能力和特长，用人所长，不求全责备，尊重人才的个性和特长。在高校科研团队中，有德有才的人，往往也是有思想、有个性、有特长的人。对于这类贤才，瞎指挥或命令式的管理方法是不能奏效的，墨子讲：“良弓难张，然可以及高入深；良马难乘，然可以任重道远；良才难令，然可以致君见尊。”孔子也提出“君子不器”的观点，认为人才有自己的人格与追求，不听任别人的任意摆布，因此，不能把他们当作器具来使用，而应以礼相待，尊重他们的人格，承认他们的学术自主权。在尊重团队成员个性的前提下去宽容、去沟通，就会缓释团队压力和矛盾。增强成员个性管理活力，基点要放在以人为本上，用现代的人才观念重新认识、重新审视团队成员个性与才能的关系，正视个性差异，宽容个性差异，理解个性差异，尊重个性差异，在此基础上尊重人才，认识人才，使用人才，确保完成科研团队目标任务。

二、增强高校科研团队内部组织活力

高校科研团队也是一种组织形式，这种组织形式与高校的学科组织以及科研、人事等职能部门密切相关。团队组织既有自己独特的组织个性，也有一般组织形式的特点。改革管理体制，增强高校科研团队内部组织活力，主要包括两个方面：

（一）增强团队内部学科组织活力

增强团队内部学科组织活力，需要针对学科划分过细、门户观念过重导致的力量分散等问题，优化学科组织结构，活化用人机制，促进学科交叉。对不同的高校科研团队，管理方法有所不同。高校科研团队有单学科科研团队与跨学科科研团队。对单学科科研幽队，其内部管理相对而言比较单纯，但也要打破专业界限，发挥专业优势，促进跨专业合作，以提高学科整体实力，发展高水平科研团队。对跨学科科研团队，要打破学科分割，整合优势资源，促进跨学科合作。要打破传统的学科组织结构，使之与科研团队综合研究任务及科研团队对资源共享的要求相适应；要按照学术组织的基本特点，赋予跨学科科研团队在学科建设、资源共享等方面特殊权力与职能，尽可能消除学科组织已经形成的组织障碍。鼓励组建跨学科科研团队，充分发挥跨学科科研团队的作用。对于比较大的跨学科高校科研团队，可借鉴美国高校独立研究机构的建设经验，组建类似Bio—X团队的跨学科研究中心，以非常灵活的方式组织跨学科科研团队成员，建立矩阵结构组织进行科研团队内部管理，以增强跨学科团队内部组织活力。

（二）增强团队内部人事组织活力

增强团队内部人事组织活力与打破学科分割紧密相连，需要突破单位所有制，整合跨学科优势资源，促进跨学科、跨单位合作，鼓励跨学科、跨单位组建科研团队。高校要打破人事分割现状，提升科研团队内部组织协调能力，根据科研团队的组建情况，赋予科研团队负责人部分人事权，包括从校内外灵活选择科研团队成员，实行科研团队成员“能进能出”，使受聘的能进来，落聘的能出去，不断增强科研团队的环境适应能力和快速反应能力。高校科研团队成员往往是一种高素质人才，在市场上的流动是一种自主程度比较高的流动，主要表现为高校科研人员相对稀缺、流动自主、流向明显和人才共享四个方面。

1．相对稀缺

高校科研人员虽然总体数量多，但是由于高校学科专业以及专业方向繁多，这些人员分配到每个学科专业就显得比较少，分配到每个专业方向就更少了，相对表现为稀缺性。高校科研团队成员往往是高校科研骨干，属稀缺资源。这些成员一般要经过长时间的锻炼成长，有一个不断学习与实践的过程，往往需要更多的投入才脱颖而出，才能成为高校教学科研人员中的先锋，成为全社会人力资源中争夺最激烈的部分，导致流动性增大。

2．流动自主

高校科研团队成员的流动，大多数是主动和自觉的流动，而不是被动和盲目的流动。人力资源价值的实现和增值，往往要通过人力资源的流动来实现。人才流动总是受经济利益、丰十会地位和生存环境等利益机制的驱动。人才向往着更好的发展机会、更好的工作环境和更好的物质待遇是人之常情，高校科研团队成员也不例外。高校科研人员依靠自身人力资本丰厚的储备，具有很大的优势和较强的竞争力，也就有较成熟的条件来追求更好的发展空间，满足自己的需求。如果遇到不公或不利于自身发展时，他们就会选择流动。高校科研团队成员在流动过程中，不但具有被选择性，更重要的是这种高流动性主要表现为具有更强的自主选择性。

3．流动方向

流动方向即高校科研团队成员朝着什么方向流动。一般而言，高校科研团队成员的流动方向是从低收入高校流向高收入高校、从低层次高校流向高层次高校、从地方高校流向部属高校、从西部高校流向中东部高校、从中小城市高校流向大城市高校等。当然，也不排除中小城市高校、西部地区等高校出台优惠政策，导致反向流动的情况。

4．人才共享

高校科研团队成员流动的本质也在于人才的可共享性，一个高校科研团队成员特别是高校教师的知识、技能、能力、体力可以被多家单位共有和重复使用，而且目前许多单位在吸引人才时，也都相应建立对高校人力资源“不求所有，但求所用”的新人才观。高校人力资源的共享方式越来越多样，使用方式越来越灵活，出现了特聘教授、兼职教授和讲座教授等多种运用方式。因此，增强团队内部人事组织活力既符合高校科研团队的发展要求，也是增强团队内部人事组织活力的需要。

三、改革激励体制以提高学术产出

改革开放以来，随着科技体制改革的不断深入，我国高校科研团队得到了很大的发展，但是，由于激励体制等原因，高校科研团队学术产出还是不高，与西方发达国家相比。还有比较大的差距。因此，改革激励体制，不断激励高校科研团队勇于创新，是加强高校科研团队建设，提高其学术产出的必由之路。

（一）建立科研团队奖励制度

建立科研团队奖励制度，是激励高校科研团队提高学术产出的重要措施。针对我国科研奖励制度存在严重的缺陷，建议中央和地方政府在一年一度的国家和地方科学技术奖励大会上，定期命名表彰一批国家级科研团队和地方科研团队，对学术产出特别高、取得重大创新成果的创新团队实行重奖。

1．中央政府建立科研团队奖励制度

在大科学时代，科技创新更需要团队合作，因此，中央政府要加大对科研团队的奖励力度，改变过去对个人奖励的做法，重视对科研团队进行表彰奖励，且今后的国家奖励要以奖励科研团队为主。建议在一年一度的国家科学技术奖励大会上，定期命名表彰一批“国家科研团队最高奖”“国家优秀科研团队奖”等，对学术产出特别高、取得重大创新成果的科研团队实行重奖。也可以对创新团队单独设立奖项，给予表彰奖励。同时，中央政府有关部门也可以建立科研团队奖励制度，科研部应当专门针对高校科研团队建立奖励制度，以表彰优秀的高校科研团队。

2. 地方政府建立科研团队奖励制度

与此同时，地方政府特别是省级政府要加大对科研团队的奖励力度，重视对高校特别是地方高校科研团队进行表彰奖励，且今后的地方奖励也要以奖励科研团队为主。在一年一度的各省市科学技术奖励大会上，定期命名表彰一批“省级科研团队最高奖”“省级优秀科研团队奖”等，对在本省市范围内学术产出特别高、取得重大创新成果的科研团队实行重奖。地方政府也可以对地方创新团队单独设立奖项，给予表彰奖励。同时，地方政府有关部门也可以建立科研团队奖励制度，地方科研行政部门特别是省科研厅应当专门针对高校科研团队建立奖励制度，以表彰优秀的高校科研团队。

3. 建立科研团队优惠政策

建立有利于高校科研团队提高学术产出的配套政策，包括知识产权保护政策、财政税收优惠政策、政府采购优先政策和人才引进灵活政策等，可以充分调动高校科研团队不断提高学术产出的积极性。

（1）完善知识产权保护政策

高校科研团队的创新成果是知识产权的重要来源，政府要健全知识产权保护体系，加大知识产权的保护力度，营造尊重和保护知识产权的法治环境。政府和高校都要加强从事知识产权保护和管理工作的力量，改革高校知识产权保护体制，切实保障高校科研团队成员的知识产权权益。国家科技计划和各类创新基金等对高校科研团队所支持项目，在国外取得自主知识产权的相关费用应给予适当财政补贴。完善科技成果转化政策，高校应对高校科研团队的科技创新成果完成人和在科技成果转化中做出突出贡献人员，依法给予相应报酬。政府有关部门组织应建立专门委员会，对涉及国家利益并具有重要自主知识产权的企业并购、技术出口等活动进行监督或调查，避免自主知识产权流失和危害国家安全。鼓励运用高校科研团队知识产权的企业除依法支付报酬外，给予科研团队一定的奖励、股权或期权等，充分调动科研团队不断提高学术产出的积极性。

（2）调整财政税收优惠政策

高校科研团队在建设创新型国家的过程中发挥着重要作用。国家应当调整和完善财政税收优惠政策，给予高校科研团队政策支持。财政税收优惠政策对科研创新有着直接而关键的作用。具体而言，一方面通过各种措施加大政府对 R&D 活动的支持，如通过提高 R&D 经费水平促进国家整体科技实力，支持高校等机构加强科研团队建设，另一方面通过税收政策激励科技投入，即政府将应收的税款让渡给企业用于科技开发，调动企业科技创新的积极性，为高校科研团队创新成果提供良好的转化渠道。

对加强高校科研团队建设而言，财政税收优惠政策主要涉及大幅度增加高校科研团队投入，确保财政投入的稳定增长，切实保障重大专项的顺利实施，优化财政科技投入结构，创新财政科技投入管理机制；加大对企业自主创新投入的所得税前抵扣力度，允许企业加速研究开发仪器设备折旧，完善促进高新技术企业发展的税收政策，支持企业加强自主创新能力建设，完善促进转制科研机构发展的税收政策，支持创业风险投资企业的发展，扶持科技中介服务机构等，以此促使企业购买高校科研团队的创新成果，推动高校科研团队创新成果产业化。

四、改革人才体制以造就领军人才

创新人才特别是领军人才是最宝贵的高校科研团队建设资源。领军人才是创新人才的杰出代表，是高校科研团队的领导者，对高校科研团队建设具有至关重要的作用。改革人才体制，提升领军人才综合素质是充分发挥高校科研团队引领作用的必然要求。领军人才综合素质不高是我国高校科研团队目前面临的突出问题，“千军易得，一将难求”，一个高素质的领军人才往往能带动一项重大技术突破，一个学科的兴起，甚至是一个产业的出现。造就领军人才必须改革人才体制。人才体制包括人才引进体制、人才培训体制、人才培养体制，改革人才体制要立足当前，面向未来，把领军人才的引进、培训和培养有机结合起来。

（一）引进高校科研团队领军人才

在当前我国高校领军人才十分缺乏的情况下，引进应成为一项重要的政策措施。引进高校领军人才包括从国内引进和从国外引进两个方面。

1．从国内引进

从国内引进即从高校外的国内政府机关、科研机构与企事业单位引进高校需要的领军人才。从国内引进主要包括两种情况：一是中国科学院院士、中国工程院院士、博士生导师、国家有突出贡献的中青年专家、国家百千万人才工程一、二层次人选：二是享受国务院政府特殊津贴人员、获得博士学位人员、正高职称的学科带头人。引进方式主要有两种：一种是通过调动、录用、聘用的方式，引进到高校工作，成为高校正式工作人员；另一种是通过临时聘用、借用、兼职等柔性流动方式，吸引更多优秀人才来高校科研团队奉献智慧和力量。为了保证优秀人才能够引得进、留得住、用得好。高校要制定一定的引进政策，为领军人才提供优厚的政治待遇和福利待遇，妥善解决引进人才落户、医疗、保险、税收、配偶安置、子女入学等方面的问题。

2．从国外引进

从国外引进即主要从国外高校、科研机构与企事业单位引进高校需要的领军人才，包括引进外国科研人员和吸引优秀留学人员回国两个方面。在引进外国科研人员方面，我国高校可借鉴美国吸引世界科学精英和高端人才的成功经验，引进世界一流专家学者来华工作。建议中央政府拔出财政专款，设立“引进世界一流领军人才”基金，专门用于引进世界一流领军人才，并配套制定永久定居或移民等政策。高校制定相应的配套政策，解决引进人才的福利待遇问题。在吸引优秀留学人员回国方面，要继续创造条件、完善配套政策，加大吸引留学人才的力度，特别是有潜力成为领军人才的海外名校杰出人才。在今后一段时间内，我国的经济社会和科技科研发展仍将处于追赶阶段，高校急需领军人才，吸引优秀留学人员归国是解决高校当前高层次紧缺人才不足的重要途径之一。

（二）培养高校科研团队领军人才

随着我国创新型国家建设进程的不断深入，2020年前后我国的经济社会和科技科研发展应该进入超越阶段，我国在国际人才竞争中面临的形势将会越来越严峻，我国的领军人才不能也不可能长期依赖海外来培养，要尽快树立领军人才必须立足于国内培养的理念，坚持早期介入、分阶段发展、长期扶持的方针，在综合素质养成、专业能力形成、创新能力激发、领军能力完型等不同阶段为领军人才成长创造条件、营造氛围。圆领军人才作为高层次创新人才，其生成数量取决于整个创新人才队伍的基数。培养领军人才必须以培养大量的创新人才为基础。而要培养大量的创新人才，必须彻底改革应试科研，全面推行创新科研。在推行创新科研、培养创新人才的基础上，制定领军人才培养政策，建立领军人才培养基地，设立领军人才培养基金。

1．制定领军人才培养政策。

把培养领军人才作为建设创新型国家的一项基本国策和战略措施，加快世界一流高校建设步伐，以创新科研为基础，制定领军人才培养政策。创新科研是培养领军人才的基础。“创新科研是旨在培养创新性人才的科研”。培养领军人才需要建立创新科研科研系统，以中小学创新科研为基础，同时建立以培养创新人才为导向的高等科研政策，借鉴美国创新科研经验，以985和211高校为主要培养基地，完善本科生、硕士生、博士生培养制度和博士后人才培养制度，把创新政策与创新科研结合起来，建立和完善科研与研究生教育一体化制度，“形成相对独立自主的领军人才培养体系”。

一是深化落实导师制，使学生在师生交往中获得成长。本科生导师制在我国高校学分制教学管理中尚处于尝试阶段，再加上大众化所带来的生师比的扩大，导师制的实施存在很多问题，有很大的提升空间。为确保导师制的成效，我国研究型高校应深化改革教师考核和评价机制，将教学研究和辅导本科生参与研究作为科研成绩的一个方面，从而调动教师参与本科教学和本科生科研的积极性；同时加强本科生导师制质量监控体系建设，以实现导师制的规范化、制度化和自觉化，使学生在这种面对面地、频繁地师生交流中获得真正的成长。目前的硕士生、博士生和博士后导师制也存在一定问题，导师学术内外事务更多，所带研究生过多，面对面地交流指导过少，所以，要在培养制度中明确规定一个导师所带硕士生、博士生和博士后的最高人数，为硕士生、博士生和博士后创造良好的培养制度环境。

二是完善博士后制度，进一步发挥其作用。博士后制度的主要目的之一，就是通过支持有潜力的博士学位获得者继续从事相关研究，为他们成长为领军人才创造机会。近1/3的国际科学家有博士后的经历，其中近1/3以某种身份为博士后单位工作过，可见博士后经历对造就领军人才具有重要意义。我国的博士后制度与发达国家相比还处于初级阶段。实施二十多年来，为国家培养了一批高水平的科研人员，但由于历史的和现实的复杂原因，政府对博士后站点设置和博士后名额分配有着严格的控制，既不利于充分发挥博士后制度的作用，也不利于充分利用高校的自身优势。我国要尽快完善博士后制度，给予高校充分的自主权，按照自身的资源和需要，设置博士后站点，招收博士后研究人员，为培养领军人才提供制度保障。建立人文社会科学领军人才培养制度，加强人文社会科学领域的高层次创新人才培养，对建设创新型国家而言，他们与自然科学的高层次创新人才同等重要。

2．建立领军人才培养基地

在985和211高校建立领军人才培养基地，加强本科生、研究生和博士后人才培养，为领军人才成长提供优质平台。

一方面，国家可以明确在某些研究型高校的优势学科建立领军人才培养基地。已有的研究文献以及以诺贝尔奖获得者和中国两院院士为代表的领军人才本科科研阶段的实证研究表明，在领军人才的培养上，研究型高校具有优势累积效应，优质的本科科研是其成长的重要基础。为实现我国领军人才国内培养的目标，可以在某些研究型高校的优势学科建立领军人才培养基地，遵循领军人才的成长规律，发挥自己应有的效用，提供优质的本科科研，为这些潜在科技精英打好宽厚的基础。具体表现在：开展真正意义的通识科研和创新科研，培养学生的创新思维和创新能力，使其形成网状的知识结构；减轻学生每学期的课程负担，扩大选修课的比例和选择面，给学生更多的学习自由；建立本科生和研究生共选课程，让学有余力和对某一课题感兴趣的学生提前深入学习相关学科和课程。

另一方面，在领军人才培养基地实行更加宽松的学术自由小环境。有着几千年封建历史的中国，虽然经过三十多年的改革开放，人们思想中的“官本位”意识相对有所淡化，但是，在很多人的思想观念中仍然相当顽固。这反应在科学研究领域，就是对“学术权威”的“尊重”。这一现象在高校不同程度地存在，“学霸”“学阀”们为了一己之利，在研究生培养过程中，潜移默化地对学生灌输遵从权威的思想，这对创新人才的培养极为有害。营造宽松的学术自由与民主探究氛围，对于提升我国研究生科研、培养领军人才的能力尤为重要。也只有这样，才能培养出越来越多具有学术自由观念的领军人才，才能促进国人思想观念的改良，从根本上促进我国政治、经济、社会等整体面貌的改善，才能促进我国成为具有持续创新能力的国家。

3．设立领军人才培养基金

为了支持领军人才培养基地更好地培养领军人才，设立领军人才培养基金，加入领军人才培养力度，为未来领军人才提供一流的成长空间。除了加人高等科研总体投入外，可以考虑在领军人才培养基地设立领军人才培养基金，补充领军人才培养资金不足问题。领军人才培养基金主要用于两个方面：

一是重视和落实本科科研的奠基作用，加大对本科科研地投入。研究型高校的本科科研是一项需要投入巨大资源的昂贵事业。领军人才在素质养成阶段具有不同于一般学生的学习特点和兴趣特点，为提供符合领军人才兴趣、能力和学习风格的优质本科科研，进行的各项改革和完善都需要投入人力、物力、财力等各种教育资源。

在注重科研和研究生科研的现实背景中，为实现领军人才国内培养的目标，我国政府和研究型高校应加大对本科科研的资源投入，为领军人才研究生阶段的学习和后期的学术发展奠定厚实的基础。锄对具有领军人才潜力的重点高校本科生，实行领军人才培养基金补助政策，为领军人才获得更好的本科科研创造条件。

二是加大对研究生科研和博士后研究的资助力度。建立健全多样、完善的资助体系，确保不让一个优秀研究生因为经济困难失去接受研究生科研的机会；不断改善研究生和博士后的生活待遇；采取多种形式把经济资助与能力锻炼结合起来，通过提供各类助学、助研、助教岗位，既可以改善研究生和博士后的经济状况，又能提升其能力水平，为未来领军人才从事科学研究、开展科研交流提供充足的经费支撑。

五、建立长效的评估机制

科学研究需要尊重科学研究规律，注重长期效益，适当延长评估时间，反对急功近利，因此，建立长效评估机制是建立科学合理的高校科研团队评估体系的必然要求和基本前提。

（一）要尊重科学研究规律

建立科学的高校科研团队评估体系必须尊重科学研究规律。高校科研团队的主要使命就是进行科学知识的生产，并且科学知识的生产也是评估科研团队的绩效的基本依据。当代科学知识的生产呈现出许多新的特征，生产的过程与规律也在发展变化。对高校科研团队来说，要提高科研绩效，就必然要探索和遵循当代科学知识生产的规律和规则。当代科学知识社会学认为，科学知识是社会建构的，是研究者在一定的社会关系网相互商谈的结果。

在这一网络中，同行研究者之间也结成了一种商谈关系。通过商谈后，他们往往会达成一致意见，采用某种强制性的方案与框架，排除各种背景干扰，最后写成论文发表，并以此来劝服他人相信他们说的是正确的、重要的，也是有事实依据的。论文发表是科学知识生产的主要表现形式。

科学世界是一个凭论文说话的世界。在科学知识的生产过程中，研究者也会通过某种方式发生联系。一种最为常见也是最为主要的联系方式是论文的引证联系。一篇科学论文常常要引用大量的文献，论文的被引频次也是文献计量学中的一个重要的指标，常用来证明一篇科学论文水平的高低，而一个机构所发表的科学论文的总被引次数也能够在一定程度上表明其科研实力与水平高低。研究者在撰写科学论文时，经常要通过引证，特别是对权威性文献的引证来层层布防，使论文变得坚不可摧。

这样一来，引证已经变成了一项技术化的工作。通过引用工作，研究者寻找到一个支持者和盟友集团，并且通过相互引证，支持者与盟友集团还可能进一步的扩展，变得更加强大。研究者通过研究得出了某项成果，在经过确证并成为核心知识之前，必须通过交流与评价网络的漫长检验。对高校科研团队来说，只有掌握当代科学知识运作的规则，遵循科学知识的生产规律，才有可能提高科学知识的生产效率，进而提高科研团队的工作绩效。因此，对高校科研团队进行评估，必须尊重科学研究规律，建立长效评估机制。

（二）要确定合理评估时间

科学研究规律表明，高校科研团队的创新成果，在经过确证并成为核心知识之前，必须通过交流与评价网络的漫长检验。所以，对高校科研团队进行评估也必须改变目前存在的重短期轻长期问题，适当延长评估时间。

1．改变目前一年考核一次的方法，可以考虑两年甚至更长时间的考核周期，特别是对一些基础性自然科学研究和一些重大科研项目，更要延长评估时间，以便高校科研团队及其成员潜心研究。

2．把事前评审和事后评估结合起来。目前，各级政府项目存在的另一个突出问题是重事前评审、轻事后评估，这是政府实施的科技或人才项目的一个共性问题，也是我国 R&D 经费投资效益不高的一个重要原因。建议在高校科研团队项目实施中，把事前评审和事后评估结合起来，特别要加强对团队支持期满的绩效评估，这样既可以提高科研经费的使用效益，也有助于评价科研团队运行发展与目标完成情况，为后期的跟踪管理奠定基础。对科研效益明显、创新成绩突出的科研团队，可以采取滚动投入的方式加以稳定支持，使他们能在宽松的环境下提高持续创新的能力；对团队效果不明显甚至根本没有进行实质性团队工作的，则进行淘汰或相应处理。

3. 把期间评估和累计评估结合起来。所谓期间评估就是阶段性评估，所谓累计评估就是到目前为止对该团队（所有成员）取得的所有成果逐年累计，进行总体评估。如此评估可以不以某一阶段成果论成败，而是看科研团队累积的长期成果，有利于科研团队潜心进行长期研究，取得重大科研成果。

根据相关研究分析，要改变我国高校 R&D 活动整体绩效偏低的现状，破局的关键是建立起多层次、成体系的制度体系。以高素质的人力资源为核心，提升创新质量，加强成果转化，通过科研资源的合理配置来改善 R&D 活动的综合效率，为我国经济社会发展提供更好的支撑。科研绩效评估是一个系统工程，涉及科研机构、科研人员、科研管理等众多方面，具有强烈的政策导向性。运用数据包络分析方法，从静态分析和动态分析的角度，分别测度了我国高校科研活动的绩效，得出了几点初步结论，并且从管理的角度提出一些改进建议。

总体来说，所开展的工作只是一种尝试性的探索，由此所取得的成果也只是初步的，还有很多问题值得进一步探讨，也需要进一步探讨。首先，科研绩效评估并非一种方法就能够实现的。科研成果发挥效应一般有一定的滞后期，这也成为一些入反对对科研绩效进行评估的理由。然而，科研活动毕竟是一项投入较大的工作，在资源永远稀缺的条件下，注重效益将会是一个永恒的课题。因此，不是要不要评估，而是如何评估的问题。将定性分析方法和定量分析方法结合起来是一种理想的选择。

参考文献

[1]Pfeffer J,Sutton R I.Hard Facts,Dangerous Half-truths,and Total Nonsense: Profiting from Evidence-based Management[M].Cambridge,MA:Harvard Business School Press,2006.

[2]Rousseau D M.Is There Such a Thing as"Evidence-based Management"?[J]Academy of Management Review,2006,31(2):256-269.

[3]Cochrane A. Effectiveness and Efficiency:Random Reflections on Health Services [M]. London: Nuffield Provincial Hospitals Trust,1972.

[4]Evidence-based MedicineWorking Group.Evidence-based medicine:A New Approach to Teaching the Practice of Medicine[J].Journal of the American Medical Association, 1992, 268(17): 2420-2425.

[5]Hewison A. Evidence-based medicine: what about evidence-based management [J]. Journal of Nursing Management, 1997, 5(4):195-8.

[6]Stewart R.More Art than Science?[J].Health Service Journal,1998,108:28－29.

[7]Young S K.Evidence-based Management:A Literature Review[J].Journal of Nursing Management,2002,10(3):145-151.

[8]Walshe K,Rundall T G.Evidence-based Management:From Theory to Practice in Healthcare[J].Milbank Quarterly,2001(79):429-457.

[9]Reay T,et al.What's the Evidence on Evidence-Based Management?[J].Academy of Management Perspectives,2009,23(4):5-18.

[10]Sackett D L,et al.Evidence Based Medicine:What it is and What it isn't[J].British Medical Journal,1996,312:71-72.

[11]Yates J F.Judgment and Decision Making[M].EnglewoodCliffs,NJ:Prentice Hall,1990.

[12]王攀. 高校教师科研评价研究[D]. 武汉理工大学，2006.

[13]Haynes R B,et al.Clinical Expertise in the Era of Evidence-based Medicine and PatientChoice[J].Evidence Based Medicine,2002,7:36-38.

[14]Briner R B,et al.Evidence-Based Management:Concept Cleanup Time?[J].Academy of Management Perspectives,2009(4):19-32.

[15]West S L, et al. Pharmacotherapy for Alcohol Dependence[J]. Evidence Report Technology Assessment,1999(3):1-5.

[16]李幼平，王莉.注重证据，循证决策[J].中国循证医学杂志，2008，8(1):1-3.

[17]Kathleen N L.Rating the Strength of Scientific Evidence:Relevance for Quality Improvement Programs[J].International Journalfor Quality in Health Care,2004(1):9-18.

[18]Canadian Task Force.The Periodic Health Examination[J].Canada Medical Association Journal,1979,121:1193-1254.

[19]Sackett D L.Rules of Evidence and Clinical Recommendations on the Use of Antithrombotic Agents[J].Chest,1986,89(2 Suppl):25-35.

[20]McColl A,et al.General Practitioners'Perceptions of the Route toEvidence-based Medicine:A Questionnaire Survey[J].BritishMedical Journal,1998,316:361-367.

[21]Fritsche L T,et al.Do Short Courses in Evidence Based Medicine Improve Knowledge and Skills?Validation of Berlin Questionnaire and Before and After Study of Courses in Evidence Based Medicine[J].British Medical Journal,2002,325:1338-1441.

[22]Funk S G,et al.The Barriers to Research Utilization Scale[J].Applied Nursing Research, 1991,4(1):39-45.

[23]Johnston J M,et al.The Development and Validation of a Knowledge,Attitude and Behavior Questionnaire to Assess undergraduate Evidence-based Practice Teaching and Learning [J].MedicalEducation,2003,37:992-1000.

[24]Aarons A.Mental Health Provider Attitudes Toward Adoption of Evidence-based Practice:The Evidence-based Practice attitudeScale(EBPAS)[J].Mental Health Services Research, 2004,6(2):61-74.

[25]Upton D and Upton P.Development of an Evidence-based Practice Questionnaire for Nurses[J].Journal of Advanced Nursing,2006,53(4):454-458.

[26]Gerrish K,et al.Factors Influencing the Development of Evidence-based Practice:A

Research Tool[J].Journal of Advanced Nursing,2007,57(3):328-338.

[27]Estabrooks C. Will Evidence-based Nursing Practice Make Practice Perfect?[J]. (1): 15-36.

[28]康萍.高校科研绩效评价中存在的问题及策略探析[J].中国集体经济.2009

[29]杨丽霞，简毓峰.国内外高校科研绩效评价研究综述[J].甘肃高师学报.2007，12(05): 122

[30].张祖忻.绩效技术概论[M].上海外语教育出版社，2005

[31].刘明军.高校科研管理工作的现状与思考[J].大众科技，2006(3).

[32]王正洪.高校科技管理[M].西安:陕西人民出版社,1991

[33]蒋国华，方勇，孙诚.大学科研评估量化问题国际研讨会论文[S]，1998